www.ingramcontent.com/pod-product-compliance
Lightning Source LLC
LaVergne TN
LVHW021237080526
838199LV00088B/4551
9789358725285

گوپی چند نارنگ کی تصنیف

'غالب'

مجلہ 'سبق اردو' کے خصوصی شمارہ (گوپی چند نارنگ اور غالب شناسی) سے ماخوذ مضامین

مرتب:

دانش الہ آبادی

© Danish Allahabadi

Gopichand Narang ki tasneef - Ghalib

by: Danish Allahabadi

Edition: May '2024
Publisher :
Taemeer Publications LLC (Michigan, USA / Hyderabad, India)

ISBN 978-93-5872-528-5

9 789358 725285

مصنف یا ناشر کی پیشگی اجازت کے بغیر اس کتاب کا کوئی بھی حصہ کسی بھی شکل میں بشمول ویب سائٹ پر اَپ لوڈنگ کے لیے استعمال نہ کیا جائے۔ نیز اس کتاب پر کسی بھی قسم کے تنازع کو نمٹانے کا اختیار صرف حیدرآباد (تلنگانہ) کی عدلیہ کو ہوگا۔

© دانش الہ آبادی

کتاب	:	**گوپی چند نارنگ کی تصنیف - غالب**
مصنف	:	**دانش الہ آبادی**
صنف	:	تحقیق و تنقید
ناشر	:	تعمیر پبلی کیشنز (حیدرآباد، انڈیا)
سالِ اشاعت	:	۲۰۲۴ء
صفحات	:	۱۹۶
سرورق ڈیزائن	:	تعمیر ویب ڈیزائن

گوپی چند نارنگ کی تصنیف :غالب 5 مرتب : دانش الہ آبادی

فہرست

(۱)	گوپی چند نارنگ کی کتاب 'غالب'۔۔	فرحت احساس	6
(۲)	'غالب: معنی آفرینی، جدلیاتی وضع۔۔	ناصر عباس نیر	16
(۳)	'ورائے شاعری چیزے دگر است'	علی احمد فاطمی	25
(۴)	غالب تنقید کا نیا علمیاتی اور شعریاتی تناظر	شافع قدوائی	42
(۵)	غالب پر نارنگ کی تنقید: شوق کا دفتر کھلا	ف س اعجاز	63
(۶)	درِ گنجینۂ گوہر	حقانی القاسمی	76
(۷)	گوپی چند نارنگ کی معرکتہ الآرا تصنیف۔۔	سیدہ جعفر	90
(۸)	غالب تنقید میں تحیر کی جہات اور نارنگ	مولا بخش	98
(۹)	الہامی تخلیق کی خیال افروز تفہیم	مشتاق صدف	137
(۱۰)	'غالب'-نارنگ کا شاہکار	راشد انور راشد	171

فرحت احساس

گوپی چند نارنگ کی کتاب 'غالب' :
غالب کے قفلِ ابجد کی طلسماتی کلید

تنقید کا تخلیقی حرفِ اجتہاد

مرزا اسداللہ خاں غالب 216 سال سے ہمارے ساتھ ہیں۔ ان تمام برسوں کے دوران ان کا کلام رد و مقبول، غیاب وظہور اور تجاہل و تغافل کے مظاہر اور رویوں کو انگیز کرتا ہوا آج اس منزل تک آگا ہے کہ ساری دنیا میں، اردو اور فارسی اور اس کے دائرے سے باہر دور دور تک اسے ایسی قبولیت حاصل ہوگئی ہے کہ غالب کا خود اپنے کلام کے بارے میں کہا گیا حرفِ استقبال مہرِ نیم روز کی طرح روشن ہوگیا ہے۔ سچ تو یہ ہے کہ غالب آج ہندوستان کی soft power یا تہذیبی طاقت کا ایک ایسا نشانِ امتیاز ہیں جسے اس ملک کی تخلیقی شناخت کے لازمی تشکیلی عناصر میں شمار کیا جانے لگا ہے۔ غالب اسطوریہ کی تشکیل میں شاید ان کے کلام سے کہیں زیادہ ان کی شخصیت، افتادطبع اور ایک نہایت جاں گسل زمانے میں پوری تخلیقی شان اور انسانی وقار کے ساتھ زندگی کرنے کی ایک صلاحیت سے متعلق واقعات و حکایات کا دخل ہے۔ غالب کی زندگی جو ان کے خطوط کے معنوی دریچوں سے کسی زخم سے رِستے ہوئے خون کی طرح ظاہر ہوتی ہے، ایک ایسے شخص کا پیکر پیش کرتی ہے جس نے اپنے زمانے سے مادی وجسمانی طور پر ہار جانے کے باوجود معنوی وتخلیقی محاذ پر اسے شکست دی اور اس کی ہلاکت خیزیوں کی گرفت سے سرخ رونکل آیا۔ کلام غالب تو اپنی تمام تر طلسم کاریوں اور معجزہ سامانیوں کے ساتھ ہمارے سامنے ہے ہی، ان کی زندگی بھی ایک ایسا پیچیدہ متن ہے جس میں وہی جدلیاتی شرر باری عمل آرا ہے جو

ان کے کلام کا بنیادی جوہر ہے۔ غالب کی زندگی پر ایک سرسری نگاہ ہی یہ دیکھنے کے لیے کافی ہے کہ یہ شخص باہر باہر جس معاشرے کا فرد، جس شہر کا باشندہ، جس بادشاہ کی رعایا میں ہے وہ سب اندر اندر اس کی علوئے فکر اور تخلیقی رفعتوں کے سامنے کتنے کم قد اور کم عیار ہیں۔

غالب جب اس دنیا سے رخصت ہوئے تو وہ اُس عالم کی بھی رخصت اور انہدام کا زمانہ تھا جس میں وہ پیدا ہوئے تھے۔ چاروں طرف انسانوں کے ساتھ ساتھ ان کے مادی اور معنوی نظام کی دھجیاں بکھری پڑی تھیں۔ ایسے میں کچھ لوگ برہم تھے، کچھ پژمردہ اور بدحواس اور کچھ ان دھجیوں کو چن کر ایک نئی تعمیر کی کوششیں کر رہے تھے۔ یہ کچھ ایسا وقت تھا جب بقول ادورنو آرٹ بے معنی ہو جاتا ہے۔ غالب یوں بھی اپنی حیات کے دوران محض خواص کے شاعر تھے کہ ان کے معاشرے کا شعری ذوق عموماً ذوق جیسے فہم عامہ شکار لفظی بازی گروں کا گرویدہ تھا۔ اس کے بعد اردو معاشرے کا غالب حصہ شاید اپنے چاروں طرف چلنے والی انہدام کی بادِ سموم سے گھبرا کر داغ جیسے شاعر کی جنسی تلذذ اور لفظی چٹخارے والی شاعری میں پناہ حاصل کرنے لگا۔ ایسے میں غالب کی آواز کا پردے میں چلے جانا فطری تھا۔

پھر یوں ہوا کہ برطانوی سامراج کی جس آگ نے یہ بزم لوٹی تھی اسی کی چند روشنیوں سے کچھ نئے چراغوں کی بنا ڈالی گئی۔ سید احمد خاں ان نئے چراغوں کے سب سے بڑے کفیل بن کر ابھرے۔ ان کی سربراہی میں شکست و انہدام سے اٹھے ہوئے گرد و غبار کو خشک ہوتے ہوئے آنسوؤں کے پانی میں گوندھ کر ایک نئی تعمیر کے لیے گارا تیار کیا جانے لگا۔ اسی سلسلے میں شعریات پر از سرِ نو غور شروع ہوا اور محمد حسین آزاد 'آبِ حیات' لے کر سامنے آئے۔ غالب کا ذکر بھی آیا مگر کچھ ان کے محاسن کا بیان یوں کیا گیا کہ وہ ذوق کے شعلۂ جوالہ کے زیرِ سایہ ایک ذیلی چراغ نظر آئیں۔ سو آج کے ہمارے اردو کے سب سے بڑے شاعر کو اپنی وفات کے پردۂ غیاب سے ظہور میں آنے کے لیے تقریباً تیس سال کا انتظار کرنا پڑا جب الطاف حسین حالی نے 'یادگارِ غالب' کے اوراق پر مرزا کو ایک نئی زندگی دی۔ بیسویں صدی آتے آتے حالی کی 'یادگار' نے غالب کی یاد کو ہمارے

ادبی حافظے کی بحالی کا وسیلہ بنا دیا۔ عبدالرحمٰن بجنوری کے صرف ایک جملے نے غالب کلامیے کی بنا ڈالنے میں جو غیر معمولی کردار ادا کیا ہے اس کی وضاحت غیر ضروری ہے۔ غالب کی متھ سازی کا عمل جو 'یادگار غالب' سے شروع ہوا تھا اسے بجنوری کے ایک جملے اور ان کی 'محاسن کلام غالب' کے بعد غالب کے منسوخ و متروک کلام کی دریافت نے نئے پر لگائے۔ پھر یونیورسٹیوں میں اردو زبان و ادب کے شعبے قائم ہونے لگے تو غالب تعلیمی نصابوں کا لازمی حصہ قرار پائے اور ان پر گفتگو کا ایک نیا طور شروع ہوا۔ شرحیں لکھی جانے لگیں۔ مگر غالب فہمی کی ان تمام کارگزاریوں کا تجزیہ صاف بتاتا ہے کہ انھیں ان کی تخلیقی شعلگی اور رقص معنی کے نہاں خانوں تک رسائی حاصل کرنے کا نہ کوئی خیال تھا نہ ضرورت اور نہ توفیق۔ یہ سارا کام غالب کو ان کے چاروں طرف موجود شعری روایت کے ظاہرے کو تشکیل دینے والے عناصر اور وسائل کی مدد سے اور اسے استحکام دینے کے لیے کیا جارہا تھا۔ وہی محاورے، روزمرہ اور لغت کی باتیں یا شعری متن کو تشکیل دینے والے وسائل کا ذکر۔ یعنی یہ سارا ذکر اذکار غالب کلامیے کو اسی فہم عامہ کی جامد منطق میں اسیر کرنے پر مرکوز تھا جس کو شکست دے کر اس کی پیدائش ہوئی تھی۔ اسی زمانے میں پروفیسر مجیب ایک ایسے روشن طبع اور معمول شکن ذہن نظر آتے ہیں جنھوں نے غالب کے متروک کلام کی شان اجتہاد اور فسوں سازیوں کو پیش منظرانے کی نہایت توانا پیش رفت کی۔ انھوں نے یہاں تک کہہ دیا کہ غالب کا بیشتر متداول کلام فہم عامہ سے ایک طرح کا سمجھوتا کرنے کا نتیجہ ہے۔ لیکن وہ باضابطہ ادبی نقاد نہیں تھے سو ان کی آواز صدا بہ صحرا ثابت ہوئی۔

ترقی پسندی کے زیر اثر پیدا ہونے والی عقلیت اور سماجی سروکار نے غالب شناسی کو ایک نیا سیاق دیا مگر اس میں کلام کی تخلیقی قوتوں کی شناخت سے زیادہ اس کے خارجی متعلقات پر زور تھا۔ جدیدیت کی ہوا چلی تو غالب کے متن اور اس کے تشکیلی عناصر کے تجزیے اور تفہیم پر توجہ دی جانے لگی۔ شروع میں ان کے اسلوب وغیرہ کا تجزیہ کیا گیا۔ پھر ان کی استعارہ سازی اور پیکر طرازی کے زور اور کمال کو نشان زد کیا گیا، اور پھر ایہام، رعایت اور مناسبت اور خیال بندی کے حوالوں سے ان کے تخلیقی امتیازات کو روشن کیا گیا۔

یہ اپنی جگہ بلاشبہ ایک وقیع اور معنی افروز تنقیدی سرگرمی تھی۔ اس کے علاوہ ہندوستان اور پاکستان کی بہت سی ذی فہم و ادراک تنقیدی ذہانتوں نے غالب شناسی میں عطیات پیش کیے۔ دوسری طرف محمد حسن عسکری اور پھر سلیم احمد نے غالب کی خود پرستی اور انا گزیدگی وغیرہ غیر متعلق باتوں کو ہدف ملامت بناتے ہوئے غالب شناسی کو زک بھی پہنچائی۔

اس طرح اب غالب فہمی کی پہلی شمع یعنی 'یادگار غالب' کی روشنی پر ایک صدی سے زیادہ عرصہ گزر چکا ہے۔ اس دوران اس چراغ سے کتنے ہی چراغ روشن ہوئے، غالب کی زبان، کیا اردو کیا فارسی، محاورے اور لغات، تشبیہ، پیکر، استعارے، مضمون سازی و معنی آفرینی، سماجی سروکار، تاریخی معنویت اور دانش ورانہ افتاد وغیرہ پر کیا کیا کچھ نہیں لکھا گیا، ان کی پرشکوہ شعری عمارت کے سامان تعمیر کی ایک ایک چیز پر کیا کیا بحثیں قائم نہیں کی گئیں مگر اس سب کے باوجود ایسا کیوں لگتا ہے کہ حالی نے مرزا غالب کی تخلیقیت کے دوسرے سرے پر کوندتی ہوئی بجلیوں اور امنڈتے ہوئے طوفانوں کی طرف جو اشارے کیے تھے ان کو سمجھنے یعنی ان کے تخلیقی سرچشموں اور متن سازی کی جائے پیدائش تک رسائی پانے کی کوئی سعیٔ مشکور نہیں کی گئی۔

مقام شکر ہے کہ ہماری تنقید کی کارگاہِ تعقل میں چند دیوانے بھی پائے جاتے ہیں جو شہرِ خرد کے باہر پھیلے ہوئے لاشعور کے جنگلوں میں دبکے ہوئے نیم روشن منطقوں اور لفظوں کے خارزاروں میں الجھے ہوئے معنی کے زخموں اور تجزیہ کار عقل کے پردۂ سنگ کے پرے لرزتے ہوئے وجدان کی پرچھائیوں میں تاک جھانک کرتے یعنی حقیقت کے نہاں خانوں کے گریبان پر ہاتھ ڈالتے رہتے ہیں۔ ہمارے نارنگ صاحب یقیناً اور بلاشبہ ان عقل مستوں اور جنوں دماغوں کے میرِ کارواں ہیں۔ سو انھوں نے برسوں اپنی دشتِ فہم و فکر نوردی کے انعام میں ایک ایسا اسمِ جنوں حاصل کرلیا ہے جو کلامِ غالب کے تخلیقی طلسم زار اور قفلِ ابجد کی ایک ایسی کلید کا حکم رکھتا ہے جو اب تک کسی کے ہاتھ نہیں لگی تھی۔ اردو تنقید نے نہ جانے کس لمحۂ قبولیت میں دعا مانگی ہوگی کہ اس پر بابِ اجابت بے دریغ کھل گئے اور اس کا گوش خامہ نوائے سروش سے سیراب ہوگیا۔ حرفِ تنقید ایسا معنی یاب، تجزیے

کی تلوار ایسی آب دار، اخذِ معنی کی رفتار ایسی برق پاش اور بیان کی روانی ایسی سبک سیر کہ نہ دیکھی نہ سنی۔ یہی نہیں بلکہ استدلال اور دلائل اور فراہمیِ جواز تمام تر محکمی کے باوجود اپنے ضروری ہونے کی انکاری ہے کہ اندیشہ یقین کی ایسی ایسی عرش نشینیوں کو مس کررہا ہے جہاں ہر طرف جذب و کیف اور لطف ونشاط کا عالم طاری ہے کہ گمان اور شک وشبہ کو تابِ گویائی نہیں۔ لہٰذا غالب تنقید کی زمین پر کوئی صحیفۂ آسمانی (اگر آسمان کا کوئی وجود ہو) اتر سکتا ہے تو نارنگ صاحب کے تازہ ترین تنقیدی کارنامے 'غالب : معنی آفرینی، جدلیاتی وضع، شونیتا اور شعریات' کے سوا اور کیا ہوسکتا ہے۔ یہ کتاب بلاشبہ تنقید کے تخلیقی حرف اجتہاد کے منصب پر فائز کی جاسکتی ہے۔

نارنگ صاحب کے ذہن پر اس کتاب کے اوراق نے اترنے سے پہلے غالب کے شعری متن کے خانۂ طلسم میں داخلے کے بعد اس کے عقبی دروازوں سے نکل کر اس متن سے لگے ہوئے لاشعور اور ورائے تعقل کی دشت پیمائی کے دوران غالب کی تخلیقی مٹی کے سِروں کو پکڑے پکڑے اس مٹی کی کوکھ یعنی دانشِ ہند کی فکری زرخیزیوں تک رسائی حاصل کی ہے۔ یہ ساری سرگرمی کوئی اچانک یا اتفاقاً واقع نہیں ہوئی۔ اس میں ہندوستان کی تاریخ کے پچھلے پانچ ہزار برسوں کے دوران اٹھنے والی بصیرتوں کے شعلوں کا فیضان کارفرما ہے جنھوں نے حقیقت اور مجاز کے درمیان حائل تمام پردوں کو جلا ڈالا ہے اور وہم و گمان کے پتھروں کو توڑ کر آگہی کا وہ آبِ رواں جاری کیا ہے جو آج بھی انسانی عقل کو وجدان کے چراغوں سے روشن کیے ہوئے ہے۔ نارنگ صاحب نے کتاب کے دیباچے میں کلام غالب کی اسرارکشائی کی نسبت سے اپنے منصوبے کی صراحت کرتے ہوئے حالی کے حوالے سے کہا ہے کہ انھوں نے "کہیں مضمون آفرینی کی داد دی ہے، کہیں خیال بندی کی، کہیں تمثیل نگاری کی، کہیں نزاکتِ خیالی وطرفگیِ بیان کی، کہیں استعارہ سازی وتشبیہ کاری کی، کہیں نکتہ رسی، تیز نگاہی، بذلہ سنجی وشوخی وظرافت کی، تو کہیں ندرت و جدت و اسلوب و ادا کی۔ بے شک یہ شعری لوازم، نیز ان جیسے دیگر کئی لوازم غالب کی معنی آفرینی وحسن کاری کی شعری گرامر کے ارکان اساسی قرار دیے جاسکتے ہیں" ... مگر "ہماری کوشش یہ

رہی ہے کہ ان رسومیاتِ شعری کے پس پشت کیا کوئی اضطراری و لاشعوری حرکی تخلیقی عنصر یا افتاد ذہنی ایسی بھی ہے، یا دوسرے لفظوں میں کوئی ناگزیر شعری یا بدیعی منطق ایسی بھی ہے جو غالب کی نادرہ کاری یا طرفگیِ خیال کی تخلیقیت میں تہہ نشیں طور پر اکثر و بیشتر کارگر رہتی ہے اور غالب کے جملہ تخلیقی شعری عمل کی شیرازہ بندی کرتی ہے۔'' (ص 15) یہاں نارنگ صاحب کا اصل سوال حالی اور بعد کے تمام غالب نقادوں سے یہ ہے کہ ''غالب کے یہاں خیال نیا اور اچھوتا کیسے بنتا ہے، یا غالب کے یہاں پہلے سے چلے آرہے مضمون سے نیا اور اچھوتا مضمون (مضمون آفرینی) یا معمولہ خیال سے یکسر نیا خیال (خیال بندی) یا اس کا کوئی اچھوتا، ان دیکھا، انوکھا، نرالا، طلسماتی پہلو کیسے پیدا ہوتا ہے جو معنی کے عرصے کو برقیا دیتا ہے یا نئے معنی کی وہ چکاچوند پیدا کرتا ہے جسے عرف عام میں سابقہ تنقید 'طرفگیِ خیال' یا 'ندرت و جدتِ مضامین' سے منسوب کرتی ہے۔'' (ص 16)

سامنے کی بات ہے کہ غالب کے کلام کا غالب حصہ مسلمات پر ضرب لگانے اور ہر معمولہ اور موصولہ اور دی ہوئی بات یا خیال میں شگاف ڈالنے اور نفی پر اثبات اور اثبات پر نفی کے نقش قائم کرنے سے عبارت ہے۔ جیسا کہ خود حالی نے زور دیا ہے کہ غالب کو روش عام اور پیش پا افتادہ راستوں پر چلنے سے خلقی وفطری عار ہے۔ اُگلے ہوئے نوالوں سے خواہ وہ ارضی ہوں یا سماوی لطف اندوز ہونا غالب کی سرشت میں ہے ہی نہیں، غالب کا کلام اور ان کی شخصیت بھی گزشتہ دو صدیوں سے مسلسل آواز دے رہی ہے کہ مجھ میں موجزن اس جدلیات پر نظر ڈالو اور اس کی تُہ تک پہنچنے کی کوشش کرو مگر اس جدلیات کو محض قولِ محال کے شعری وسیلے کا ثمرہ کہہ کر اکتفا کی جاتی رہی۔ نارنگ صاحب نے غالب کی افتاد ونہاد میں جاگزیں اس نفی درنفی کی حرکیات یا جدلیاتی جوہر سے متعلق سوالوں کا پیچھا کرتے کرتے سبکِ ہندی کی روایت میں سرگرم فکری و بدیعی عناصر کی تہہ لی اور اس سے غالب کے تہ نشیں رشتوں کی گرہ کشائی کا سلسلہ شروع کیا۔ اس طرح سبکِ ہندی کی شعریات اور اس میں بیدل کی مرکزی حیثیت سے آگہی کے در کھلے اور پھر یہاں سے جدلیاتی فکر کے اس آرکی سرچشمے تک پہنچنا کچھ بعید نہیں تھا جو بودھی فکر کی عہدساز بصیرتوں

کے فیضان کی صورت روشن ہے۔

مغل دور کے ہندوستان کی فارسی شاعری جسے تحقیراً سبکِ ہندی کا نام دیا گیا خیال بندی، مضمون آفرینی، دقت پسندی اور تمثیل نگاری سے عبارت ہے۔ فارسی شاعری کا یہ طور خالص ہندوستان کی عطا ہے جسے ایک زمانے تک اہلِ ایران نے لائق اعتنا نہیں سمجھا بلکہ کم تر جانا۔ لیکن اب یہ بات خود ایرانی ماہرین شعر بھی تسلیم کررہے ہیں کہ سبکِ ہندی اور دانشِ ہند، خاص طور پر بودھی فکر کے درمیان گہرے رشتے رہے ہیں بلکہ یہ دونوں لازم و ملزوم کی حیثیت رکھتے ہیں۔ غالب شروع سے ہی سبکِ ہندی سے حد درجہ متاثر رہے ہیں مگر اس کے اثرات ان کے ہاں بیدل کے توسط سے پہنچے اور بیدل کے بنیادی فکری سروکار اور وجدانی بصیرتیں غالب کے تخلیقی عمل کی بنیادساز بنیں۔ سبکِ ہندی کے زیراثر مضمون آفرینی اور خیال بندی کا سلسلہ اردو میں فاروقی صاحب کے مطابق شاہ نصیر اور ناسخ سے شروع ہوا پھر ذوق اور دیگر شعرا تک پھیلتا چلا گیا۔ فاروقی صاحب نے اپنے مضمون 'خیال بند غالب' میں کہا ہے کہ اگر شاہ نصیر اور ناسخ نہ ہوتے تو غالب بھی نہ ہوتے کیونکہ یہ تینوں ایک طرح کے شاعر ہیں اور خیال بندی کی نسبت سے شاہ نصیر اور ناسخ کو غالب پر زمانی سبقت حاصل ہے۔ اس بیان کی روشنی میں شاہ نصیر، ناسخ اور پھر ذوق کی شعری تشکیلات کا مطالعہ کیا جائے تو ذرا سے تامل کے بعد یہ معلوم کرنا مشکل نہیں کہ وہ تمام شعری لوازم جو شاہ نصیر اور ناسخ کے یہاں ایک جامد اور میکانکی شعری عمل کے ذریعے ایک نامراد شعری متن تشکیل دیتے ہیں، غالب کے ہاں تخلیقی طلسم سازی اور معجز بیانی پر منتج ہوتے ہیں۔ نارنگ صاحب اس سوال کے جواب کی تلاش کرتے ہوئے کہتے ہیں ''آخر وہ کیا چیز ہے جو دوسروں کے ہاں فقط ہیئتی مشاقی ہے، غالب کے یہاں دہکتی آگ ہے جو ہیئتی نظام کے نیچے سے کوندتی ہوئی نظر آتی ہے۔ ہیئتی کاریگری سطح شعر پر نظر آنے والا آئس برگ کا ذرا سا سرا ہے۔ آتش فشاں لاوا تو کہیں نیچے ہے جسے ٹھہر کر بہ نظرِ امعان دیکھنے کی ضرورت ہے۔ غالب کے یہاں یہ جدلیات اساس شعریاتی فشار اس نوع کا تھا کہ آگے چل کر غزل کی پوری شعریات اس سے زیر و زبر ہوگئی۔ اس میں شاید ہی کسی کو

شبہ ہو کہ غالب کی خیال بندی و معنی آفرینی کے بعد اردو شاعری وہ نہیں رہی جو اس سے پہلے تھی۔ گویا آج کے تنقیدی محاورے میں غالب کی اس خاص شعریات نے پورے Canon کو پلٹ دیا اور بہت سے شعرا جو اعلیٰ مسندوں پر بیٹھے ہوئے تھے وہ حاشیے پر جا پڑے، اور جو حاشیے پر تھے وہ مرکز میں آ گئے۔'' (ص 166)

سبکِ ہندی کی شعری روایت میں بیدل کی مرکزی حیثیت ان کے فکری نظام کے دانشِ ہند کی بصیرتوں میں اترے ہونے سے قائم ہوتی ہے۔ نارنگ صاحب نے اس رشتے کی تفتیش میں ایک طویل اور نہایت معنی پاش بحث کی ہے اور خاص طور پر پروفیسر واگیش شکل کے حوالے سے یہ بات پایۂ ثبوت کو پہنچائی ہے کہ زبان، معنی اور وجود وغیرہ کے بارے میں بیدل کے تصورات اور تعبیرات اس عہد کے رواجی مفہوم سے یکسر مختلف ہیں جو صریحاً دانشِ ہند کا فیضان ہے۔ نارنگ صاحب کہتے ہیں ''بیدل کے یہاں وجود کا تصور ہی بدلا ہوا اور پیچیدہ ہے، یعنی برقِ جوّالہ یا خطِ پرکار۔ یہ اکائی سے زیادہ دائروی ہے۔ جب علم اور غیرعلم دونوں ایک ہی سلسلۂ جاریہ یا حلقۂ دام خیال ہیں تو وحدت بھی 'مبتدالاعداد' سے زیادہ 'صفر اصل الاصول' سے عبارت ہے، یعنی فلسفۂ شونیہ جو یوگ وششٹھ کی قدیمی دانش کی بھی اساس ہے''۔ اس طرح بیدل کا سخن یا زبان سے متعلق تصور بھی ہندستانی فکر میں موجود 'واک' کے نظریے سے بہت مماثل ہے۔ اسی طرح زبان کی بحث کا مرکز معنی ہے اور معنی بیدل کے نزدیک فقط لفظ میں نہیں ہے بلکہ معنی دراصل لفظ کی حدود میں سما ہی نہیں سکتا۔ اس نکتے کی مزید وضاحت کرتے ہوئے نارنگ صاحب کہتے ہیں ''معنی کے اس نکتے پر آ کر مابعد جدید ذہن اور بیدل و غالب کے ڈانڈے مل جاتے ہیں۔ تخلیق کی حرکیات میں ایک مقام ایسا آتا ہے کہ معنی کا جزر و مد لفظ کے ماورا ہو جاتا ہے اور معنی لامتناہی ہو کر پھیل جاتا ہے۔ دریدا اور اس کے معاصرین سے بہت پہلے بیدل و غالب جیسے ہمارے شعرا کو اندازہ تھا کہ ہرچند کہ بظاہر معنی لفظ سے قائم ہوتا ہے لیکن معنی لفظ میں سما نہیں سکتا کیونکہ لفظ جس معنی کو ظاہر کر سکتا ہے وہ خود بھی ایک لفظ ہے۔'' (ص 170)

نارنگ صاحب غالب کی جدلیاتی افتاد کا سراغ لگاتے ہوئے بیدل کے توسط سے

اس عظیم ہندستانی فکر تک پہنچتے ہیں جو بودھی فکر میں 'شونیتا' کے نام سے معروف ہے۔ شونیتا یعنی 'لائیت'، مکمل نفی در نفی پر قائم ہے جس کے مطابق کائنات کی کسی بھی چیز کا فی نفسہٖ کوئی وجود نہیں اور ہر چیز قائم بالغیر یعنی وحدتِ جاریہ ہے۔ نارنگ صاحب کے لفظوں میں شونیتا ''... بجنسہٖ نہ تو مذہبی ہے نہ ماورائی ہے، نہ یہ کوئی گیان دھیان یا مسلک یا عقیدہ ہے۔ یہ فقط فکر کا ایک جدلیاتی پیرایہ یا سوچنے کا طور ہے، ہر ہر تحدید، ہر تعین، ہر عقیدہ، ہر تصور کو رد در رد کرنے کا، یا اس کو پلٹ کر اس کے عقب میں وحدتِ جاریہ کو دیکھنے کا، گویا شونیتا کا بطور فکری طریق کار سب سے بڑا کام تعینات یا تصورات کی کثافت کو کاٹنا اور آلودگی کے زنگ کو دور کرنا ہے تاکہ تحدید کی دھند چھٹ جائے، طرفیں کھل جائیں اور آزادی و آگہی کا احساس گہرا ہو جو زندگی اور انسانیت کا سب سے بڑا شرف ہے۔'' (ص 19) نارنگ صاحب نے شونیتا کے طریقِ کار اور غالب کی شعری افتاد کے درمیان مماثلت اور لاشعوری رشتوں کے حوالے سے غالب کے اشعار کی بنیاد پر نہایت تفصیلی تجزیہ پیش کیا ہے جس سے ظاہر ہوتا ہے کہ ''غالب کی جدلیاتی فکر کے گوناگوں طور طریقوں اور مختلف النوع پیرایوں کا اگر کوئی غیر ماورائی ارضیت اساس سرچشمہ ہوسکتا ہے تو وہ شونیتا مماثل حرکیات ہی ہے ... غالب کی فکری افتاد و نہاد میں جدلیاتِ نفی (شونیتا) اس حد تک جاگزیں ہے کہ یہ نہ صرف ہر نوع کی 'پابستگیِ رسم و رہِ عام' اور 'پاداشِ عمل کی طمعِ خام' کے خلاف مجتہدانہ کردار ادا کرتی ہے، یا پیش پا افتادہ اور عامیانہ کی آلودگی کو کاٹتی ہے بلکہ ہر معمولہ و موصولہ کو پلٹ کر طرفوں کو کچھ اس طرح کھول دیتی ہے کہ نادرہ کاری و حسن کاری کا حق بھی ادا ہوجاتا ہے اور معنیاتی عرصہ بھی برقیا جاتا ہے۔'' (ص 20)

نارنگ صاحب نے اپنی اس کتاب میں فکر و آگہی کے ساتھ ساتھ وجدانی خاموشیوں کی تہوں کو ایک ساتھ اس طرح چھوا ہے کہ ان میں مفکر کی عقل صوفی کے آئینۂ ادراک میں صبح کے تازہ پھول کی صورت بہار آفریں نظر آتی ہے۔ زبان اور خاموشی کا ذکر کرتے ہوئے انھوں نے ان دونوں کے باہمی تعلق اور انحصار کو جن وجد آفریں لفظوں میں بیان کیا ہے وہ پڑھنے سے تعلق رکھتا ہے۔ کہتے ہیں ''دیکھا جائے تو زبان معنی کے افتراق اور التوا

کا کھیل خاموشی کے اندھیرے کی مدد سے کھیلتی ہے۔ زبان کی اصل کی طرح معنی کی اصل بھی خاموشی ہے۔ خاموشی نہ ہو تو نہ معنی پاشی ممکن ہے نہ معنی در معنی اور نہ پس معنی۔ دوسرے لفظوں میں معنی آفرینی کو جو چیز ممکن بناتی ہے وہ خاموشی ہی ہے۔ گویا زبان میں معنی حاضر و معنی غائب سب غیاب ہی سے ممکن ہے۔ لفظ محدود ہے اور خاموشی لامحدود۔ خاموشی لفظ کو اس تحدید سے آزاد کراتی ہے اور معلوم میں نامعلوم کا در کھولتی ہے، خاموشی کا عمل زبان کے عامیانہ پن سے تصادم کا عمل ہے، یہ رواجِ عام یا مذاقِ عام سے ٹکراؤ کی صورت ہے جو بہ اعتبارِ نوع جدلیاتی ہے۔'' (ص 658)

غالب کی شاعری میں لفظ اور اس کے دوسرے سرے پر موجود خاموشی کے باہمی تفاعل کو نشان زد کرتے ہوئے نارنگ صاحب نے گویا حرف آخر کہہ دیا ہے۔ دنیا میں سرگرم مختلف زبانوں کی موجودگی میں کسی بھی زبان کے نہ ہونے اور مختلف زبانوں کے مذہبی شناختوں میں اسیر ہوجانے پر تاسف کا اظہار کرتے ہوئے کہتے ہیں''... گویا خدا بھی ایک دوسرے کی زبان نہیں سمجھتے یعنی کوئی زبان اصل زبان نہیں ہے۔ ایسے میں طلسم کدۂ کائنات فقط ایک زبان سے کھلتا ہے، یعنی خاموشی کی زبان سے اور انسان اسی زبان کو بھول گیا ہے۔ غالب کا کارنامہ یہ ہے کہ غالب کی تخلیقیت اس محاورے کی بازیافت کرتی ہے۔ زبان کی آلودگی نے انسان کو چھوٹا، محدود اور تنگ نظر بنا دیا ہے، شخصیتیں سکڑ گئی ہیں، انسان اپنے اندر بند ہوگیا ہے۔ غالب کی شاعری انسان کے چھوٹا اور پایاب ہوجانے کے خلاف احتجاج ہے۔ غالب کا محاورہ عرفان وسلوک کا نہیں، معنی آفرینی، حسن پروری اور کثیرالجہتی کا ہے اور اس کی گرہ وہاں کھلتی ہے جہاں عمومیت اور کثافت گرد کی طرح زبان سے گر جاتی ہے اور انسانیت اپنی فطری معصومیت کی بے لوث زبان سے گلے ملتی ہے۔'' (ص 465)

صد جلوہ روبرو ہے جو مژگاں اٹھایئے
طاقت کہاں کہ دید کا احساں اٹھایئے

○

ناصر عباس نیر

’غالب :معنی آفرینی، جدلیاتی وضع، شونیتا اور شعریات‘ — ایک تاثر

گوپی چند نارنگ کی اس کتاب کی اشاعت، غالبیات اور اردو تنقید کا ایک ’واقعہ‘ ہے۔ اکثر کتابیں صرف اطلاعیہ بنتی ہیں، بعض صرف خبر بنتی ہیں، مگر کبھی کبھی کوئی ایک کتاب ’واقعہ‘ بننے کا اعزاز پاتی ہیں۔ واقعہ بیک وقت تاریخ اور تاریخ کا بیانیہ ہوتا ہے؛ وہ ایک مادی حقیقت اور اس حقیقت کی تعبیر ہوتا ہے۔ نارنگ صاحب کی غالب پر یہ کتاب، اردو میں غالبیات کی تاریخ کا ایک ’واقعہ‘ ہے، اور غالب کی ایک نئی تعبیر ہے، ایک ایسی تعبیر جو غالب کے تعلق سے صدیوں کے ثقافتی عمل کی کُنہ تک ہمیں لے جاتی ہے۔ آپ اس کتاب کا مطالعہ کرتے ہوئے خود کو تبدیل ہوتے محسوس کرتے ہیں؛ یہ خاموشی سے مگر ایک غلبہ آفریں قوت کے ساتھ آپ کے ذہن اور حواس پر بہ یک وقت اثرانداز ہوتی ہے۔ آپ کے بہت سے تیقنات کو درہم برہم کرتی، کچھ دیر کے لیے آپ کو ایک عجب ذہنی بحران میں مبتلا کرتی ہے، سوالات سے آپ کے بنے بنائے ذہنی سانچوں پر ضرب لگاتی اور پھر ان سوالات کے ممکنہ جواب کی طرف آپ کی رہنمائی کرکے، آپ کے ذہن میں غالب فہمی کے نئے تصورات کا اضافہ، وسیع ثقافتی و فلسفیانہ کینوس پر کرتی ہے۔ نیز یہ کتاب بعض نئے سوالات بھی ابھارتی ہے اور نئے اطراف کھولتی ہے۔ کتاب کا استدلال اور اسلوب دونوں قاری کو گرفت میں لے لیتے ہیں۔ یہ ایک غیر معمولی بات ہے۔ فلسفہ و جمال کی آمیزش سے ترکیب پانے والی غیر معمولی بات!

یہ کتاب نارنگ صاحب کے اس تنقیدی تصور کا اگلا، (اور علمیاتی اعتبار سے کٹھن) پڑاؤ ہے، جس کے مطابق اردو ادب کی جڑیں ہندوستان کی صدیوں پر پھیلی ہوئی ملی جلی

ثقافتی روایات و رسومیات میں ہیں۔ اس سے پہلے وہ اردو مثنویوں اور کلاسیکی غزل کی مقامی ثقافتی جڑوں کو واضح کر چکے ہیں۔ نئ تھیوری اور قدیم ہندستانی لسانی، فلسفیانہ نظریات میں اشتراکات کی نشان دہی بھی کر چکے ہیں۔ (اس ضمن میں رابرٹ میگلیو لا نے 1984 میں بعض فلسفیوں کے سلسلے میں قابل قدر کام کیا، جس کا حوالہ نارنگ صاحب دیتے ہیں)۔ شعریات غالب کی جدلیاتی وضع کا رشتہ وہ ایک طرف سبکِ ہندی اور دوسری طرف اس کی جڑوں کو بودھی فکر شونیتا کے فلسفیانہ اجتماعی لاشعوری اثرات سے جوڑتے ہیں۔ سبکِ ہندی سے غالب کی شعریات کا رشتہ تو پہلے سے واضح تھا، مگر بودھی شونیتا سے سبک ہندی اور غالب کا تعلق قائم کرنا اور مماثلت دکھانا حددرجہ کٹھن کام تھا۔ سب سے بڑی مشکل علمیاتی تھی۔ حقیقت یہ ہے کہ یہ ایک سخت چیلنج تھا، اور بڑی حد تک عالی حوصلگی کا کام بھی۔ اس کو کٹھن بنانے میں خود نارنگ صاحب کے طریقۂ کار کو بھی دخل ہے، اس لیے کہ آسان راستہ اوپری اور خارجی ہوتا۔ انھوں نے بجائے اوپری یا خارجی طریقِ کار کے ہر چیز غالب کے متن کے تار و پود کے عمیق مطالعے سے برآمد کی۔ لاشعوری اثرات کی کھوج ویسے بھی آسان نہیں جسے وہ 'نامعلوم کا سفر' کہتے ہیں۔ یعنی 'آبِ چشمۂ حیوان درونِ تاریکی است'۔ انھوں نے شونیتا کی جدلیاتِ نفی کو غالب کی نئ قرأت کا تناظر نہیں بنایا جو اوپری اور سرسری ہوتا، بلکہ سیاق بنایا ہے۔ ان کا طریقۂ کار داخلی اور تخلیقی ہے۔ تناظر خارجی ہوتا ہے، اور اس کا تعلق نقاد کے موضوعی زاویۂ نظر سے ہوتا ہے، جبکہ سیاق داخلی اور اندرونی ہوتا ہے اور اس کا تعلق متن کی نامیاتی معروضی ساخت سے ہوتا ہے۔ اگر وہ شونیتا کو تناظر بناتے تو انھیں یہ آسانی تھی کہ اس کی روشنی میں وہ اشعارِ غالب کی قرأت کرتے، اور یہ باور کراتے کہ غالب کے متن میں اس تناظر میں بھی اپنے معنی روشن کرنے کی صلاحیت ہے، جس سے اس کا براہ راست تعلق نہیں مگر یہ روایتی اور عام طریقۂ کار ہوتا۔ لیکن جب وہ شونیتا کی حرکیاتِ نفی کو غالب کے متن کا سیاق بناتے ہیں، یعنی اس کے تخلیقی تار و پود میں شامل دکھاتے اور مماثل ثابت کرتے ہیں تو ایک بھاری ذمے داری اور چیلنج کو قبول کرتے ہیں؛ یہ واضح کرنے اور دکھانے کے لیے کہ دو ڈھائی ہزار سال پہلے کی فکر کا

ایک طور، کیونکر صدیوں کا وجدانی اور متصوفانہ سفر کرتے ہوئے سبکِ ہندی نیز بیدل اور غالب کے ذہن و تخلیقیت کی شعوری و لاشعوری ساخت کا حصہ بنا؟ اس سوال کے جواب کے لیے نارنگ صاحب کو صدیوں کی فکری، متصوفانہ، ادبی، ثقافتی شعوری و لاشعوری، نیز لوک شعری روایات کا سفر کرنا پڑا۔ حقیقت یہ ہے کہ تخلیقی اثرات پُراسرار اور بھید بھرے اور لاشعوری بھی ہوتے ہیں۔ خود سبکِ ہندی کی فلسفیانہ پیچیدگی و دقیقہ سنجی اس کی ضامن ہے۔

پہلے انھوں نے بودھی شونیائی فکر کو برہمنی فکر سے علیحٰدہ کیا، اور یہ واضح کیا کہ آخرالذکر کے برعکس ناگارجن کے پیش کردہ جدلیاتی شونیتا میں کوئی ماورائیت نہیں: ''مذہب سرے سے شونیتا کا مسئلہ نہیں''۔ شونیتا، سوچنے کا ایک طور ''ایک آگہی ہے اس احساس کی کہ کائنات میں کچھ بھی، یعنی کوئی شئے، کوئی بھی خیال، کوئی بھی نظریہ، کوئی بھی تصور، کوئی بھی نقطۂ نظر، کوئی بھی اصول قائم بالذات نہیں''؛ کسی شئے کی کوئی اصل بالذات طور پر ثابت نہیں۔ نارنگ صاحب نے یہ بھی واضح کیا کہ جہاں ویدانت وجودیاتی ہے، شونیتا علمیاتی ہے۔ کتاب کے مطالعے سے معلوم ہوتا ہے کہ نارنگ صاحب کو شونیتا کی علمیات، غیرمعمولی اہمیت کی محسوس ہوئی ہے۔ یہ قدیم جدلیاتی علمیات ہے جسے انھوں نے ویدانتی، یونانی، مارکسی اور متصوفانہ وجودی جدلیات کے متقابل رکھ کر دیکھا اور کہیں زیادہ بصیرت آگیں، معنی افروز اور بھرپور پایا ہے۔ یہ سرچشموں کا سرچشمہ ہے۔ باقی سب جدلیاتی طور کسی نہ کسی اثباتی فکر پر منتج ہوتے ہیں، مگر بودھی جدلیات نفیِ تام کی حرکیات ہے، اور نفیِ تام لامحدود آگہی، کشادگی و آزادی ہے؛ یہ معنی سے کہیں زیادہ معنی سازی کے امکانات سے بھرپور ہے۔ یہ ایسی خاموشی ہے جو تمام صداؤں کا مصدر ہے۔ اس کو واضح کرنے کے ضمن میں نارنگ صاحب کے قلم میں جو ایک قسم کا جوش و نشاط پیدا ہوتا ہے، اس سے اندازہ ہوتا ہے کہ غالباً یہ ان کے ادبی سفر کی خاصی مرکزی یافت ہے۔ اس یافت کو قیمتی سمجھنے میں انھیں کوئی تذبذب اس لیے نہیں ہوا کہ معاصر عالمی فکریات (جس کی بصیرت انھیں حاصل ہے) بھی اس کی توثیق ہی نہیں کرتی، بلکہ اس کی روشنی میں اپنے خدوخال کو مزید نمایاں بھی کرتی ہے۔ (یہ عین ممکن تھا کہ وہ عظمت رفتہ کی مدح سرائی میں مگن

ہو جاتے اور مغرب پر مشرق کے تفوق کے گن گاتے، اور یوں اپنے اصل مقصد سے بھٹک جاتے، مگر ایسا نہیں ہوا۔ وہ تہذیبی مکالمے میں یقین رکھتے محسوس ہوتے ہیں؛ کسی کی برتری یا کسی نوع کے تصادم میں نہیں)۔ انھیں مابعد جدید ذہن، خصوصاً دریدائی فکر اور شونیتا میں غیر معمولی مماثلت محسوس ہوئی ہے۔ (مگر دریدائی فکر منطقیِ محض ہے جبکہ شونیتائی فکر تخلیقی جدلیات ہے) اسی لیے وہ پوری کتاب میں اپنے تھیسس کو ثابت کرنے کے لیے بودھی جدلیاتی حرکیاتِ نفی سے بیش از بیش مدد لیتے ہیں جو قدیم ترین سرچشمہ ہے، اور دریدا کی ردتشکیل و معنی کے التوا کا ذکر محض تائید و توثیق کے لیے کرتے ہیں۔ اس کی وجہ ثقافتی عصبیت نہیں، دونوں کی علمیات کا شعور اور جدلیاتی رشتوں کا فرق ہے۔ دریدا معنی کے افتراق و التوا پر زور دیتا ہے، اور ایک معنی کے اندر دیگر معانی کے نامختتم سلسلے کی نشان دہی کرتا ہے، جبکہ شونیتا معنی، یا اس کی افتراقیت یعنی ثنویت ہی کو رد کرتی ہے۔ اس ضمن میں نارنگ صاحب بیدل اور شیخ ناصر علی کی اس بحث کا حوالہ زوردار طریقے سے ایک سے زیادہ مرتبہ لاتے ہیں (جسے مراۃ الخیال سے حمید احمد خاں نے مرقع غالب میں بھی پیش کیا ہے)، جس میں ناصر علی نے کہا کہ معنی لفظ کے تابع ہے، لفظ جب بھی ظاہر ہوتا ہے معنی خود بہ خود ظاہر ہو جاتا ہے؛ اس پر بیدل نے کہا کہ وہ معنی جسے آپ تابعِ لفظ قرار دے رہے ہیں، اس کی اصلیت بھی ایک لفظ سے زیادہ نہیں۔ جو چیز حقیقت میں معنی کہلاتی ہے، وہ کسی لفظ میں نہیں سما سکتی۔ یہ نکتہ خاصا اہم اور seminal ہے کہ یہاں نارنگ صاحب دو قسم کی زبان کی تھیوری وضع کرتے محسوس ہوتے ہیں: عام زبان اور تخلیقی زبان جو انتہائی قابلِ غور ہے۔ عام زبان کا وصف جدلیات اور تخلیقی زبان کی خصوصیت حرکیاتِ نفی ہے۔ (یہ تھیوڈور ادورنو کی ابلاغ اور آرٹ کی زبان کی تھیوری سے ملتی جلتی ہے) عام زبان لفظوں کے جدلی رشتوں یا Binary Opposites میں بندھی ہے، اور اس وجہ سے ہر شئے کو اس کی ضد سے پہچانتی، اور یوں مسلسل اپنے غیر پر منحصر رہتی ہے، جبکہ تخلیقی زبان اپنا رشتہ اس کُنہ یا خاموشی سے قائم کرتی ہے جو زبان کی قوت کا سرچشمہ یا ام اللسان ہے۔ بہ قول نارنگ صاحب: ''خاموشی اور حرکیاتِ نفی یعنی 'نہیں' کی تخلیقی قوت جڑواں بہنیں ہیں۔ معنی

جو ظاہر ہوگیا، وہ محدود ہوگیا یا نمٹ گیا، یا exhaust ہوگیا؛ جو پنہاں ہے، اس کی طاقت بے حد و حساب ہے، وہ امکانات سے بھرپور ہے''۔ نارنگ صاحب کے مطابق، غالب کی شعریات اسی خاموشی اور حرکیاتِ نفی سے عبارت ہے۔ دوسری اہم بات یہ ہے کہ شونیتا کی مانند غالب کی شعریات کا مسئلہ ماورائی نہیں۔ نارنگ صاحب کہتے ہیں کہ ''غالب کا مسئلہ شعریاتی، ارضی اور انسانی ہے، ماورائی نہیں''۔ کیا ہم یہ سمجھیں کہ اگر شونیتا فکر کا ایک طور ہے، ایک علمیاتی معاملہ ہے تو شعرِ غالب، اسی طور کے مفہوم میں ایک شعریاتی تخلیقی معاملہ ہے؟ نہ شونیتا کوئی نظریہ دیتی اور نہ غالب کی شعریات کسی متعینہ میکانکی نظریے، محدود عقیدے یا ڈاگما کی حمایت کرتی ہے جو غالب کی طلسماتی نیرنگیِ فکر اور ندرت و جدت کی کُنہ ہے۔ اس طرح نارنگ صاحب غالب کے یہاں 'شعریاتی شونیتا' یا معنی آفرینی کی حرکیات کو کارفرما دکھاتے ہیں جو حد درجہ نکتہ رس، نادرہ کار اور جمال آفریں تخلیقیت کا رمز ہے۔

نارنگ صاحب کے سامنے اگلا اہم سوال یہ تھا کہ غالب کی شعریات میں حرکیاتِ نفی کیوں کر رونما ہوئی؟ اس سوال کا سامنے کا جواب تو یہ ہے کہ غالب اپنے تورانی نسلی رشتوں پر فخر کرنے کے باوجود، ہندستانی تھے؛ اور ان کا خمیر اسی مٹی سے اٹھا تھا۔ سبکِ خراسانی و عراقی کی بجائے، سبکِ ہندی کے وارث اور امین تھے، اُس بیدل کے شاگردِ معنوی تھے جو بدھ کی سرزمین میں پیدا ہوئے تھے، اور جو ہندستانی فکر و فلسفے سے آگاہ تھے، عارف کامل، صوفیِ صافی اور تصوف کی وجودی جدلیات اور وجدان میں رچے بسے تھے۔ نارنگ صاحب نے غالب کی تحریروں، خصوصاً مہر نیم روز اور مثنوی چراغِ دیر اور دبستان مذاہب کا ذکر کیا ہے، جن میں مقامی عقائد سے غالب کی واقفیت کا پتا چلتا ہے۔ قاطع برہان کا حوالہ بھی دیا ہے، جس میں توافق لسانین (خانِ آرزو کا پیش کردہ نظریہ کہ سنسکرت اور فارسی متحدالاصل ہیں) پر بحث کی گئی ہے۔ اسی طرح یہ بھی ایک حقیقت ہے جس کا ذکر نارنگ صاحب نے کیا ہے کہ غالب ہندستانی فارسی گویوں عرفی، نظیری، ظہوری کا ذکر بار بار کرتے ہیں، مگر جامی، حافظ اور سعدی کا اتنا نہیں۔ یہ جواب غلط نہیں، البتہ ناکافی ہے۔ اس لیے کہ اس میں مقامی فکر سے غالب کے رشتوں کا ذکر ہے، بودھی فکر

سے بلاواسطہ آگاہی کا نہیں (مگر اتنا معلوم ہے کہ بودھی فکر متصوفانہ رویوں اور سبکِ ہندی کی جدلیاتی دقیقہ سنجی میں پہلے ہی جذب ہوچکی تھی جس کا اعتراف اب ایرانی بھی کرتے ہیں، بالخصوص امیر فیروز کوہی نے 'فلسفۂ بودائی' کو نشان زد کیا ہے اور نارنگ صاحب نے اس کے حوالے کو ثبوت کے طور پر پیش بھی کیا ہے)۔ اس امر کا احساس نارنگ صاحب کو برابر رہتا ہے۔ چنانچہ وہ مزید اطمینان بخش جواب کی تلاش میں آرکی ثقافتی رشتوں کی تھیوری سے بھی بحث کرتے ہیں جو لاشعوری وجدانی عناصر پر زور دیتی ہے کہ مقامی جدلیاتی فکر و فلسفہ تو صدیوں پہلے سبک ہندی کے تار و پود میں پیوست ہو چکا تھا تبھی تو سبکِ ہندی، ایرانی سوادِ اعظم کی فارسی شاعری سے زیادہ پیچیدہ، فلسفیانہ اور مختلف قرار دی گئی۔ ادب میں سب کچھ ظاہر یا خارجی نہیں، بہت کچھ پنہاں بھی ہوتا ہے؛ اس کتاب میں یہ اصول بطور مرکزی خیال کی شق کے دہرایا گیا ہے، بلکہ ایک ایسا اصول معلوم ہوتا ہے، جس کی مدد سے نارنگ صاحب غالب کی شعریات اور اس کے سرچشموں کی چشم کشا توجیہ کرتے محسوس ہوتے ہیں۔ یعنی غالب کا مقامی روایات اور مٹی کی جڑوں سے رشتہ جس قدر شعوری تھا، اس سے بڑھ کر لاشعوری تھا، اور لاشعوری رشتے اگرچہ منظرِ عام پر دکھائی نہیں دیتے لیکن زیادہ طاقت ور ہوتے ہیں۔ مگر اس میں ایک دقت ہے۔ آرکی ثقافتی رشتے تو مشترک رشتے ہوتے ہیں۔ ان میں فقط غالب نہیں، ذوق و مومن، اور ان سے پہلے انشا و مصحفی، میر و سودا بھی بندھے تھے، پھر ان کے یہاں یہ اثرات کیوں نہ آئے؟ شاید اسی لیے نارنگ صاحب، اس بحث میں غالب کی اپنی انفرادیت اور جدت طبع کا ذکر لاتے ہیں (بے شک ادب میں ہر شخص نہ غالب ہوسکتا ہے نہ اقبال نہ شیکسپیئر۔ ہر عظیم فنکار کے ذہن کی تشکیل منفرد اور اپنے اپنے طور پر بھید بھری ہوتی ہے)، غالب نے اپنے اظہار کے لیے بالکل ابتدائی ایام میں بیدل کا انتخاب کیا۔ میر و سودا یا انشا و مصحفی وذوق و مومن نے ایسا نہیں کیا۔ ماضی کی یا معاصر روایت کے کسی خاص پہلو کا انتخاب یا اس کے نامعلوم پنہاں اثرات ایک پیچیدہ معاملہ ہے۔ اوّل یہ کہ ہر لکھنے والا ایک ہی طرح کا ذہن نہیں رکھتا، ایک ہی طرح کے انتخاب کا جوکھم نہیں اٹھاتا؛ ہر کسی کا مزاج الگ ہوتا ہے۔ اکثر تو

آنکھیں بند کر کے روایتی طور پر وہ سب قبول کر لیتے ہیں جو انھیں زمانے اور ماحول سے ملتا ہے، جبکہ بعض منفرد لکھنے والے ماضی و عصر کی بہت سی روشوں کا انکار کرتے اور کسی خاص روایت کو منتخب کرتے ہیں، اور وہ بھی اس لیے کہ اس کے مانوس پن اور عامیانہ کے استرداد سے اپنے نامانوس و نادر تجربوں کو ظاہر کر سکیں۔ تخلیقی سطح اور افتاد و نہاد کا اپنا اپنا فرق ہوتا ہے۔ نابغۂ روزگار ہر کوئی نہیں ہوتا۔ غالب کا معاملہ اور ان کی باطنی آگ دوسروں سے الگ تھی۔ انھوں نے روزِ اول ہی سے بالقصد روشِ عام اور پیش پا افتادہ کو مسترد کر دیا۔ یہ ایک انقلابی اقدام تھا۔ اس نکتے کو نارنگ صاحب نے کافی و شافی وضاحت سے پیش کیا ہے کہ کس طرح جو چیز اوروں کے یہاں ہیئتی مشاقی تھی، وہ غالب کے یہاں نشاط انگیز معنی آفرینی کا ذریعہ بن گئی۔ دوسروں نے خیال بندی کو لفظی بازی گری بنایا، جبکہ غالب کی سحر آفریں تخلیقیت نے اسے اعجازِ معنی بنا دیا۔ نارنگ صاحب کے ان دلائل کو جو چیز مستحکم کرتی ہے، وہ خود شعریاتِ غالب کی جدلیاتی وضع ہے۔ اگر غالب زبان کی آخری حدوں کو تحلیل کرتے محسوس ہوتے ہیں یا عام زبان کی معمولہ ہیئت کو شکست کرتے ہیں، اور شعر میں خاموشی کے بھید بھرے طلسماتی پیرائے خلق کرتے نظر آتے ہیں تو یہ حقائق اس بات کو باور کرانے کے لیے کافی ہیں کہ ان کا آرکی رشتہ شونیتا یعنی قدیمی غیر ماورائی ارضیت اساس جدلیاتی حرکیات سے ہے، خواہ خود غالب کو اس کا احساس ہو کہ نہ ہو۔ تخلیق میں 'غیب' سے مضامین نہ آتے ہوں اس میں کوئی شبہ نہیں ہے۔

اپنے تھیس کو ثابت کرنے کے لیے نارنگ صاحب، صرف غالب و بیدل کے باہمی رشتوں کو واضح کرنے پر اکتفا نہیں کرتے۔ غالب اور بیدل میں فاصلہ تو نصف صدی سے بھی کم تھا۔ نارنگ صاحب کا موقف ہے کہ جدلیاتی وضع اور فکر و فلسفہ، ہندستانی شعریات کی اساس ہے۔ وہ برصغیر کی صدیوں کی ثقافتی تاریخ کے وجدانی احساس کو مسلسل سمجھتے محسوس ہوتے ہیں، جس میں اگر خلا ہیں بھی تو ان میں کچھ ایسے نقش بھی ہیں جن کی مدد سے خلا بھرے جا سکتے ہیں۔ چنانچہ وہ مقامی متصوفانہ، لوک ادب کی روایات (کبیر، تکارام، میرا، شاہ لطیف، نانک، بابا فرید، بلھے شاہ اور دوسروں) میں ان شعریاتی عناصر کو

کارفرما دکھاتے ہیں، جن میں معنی کے معمولہ رخ کے برعکس نادر رخوں کی تخلیق کا سلسلہ ملتا ہے۔ اس کتاب کا سب سے اہم پہلو یہ ہے کہ اس میں تکثیری ہندستانی شعریات کا واضح تصور پیش کیا گیا ہے؛ ایک ایسی شعریات جو صدیوں کے تہذیبی وجدانی عمل سے وجود میں آئی ہے، جس نے غیر مقامی اثرات بھی قبول کیے، مگر اپنی مٹی اور مقامی اساس کو بھی برقرار رکھا۔ وہ اسے کسی دوسری شعریات کے متقابل نہیں لاتے، تاہم اس کی تکثیری اور کشادہ معنی آفرینی کا وہی تصور پیش کرتے محسوس ہوتے ہیں، جو جدلیاتی شونیتائی حرکیات کا ہے، یعنی معنی سے زیادہ معنی کی تخلیق کی آگہی اور اس کی مدد سے آزادی و کشادگی کا نشاط انگیز احساس۔ سب سے بڑھ کر یہ کہ یہ آزادی تجریدی یا ماورائی نوعیت کی نہیں، بشری معنویت کی حامل ہے؛ ہر طرح کے میکانکی یا متعینہ نظریاتی جبر سے آزادی، یا ہر قسم کی تصادم انگیز جدلیات سے آزادی۔

نارنگ صاحب اپنے تھیسس کو ثابت کرنے کے ساتھ ساتھ جگہ جگہ غالب کی اردو اور فارسی شاعری کی قرأت و تعبیر کرتے ہیں۔ اس پر انھوں نے چار پانچ بھرپور باب صرف کیے ہیں اور درجہ بدرجہ غالب کے نسخوں کی باریک بیں قرأت کی ہے۔ انھوں نے اپنے پیش روؤں کی تعبیرات کو کہیں قبول کیا ہے، کہیں اختلاف کیا ہے اور کہیں ان میں اضافے کیے ہیں۔ انھوں نے تمام شارحین غالب کو پیشِ نظر نہیں رکھا۔ ان کا مقصود شارحینِ غالب کا محاکمہ نہیں تھا، تاہم انھیں غالب تنقید کے جو متن Canonical محسوس ہوئے، انھیں پیش نظر رکھا اور پوری فکری تازگی اور دلجمعی سے اپنے تعبیر و تجزیہ کو پیش کیا۔ وہ حالی، بجنوری، شیخ محمد اکرام اور نتالیہ پریگارینا کو غالب کے اہم ترین نقاد کے طور پر اپنی کتاب میں جگہ دیتے ہیں، اور حالی اور پریگارینا کو بہ طورِ خاص۔ انھوں نے ان دونوں سے استفادہ بھی کیا، اور ان کی قرأت کے متوازی اور متقابل اپنی قرأت بھی پیش کی ہے۔ نارنگ صاحب کا رویہ ان نقادوں کے قطعی برعکس ہے جو اپنے سے پہلوں کا حوالہ محض انھیں رد کرنے کے لیے لاتے، اور یہ باور کراتے ہیں کہ ان کے پہلے سب غلط تھے۔ سب کو رد کرنا منفی رویہ ہے اور سب کو آنکھیں بند کر کے قبول کرنا اپنی نفی کرنا ہے۔ چونکہ نارنگ صاحب

نے ایک واضح موقف، جو حرکیاتِ نفی کے انتہائی تکثیری جدلیاتی وتخلیقی تصور سے عبارت ہے، کے تحت مطالعہ کیا ہے، اس لیے ان کا رد وقبول بھی منطقی ہے اور کافی وشافی جواز رکھتا ہے۔

اس کتاب کی وساطت سے نارنگ صاحب نے ہمیں کچھ نئی تنقیدی اصطلاحات، اور ایک خاص طرح کے استدلال سے متعارف کروایا ہے۔ سب سے اہم اصطلاح شونیتا ہے؛ یہ تصور ہمیں غالباً پہلی مرتبہ قرۃ العین حیدر کے 'آگ کا دریا' میں ملتا ہے، مگر وہاں اس کا سیاق کرداروں کی داخلی صورتِ حال ہے، اور اس کی نوعیت ماورائی محسوس ہوتی ہے، جبکہ نارنگ صاحب نے اسے ایک جدلیاتی تنقیدی اصطلاح کا درجہ دیا ہے، گویا اسے ایک سیکولر معنی آفریں شعریاتی اصطلاح کا درجہ دیا ہے۔ اس کی مدد سے جس طرح آرٹ کی 'خاموش زبان' کا تصور ابھارا گیا ہے جو تمام ترمعنی کا سرچشمہ ہے، اُن معانی کا بھی جو کسی تہ نشیں حقیقت کو پیش نہیں کرتے، بلکہ ایک محال و معمائی نیرنگِ نظر صورت کو پیش کرتے ہیں؛ اسے اردو تنقید کلاسیکی اور جدید شعریات کی تعبیر میں کام میں لاسکتی ہے۔ یہ تصور اس مابعد جدید موقف کے لیے بھی اجنبی نہیں کہ کوئی سچائی حتمی نہیں، بس ایک تشکیل ہے، ہر معنی محدود ہے، البتہ آرٹ کی خاموشی میں لامحدود معانی کی تخلیق کا امکان ہے، اور معانی کی تخلیق ہی میں آزادی اور تکثیریت ہے۔ صرف ایک ہی معنی اور اس کی حتمیت پر اصرار آمرانہ فاششٹی طاقت کی حرکیات ہے، اس کے لیے عام زبان یعنی ترسیل کی عامیانہ زبان کام میں لائی جاتی ہے، جبکہ جدلیاتِ نفی، یا زبان کی خاموشی، آرٹ کی حرکیات ہے، جو معنی کی بے کناریت کی علم بردار ہے۔ نارنگ صاحب کے استدلال کی نوعیت سادہ منطقی نہیں، جمالیاتی، ثقافتی، تخلیقی جدلیاتی حرکیات کی حامل ہے؛ ہر ہر قدم پر وہ جمالیات، ثقافت اور ان کے حرکیاتی جدلیاتی رشتوں کو ملحوظ رکھتے ہیں۔ یہ کتاب غالب پر لکھی گئی دوسری کتابوں سے نہ صرف الگ بلکہ غالب کی معنویت اور شعریات کے یکسر نئے سیاق کو سامنے لاتی ہے۔ اسی لیے ہم نے اسے عام کتاب نہیں، غالب تنقید کی تاریخ کا ایک 'واقعۂ' کہا ہے۔

◯

علی احمد فاطمی

''ورائے شاعری چیزے دگر است''
(گوپی چند نارنگ کی غالب شناسی پر تنقیدی نظر)

گوپی چند نارنگ ہمارے عہد کے ان ادیبوں و نقادوں میں سے ہیں جن کی شہرت مقامی سے زیادہ عالمی ہے۔ اس کی وجہ ان کے وہ کام ہیں جن کی حیثیت ادبی و تنقیدی تو ہے ہی نظریاتی بھی ہے۔ جہاں انھوں نے ایک طرف لسانیات، اسلوبیات وغیرہ پر عمدہ کام کیے ہیں وہیں دوسری طرف نئی تھیوری پر کام کرتے ہوئے ساختیات و مابعد جدیدت پر بھی عمدہ اور یادگار کام کیے ہیں۔ اس لیے ان کی حیثیت صرف ایک روایتی نقاد کی نہیں بلکہ نظریہ ساز اور عہد ساز مفکر و دانشور کی بھی ہے۔ یہ الگ بات ہے کہ اردو کے روایتی و تہذیبی قارئین ان جدید تھیوریز کو واقعتاً کتنا قبول کرتے ہیں اور کیا مقام دیتے ہیں کہ ان دنوں یہ خیال ہی نہیں الزام بھی ہے کہ نئی تنقید تخلیق سے منقطع ہو کر محض تھیوریٹکل بحثوں میں اُلجھ کر رہ گئی ہے۔ یہ الزامات غور طلب بھی ہیں اور بحث طلب بھی۔ لیکن یہ الزام گوپی چند نارنگ پر لگا پانا مشکل ہے کہ غزل پر، فکشن پر اور غالب پر ان کی بیحد اہم کتابیں اس بات کی پختہ گواہی دیتی ہیں کہ تنقیدِ نارنگ تخلیقِ ادب سے الگ نہیں ہوئی ہے۔ قابلِ ذکر اور قابلِ فکر بات تو یہ ہوتی ہے کہ نئی تھیوری اپنے فکری تناظر میں نئے ادب کا جائزہ لے اور نئے فکری زاویے سے، محض تنقیدی حوالے سے نہیں بلکہ تہذیبی حوالے سے بھی اپنی فکر کو مستحکم کرے ورنہ پھر وہی حشر ہوگا جو جدیدیت کا ہوا۔ شور وغُل تو بہت ہوا اور اس نے ایک مختصر سی ہئیت بھی قائم کی لیکن ناخدائے سخن جانچے گئے کلاسیکی و قدیمی انداز سے۔ فکری اور تنقیدی عمل کا یہ تضاد اُلجھنیں تو پیدا کرتا ہی ہے، بے اعتباری کو بھی جنم دیتا ہے۔ اسی لیے بزرگوں کا قول صداقت پر مبنی ہے کہ ادب میں گرم بازاری سے زیادہ ایمانداری کام

کیا کرتی ہے اور تنقید میں تھیوری کا جلال کم تفہیم کا جمال زیادہ کام کرتا ہے۔ اسی تسلسل و تناظر میں تلاش کی ضرورت ہے کہ نارنگ کی نئی کتاب ''غالب'' کہ جس کے ان دنوں بڑے چرچے ہیں، تبصرے ہیں، اس میں فکر ونظر کی دیانت داری کس نوع کی ہے یا نئے تھیوریٹکل رویّے ونظریے، پرانے غالب کی تلاش و تحقیق میں کس قدر معاون ہیں اور آج کے حالات سے کس قدر ہم آہنگ!

کتاب کے عنوان کے ساتھ ذیلی عنوان کو بھی جلی حروف میں رقم کیا گیا ہے۔ ''معنی آفرینی، جدلیاتی وضع، شونیتا اور شعریات''۔ اس سے اندازہ ہوتا ہے کہ یہ کتاب انھیں مقدمات کے حوالے سے کلام کی شاعری غالب کا ازسرنو جائزہ لیتی ہے۔ ابتدائی اوراق میں نظیری کے دو اشعار ہیں۔ حالی کی ''یادگارِ غالب'' سے ایک واقعہ بھی رقم ہے جو غالب کی شاعری اور ان کی جدلیاتی شخصیت کی طرف بلیغ اشارے کرتے ہیں۔ ان سب کی تفسیر دیباچہ میں ملتی ہے۔ دیباچہ اپنے آپ میں ایک مکمل باب بلکہ کتاب ہے جس کی ابتداء اس خیال سے ہوتی ہے:

> ''غالب کا کلام جامِ جہاں نما ہے۔ غالب کے اشعار میں نہایت دقیق، دوررس اور پیچ در پیچ مکانی کی ایک حیرت زار اور عمیق دنیا آباد ملتی ہے۔'' (ص 13)

لیکن اس خیال سے زیادہ اہم سوال ہے جو صرف تنقید ہی نہیں ادب، زندگی سے بھی رشتہ جوڑتا ہے اور یہ بھی کہ غالب کی شاعری بھی سوال در سوال کے گھیرے میں ہے حتیٰ کہ دیوان کا پہلا مصرع نارنگ کا سوال ہے:

> ''وہ کیا چیز ہے جو کوندے کی طرح لپکتی ہے اور شیفتانِ معنی کو روشن کرتی چلی جاتی ہے؟''

اور میرے نزدیک اس سے زیادہ یہ سوال اہم ہے:

> ''اس میں وہ کون سی صداقت اور انکشافی قوت ہے کہ آج بھی یہ شاعری انسانی سربلندی اور شرف و امتیاز پر ہمارا اعتماد بڑھاتی ہے۔ زندگی کے حُسن ونشاط اور کیف وسرور کے لطف کو بڑھا دیتی ہے۔'' (ص 13)

انسانی سربلندی اور زندگی سے بڑھ کر اور کیا شے ہوسکتی ہے۔ غالب کی شاعری کو

جس زاویے سے دیکھیے اس کا مرکز و محور الگ نہیں ہوتا اور یہ دونوں اپنے آپ میں غیر معمولی قوتیں اور چیزیں ہیں کہ اس کی بوالعجبی و بوقلمونی سب کو حیرت میں ڈالے ہوئے ہے۔ غالب نے دنیا کی اسی حیرت زا کیفیت اور آدم ذات کو ہی مرکز بنایا اور نشانہ بھی اور اس کے درمیان اپنے آپ کو بھی لا کھڑا کیا۔ اسی لیے اکثر زندگی کی طرح غالب بھی نافہم اور پیچیدہ نظر آتے ہیں۔ کبھی وہ سب کو گھیرے یا سب ان کو گھیرے میں لا کھڑا کر دیتے ہیں۔ نقادوں کو بالخصوص، لیکن نقاد ہی گتھی سلجھاتے نظر آتے ہیں جس کی تازہ ترین اور قابلِ قدر کوشش ہے۔ یہ کتاب اور گوپی چند نارنگ جو غالب کو شعر کی طرح چیزے دگر است جسے نارنگ نے نامعلوم کا سفر کہا ہے اور یہ کارآمد جملہ:

''بالعموم غالب کو ہم وہاں ڈھونڈتے ہیں جہاں روشنی ہے۔ جہاں سب معلوم ہے۔ غالب شعریات میں سب کچھ روشنی میں ہوا ایسا نہیں ہے۔'' (ص 14)

اب دیکھنا یہی ہے کہ یہ نامعلوم کا سفر معلوم اور اس سے زیادہ محسوس تک کس طرح گذرتا ہے۔ گفتگو حالی کی ''یادگارِ غالب'' کے ذریعہ آگے بڑھتی ہے۔ چند سطروں کے بعد یہ اعتراف بھی ''آج بھی غالب پر سب سے اچھی کتاب ''یادگارِ غالب'' ہی ہے اور غالب تنقید کی اکثر راہیں اسی کتاب سے نکلتی ہے۔''

یہ نارنگ کا ایماندارانہ اعتراف ہے، ورنہ اکثر جدید ناقد غالب یا تنقید شناسی کے ضمن میں حالی کو خاطر میں نہیں لاتے اور بعض تو مذاق اڑاتے نظر آتے ہیں۔ لیکن نارنگ حالی کو پوری اہمیت دیتے ہیں، خصوصاً حالی کی دو اصطلاحات پر ''طرفگی خیالات'' اور ''جدت و ندرت مضامین''۔ حالانکہ انھیں دنوں کے اِرد گرد جدید تنقید بھی نظر آتی ہے تاہم حالی کی روشن خیالی جدید تنقید کو موافق نہیں آتی۔ حالی کی اہمیت تسلیم کرتے ہوئے نارنگ صاف طور پر یہ لکھتے ہیں:

''حالی نے بجا طور پر سب سے زیادہ زور طرفگیِ خیالات اور جدت و ندرتِ مضامین پر دیا ہے......... یہ سب تو بہت خوب ہے مگر اس پر نظر رکھتے ہوئے اور حالی کی آرا سے استنباط کرتے ہوئے ہماری سعی و جستجو اس سے ذرا ہٹ کر ہے اور ہماری کوشش یہ رہی ہے کہ ان رسوماتِ شعری کے پس پشت کیا کوئی

اضطرای و لاشعوری حر کی تخلیقی عنصر یا افتادِ ذہنی ایسی بھی ہے یا دوسرے لفظوں میں کوئی ناگزیر شعری یا بدیہی منطق ایسی بھی ہے جو غالب کی نادرہ کاری یا طرفگیِ خیال کی تخلیقیت میں تہہ نشیں طور پر اکثر و بیشتر کارگر رہتی ہے اور غالب کے جملہ تخلیقی شعری عمل کی شیرازہ بندی کرتی ہے۔'' (ص 15)

اس ضمن میں وہ حالی کی کمیوں ونزاکتوں کا اشارہ کرتے ہیں اور کئی سوال قائم کرتے ہیں۔ حالانکہ حالی کے دور تک علم وفن اور نقد ونظر کی جو صورتیں تھیں ان کے پیش نظر یہ سوالات قدرے سخت ہیں تاہم یہ سوال بیحد اہم کہ:

''وہ کیا اضطراری کیفیت یا لاشعورِ افتادِ ذہنی ہے جو شاعر کے ارادے اور اختیار سے ورا ہے؟''

اور پھر یہ بھی کہتے ہیں:

''تخلیقی عمل یوں بھی بھید بھرا راستہ ہے۔تنقید اس کی تھاہ پانے کا دعویٰ نہیں کر سکتی فقط قرأت کی بنا پر رائے قام کرسکتی ہے۔''

کبھی کبھی تو غالب تنقید میں بھی کچھ ایسے بھید آجاتے ہیں جن کی تھاہ پانے کا دعویٰ کون کرسکتا ہے۔''جدلیاتی وضع'' یا ''حرکیاتِ نفی'' کو بھی سمجھ پانا کیا آسان ہے اور یہ نکتہ بھی غور طلب ہے کہ نارنگ کے نزدیک ندرتِ خیال اور طرفگیِ خیال کے ساتھ یہ بھی اہم ہے کہ ندرتِ خیال تشکیلِ شعر میں قائم کیسے ہوتی ہے؟ یعنی کیا کے ساتھ کیسے پر زور ہے، حالانکہ یہ بھی ہے کہ اس نوعیت کا راز کیا ہے۔ یہ نوعیت فکری ہے لسانی یا تخلیقی۔ یہاں سوال اٹھ سکتا ہے، لیکن فوراً ہی تشکیلِ شعر اور معنی آفرینی کے توازن سے کچھ اٹھانے کی سعی اور جستجو نارنگ کے نقطۂ نظر کو تقریباً واضح کر دیتی ہے۔ تاہم وہ تخلیقی عمل پر زیادہ زور دیتے ہیں جس سے تفکیر از خود تشکیک کے دائرے میں آجاتی ہے۔ اس مقام پر نارنگ مابعد جدید کم، جدید ناقد کے طور پر زیادہ بولتے نظر آتے ہیں جو اسلوب بیان کی تہہ نشینی اور حرف ولفظ کی ندرت بیانی پر زیادہ زور دیتا ہے لیکن اصل مقصد معنی آفرینی کے راز کو کھولنا ہے۔ عین ممکن ہے کہ غالب تنقید اس رویّہ ونظریہ کے بغیر اصل فہم اور ادراک کی منزل پر نہ پہنچ سکتی ہو۔ یہاں بھی غالب کی ہی انفرادیت کا سکّہ جمتا نظر آتا ہے۔ لیکن میرے

نزدیک اس کتاب کا وہ حصہ زیادہ اہم اور قابلِ غور ہے جہاں نارنگ شعرِ غالب یا شعریاتِ غالب کو ہندستانی تہذیبی اورفکر و فلسفہ کے وجدان اور گیان دھیان میں جانچتے پرکھتے ہیں کہ معاملہ و مقدمہ تخلیقی عمل کا ہو یا معنی آفرینی کا، ان کی جڑوں کا بھی ہے۔ ندرت خیالی کا ان کے رشتے بالواسطہ یا بلا واسطہ ہندستانی مٹی اور ہندستانی فکر و فلسفہ سے ہی تعلق رکھتے ہیں۔ یہ الگ بات ہے کہ غالب زیادہ تر شعوری اور کبھی کبھی لاشعوری طور پر اپنے تخلیقی عمل کو ازراہ جدّت اس طرح پیش کرتے ہیں جو بقول نارنگ ''اگر اس میں سیدھی بات بھی داخل ہوتی ہے تو بل کھاتی ہوئی نکلتی ہے۔'' اور فوراً ہی یہ نتیجہ خیز بات بھی سامنے آتی ہے۔

''جدلیاتی حرکیات غالب کی فکر وتخلقیت کا جوہر خاص ہے جو ان کی پوری شاعری کی تخلیقیت میں جاری و ساری اور تہہ نشین ہے کہ اس سے صرفِ نظر غالب کے چراغانِ معنی اور طرفگی بدیع گوئی کی کوئی توجیہ ممکن ہی نہیں۔''
(ص 18)

جدلیاتی حرکیات، جدلیاتی وضع، جدلیاتی گردش سے مراد نارنگ کیا کہتے ہیں۔ اس کی وضاحت باب سوم میں زیادہ ہوتی ہے جس کا عنوان ہے ''دانشِ ہند اور جدلیات نفی'' لیکن اس سے قبل دو باب اور ہیں۔ ''حالی یادگارِ غالب اور ہم'' (بابِ اوّل) اور بجنوری ''دیوانِ غالب اور وید مقدس'' (دوم) دونوں ہی باب پس منظر کے طور پر پیش کیے گئے ہیں۔ دیباچہ جو اپنے آپ میں ایک باب ہے یا پوری کتاب کی تلخیص ہے اس میں وہ غالب کی شاعری کی ندرت وغرابت کو بے صدا خاموشی کی شاعری کا نام بھی دیتے ہیں۔ لکھتے ہیں:

''انسانیت کی ازلی معصومیت اور بے لوثی کی زبان کہیں کھوگئی ہے۔ غالب کی شاعری اس خاموشی کی زبان یا شرفِ انسانی یا معصومیت کی ازلی زبان کی بحالی کی سعی کا درجہ رکھتی ہے۔'' (ص 19)

لیکن اصل تلاش ہے جدلیاتی گردش کی، جسے وہ ''اُپنشدوں'' میں تلاش کرتے ہیں۔ بودھی فکر کی جدلیات کو بھی کھولتے ہیں، لیکن وہ یہ بھی واضح طور پر کہتے ہیں کہ شعر کہنا ماورائی عمل ہے اور غالب کی فکر غیر ماورائی اور یہ معنی خیز جملہ:

''غالب کا منتہا عرفان نہیں انسان ہے۔ انسان کی آرزوئیں اور تمنا ئیں۔''
(ص 20)

لیکن نارنگ یہ بھی کہتے ہیں کہ غالب کی جدلیاتی فکر میں ماورائی حرکیات بھی آ کر نیا لباس پہن لیتی ہے اور گونا گوں مختلف پیرایوں میں ڈھل جاتی ہے۔ اس لیے نارنگ کا خیال ہے کہ:

''غالب کی فکر میں اگر کوئی غیر ماورائی ارضیت اساس سرچشمہ ہو سکتا ہے تو وہ شونیتا مماثل حرکیات ہی ہے۔'' (ص 20)

لیکن عاجزی سے بھی کہتے ہیں کہ:

''یہ طریقِ محض یا طورِ محض ہے۔ معمولہ یا موصولہ کے رنگ کاٹنے اور آزادی و آگہی کے احساس کی راہ کھولنے کا۔'' (ص 20)

اس کے بعد پھر جدلیاتی نفی، اس حد تک کہ:

''یہ جذبہ و رویّہ ہی غالب کو پابستگی رسم و رہِ عام اور پاداشِ عمل کی طبع کام کے خلاف مجتہدانہ کردار ادا کرتی ہے یا پیش افتادہ اور عامیانہ کی آلودگی کو کاٹتی ہے۔'' (ص 20)

اسی سے غالب کی شعریات قائم ہوتی ہے اور یہ ترقی پسند جملہ بھی:

''یوں تو یہ شعریات، شعریات محض نہیں رہتی، زندگی کے۔۔۔ متضاد بھید بھرے سنگیت کا حصہ بن جاتی ہے اور آزادی کلی و کشادگی کی نوید دیتی ہے۔'' (ص20)

اور یہ جملہ:

''غالب کی زندگی اور شاعری انسانی آزادی اور شرف کی سب سے بڑی نقیب اور امانت دار ہے۔''

آزادی اور کشادگی کے انیک روپ ہوا کرتے ہیں۔ سردار جعفری، احتشام حسین، ممتاز حسین، محمد حسن وغیرہ کی غالب شناسی بھی انھیں عناصر کی تلاش پیش پیش ہے۔ خود غالب نے ایک خط میں لکھا تھا:

''میں انسان نہیں بلکہ انسان شناس ہوں۔''

سردار، احتشام حسین تو انھیں زندگی شناس بھی کہتے ہیں اور غالب کے تفکر کو انسانی اور زمینی جڑوں میں تلاش کرتے ہیں اور عظمتِ انسانی میں بھی۔ یوں بھی جب انتشار و افلاس ہو تو گفتگو صرف انتشار ذہنی و مفلسی کی نہیں بلکہ زندگی کی ہوتی ہے۔ تلاشِ زندگی، مقصدِ زندگی کے باہم شیر وشکر ہوتے ہیں۔ انسان شناسی ہی عہد شناسی اور زندگی شناسی کی طرف لے جاتی ہے۔ غالب اگر ماضی پرست ہوتے تو گریہ کرتے، ماتم کرتے لیکن غالب کے یہاں زندگی کے ارتقا کا باقاعدہ ایک تصور ملتا ہے۔ وہ آرزو، شوق، تمنّا، حسرت اور تعمیر کی باتیں کرتے ہیں۔ غالبًا اسی کو نارنگ نے بدلی ہوئی لفظیات اور کیفیات میں جدلیاتی کیفیت کا نام دیا ہے۔ اسی لیے میں اپنی باضابطہ گفتگو باب سوم بعنوان دانشِ ہند اور جدلیات نفی سے کرتا ہوں۔ اس باب کی شروعات اس جملہ سے ہوتی ہے:

''ہندستانی فلسفہ کا کوئی تصور جدلیاتی نفی کے بغیر ممکن نہیں۔'' (ص 73)

اس لیے نارنگ کا خیال ہے کہ یہ تصور قدیم ہندوستان کے فلسفہ میں بنیادی منطقے کی حیثیت رکھتا ہے اس کے بعد وہ فلسفۂ نفی پر گفتگو کرتے ہیں اور اس پورے فلسفہ کی وضاحت کرتے ہیں جو نازک ہے، پیچیدہ ہے اور کہیں کہیں ناقابلِ فہم بھی۔ الغرض وہ کمارل بھٹ کے سرے دریدا سے ملاتے ہیں اور یہ نتیجہ نکالتے ہیں کہ:

''نفی میں اثبات کارگر ہے اور اثبات میں نفی۔'' (ص 79)

اور اسی طرح وہ شعریات کے حوالے سے گفتگو کرتے ہوئے حُسن و غیر حُسن، وفا و جفا کی پرتیں کھنگالتے ہیں اور اثبات و نفی کی انگنت صورتیں پیش کرتے ہیں۔

آئندہ باب میں وہ بودھی فکر اور شونیتا کا ذکر کرتے ہیں۔ اس کا آغاز بھی اس جملہ سے ہوتا ہے:

''بودھوں کے نزدیک شونیتا (شونیہ تا) منتہائے دانش ہے۔'' (ص 87)

اور پھر وہ اس بودھی فکر کی تشریح کرتے ہیں جو برہمن واد اور آتما پرماتما کی روایت کے خلاف جاتی ہے۔ چند جملے ملاحظہ کیجیے:

''جو شے اپنی اصل نہیں رکھتی وہ اپنی غیر اصل بھی نہیں رکھتی، اس لیے کہ غیر

وجود بھی اسی کا ہوسکتا ہے جس کا وجود ہو۔'' (ص 92)

''مابعدالطبیعیاتی وجودی (Ontological) فکر کا سارا کھیل وجود و لاوجود کا کھیل ہے۔'' (ص 93)

اور اب یہ خوبصورت و معنی خیز جملے دیکھیے:

''تخلیقی دنیا بے لوث آزادی کی وہ دنیا ہے جہاں دنیوی آرائش پگھل جاتی ہیں اور تخلیق کے کوندے یا White Heat سے نکل کر ایک ایسا لسانی جادوئی جہانِ معنی وجود میں آتا ہے جس کی اپنی زمین اپنا آسمان ہے۔ اپنے دشت و صحرا ہیں۔'' (ص 95)

ویدانت کا شونیتا سے فرق۔ شونیتا اور نراجیت، شونیتا اور دریدا اور آخر میں شونیتا کی زبان کا ندرت اور غرابت سے رشتہ، ان سب نکات کو عالمانہ ڈھنگ سے پیش کیا گیا ہے۔ ہر چند کہ یہ فلسفے آسان نہیں اور انھیں سمجھنا اور سمجھانا بھی آسان نہیں، لیکن نارنگ نے اپنے مخصوص اسلوب اور منطقی وضاحت کے ساتھ ان امور پر عمدہ گفتگو کی ہے۔ ساتھ ہی اس فلسفہ کی فکری اور شعری روایت پر بھی روشنی ڈالی ہے۔ زیرِ زمین تخلیقی جڑوں کو تلاش کیا ہے اور سبک ہندی کی روایت پیش کرتے ہوئے بابِ ششم میں بیدل، غالب، عرفان اور دانشِ ہند کے مزاج و انجذاب کو مزید مفکرانہ و عالمانہ ڈھنگ سے پیش کرتے ہیں جس سے نہ صرف غالب بلکہ مشرق کی پوری شعری روایت، فکر و فلسفہ، تہذیب و تاریخ، مذہب و ثقافت کے بیشتر عناصر پہلی بار اپنی گرہیں کھولتے نظر آتے ہیں۔ گرہ کُشائی اور عقدہ کُشائی کے یہ کام بہ حسن وخوبی انجام دئے گئے ہیں اور یہ کام نارنگ جیسا دانشور ہی کرسکتا ہے کہ ان کی نگاہ ہندستانی فلسفہ اور وجدان پر بھی اتنی ہی ہے جتنی کہ ایرانی اور ہندستانی اردو اور فارسی پر کہ غالب کی شخصیت و شاعری کی عظمتیں، رفعتیں انھیں بنیادوں پر کھڑی ہیں اور یہ بھی کہ خیالات کی بلندی، پرواز کی فکر کو کس شاعر سے جاملاتی ہے یہ طے کرنا بھی مشکل ہوا کرتا ہے۔ غالب بیدل کے مدّاح تھے، لیکن بیدل چغتائی تھے اور غالب ترکی۔ حالی پانی پت کے تھے اور ''یادگار غالب'' جیسی غیر معمولی کتاب لکھنے کے باوجود وہ شعری اور تخلیقی سطح پر اکبرآباد کے نظیر سے زیادہ قریب نظر آتے ہیں تو ہم نظری اور ہم رشتگی کے معاملات عجیب

وغریب ہوا کرتے ہیں۔ کم وبیش یہی صورت غالب اور بیدل کی ہے کہ وہ بقول نارنگ ''بیدل گوتم بُدھ کی سرزمین بہار میں پیدا ہوئے۔ دنیا کے لیل ونہار دیکھے۔ صوفیوں کے اطوار اور سرمد کی شہادت اور شاہ ملوک کی قربت۔ یہاں کئی اوراق بیدل کی بے دلی اور بے کلی پر رقم ہوتے ہیں، درمیان سے نکلتا ہے انسان۔ وہی انسان غالب کے یہاں بھی ہے۔ اپنی پوری انسانیت اور عظمت لیے ہوئے۔ اسی لیے غالب کے ہندو و مسلم سبھی دوست ہیں اور شاگرد بھی۔ بیدل کی طرح غالب نے بھی فارسی زبان میں شاعری کی لیکن بامِ عروج اور کمالِ شہرت ملا اردو دیوان کوتبھی تو نارنگ یہ کہنے میں حق بجانب ہیں:

''ہر چند کہ وہ کہتے ہیں کہ میری شاعری ایک باغ کی طرح ہے جس کے دو دروازے ہیں۔ ایک اردو، دوسرا فارسی اور وہ اپنی فارسی شاعری کو اردو شاعری پر ترجیح دینے کا کوئی موقع ہاتھ سے جانے نہیں دیتے تاہم حیران کن ہے کہ غالب کی 'مُٹھی بھر اردو شاعری' کی جتنی تفسیریں اور تنقیدیں لکھی گئی ہیں شاید ہی کسی شاعر پر اتنا لکھا گیا ہو۔ شاید ہی کوئی دوسرا شاعر ہو جس کو ہر رنگ کے صاحبانِ فہم وبصیرت نے ایسا خراجِ تحسین پیش کیا ہو۔'' (ص 191)

جیسا کہ عرض کیا گیا کہ پورے باب میں بیدل اور غالب، غالب اور بیدل کے نظریۂ معنی اور شعریات پر تفصیلی گفتگو ہوتی ہے نیز لفظیات اور لسانیات پر بھی، جس کے نارنگ ماہر ہیں اور اپنی مہارت سے طرح طرح کی نکتہ رسی کرتے ہیں۔ چند جملے دیکھئے:

''معنی ہر چند کہ لفظ سے آگے جاتا ہے، لیکن لفظ سے نشو ونما پاتا ہے۔'' (ص205)

''معنی وصورت ساتھ ساتھ نشو ونما پاتے ہیں، لیکن معنی فقط اتنا نہیں جتنا کہ وہ لفظ میں سما سکتا ہے۔ مادّہ تحلیل ہو جاتا ہے اور خیال کے جوہر کا زیر و بم کائنات کی گردش کے ساتھ جاری رہتا ہے۔'' (ص 206)

''عظیم اذہان کا کمال ہے کہ رواجِ عام کے گدلے پانیوں میں سے بھی صدف نکال لیتے ہیں اور موتی رولتے ہیں۔'' (ص 209)

اوران جملوں کی دبازت اور دقیقہ سنجی بھی ملاحظہ کیجیے:

''غالب تک آتے آتے شعری منطق اورقولِ محال کی یہی طرفگی و طباعی ایک پُر تہیج اور التہاب انگیز جدلیات اساسِ حرکیاتِ معنی میں ڈھل جاتی جو ہرطرح کے طرفوں اور قطبیت کو رد کرتی اور فارسی و اردو کے حُسن کا راز امتزاج کی یکسرنئ قوس وقزح کوخلق کرتی ہوئی معجز بیانی کے ایسے درجہ پر فائز ہو جاتی ہے جس کی کوئی مثال نہ اس سے پہلے تھی نہ بعد میں نظر آتی ہے۔'' (ص 209)

یہ فکری جملے فطری طور پرخلق ہوتے ہیں کہ بیدل، غالب پر لکھتے ہوئے فکر و فلسفہ کے زینوں پر چڑھتے ہوئے فلسفہ کی پیچیدہ راہوں سے گذرتے ہوئے ایسی خیال افروز زبان کا در آنا فطری ہے اورفکری بھی۔ اچھی بات یہ ہے کہ نارنگ، غالب کےفکری سوتے زمینی فلسفہ اور ہندستانی تہذیب میں تلاش کرتے ہیں اور یہ اعلان کرتے ہیں کہ غالب صوفی نہ تھے، ہر چند کہ ان کے سلسلے صوفیوں سے تھے،صوفیانہ عناصر بھی آس پاس نظر آتے ہیں تاہم نارنگ واضح طور پر کہتے ہیں:

''غالب نہ صوفی تھے، نہ درویش، نہ قلندر، وحدت الوجود سے ان کا لگاؤ نعرۂ مستانہ سے زیادہ نہیں۔ غالب کے تصوف کی اہمیت کی نوعیت فقط تہذیبی ہے، جب کہ بیدل عملاً صوفی صافی اور عارفِ کامل ہیں۔حق بات یہ ہے کہ غالب کی آگہی اور تگ زمانہ کا میدان تصوف نہیں بلکہ زندگی کی باقلمونی، انسان اور انسان کی آرزوئیں اور تمنائیں ہیں۔ غالب مقدرِ انسانی، تقدیر کے ناقابلِ فہم تناقصات اور آرزو وشکستِ آرزو کے ترجمان ہیں۔

نہ گلِ نغمہ ہوں نہ پردۂ ساز
میں ہوں اپنی شکست کی آواز

(ص 217)

یہیں سے غالب بیدل سے الگ ہوتے ہیں اوراپنی دنیا آپ بناتے ہیں،لیکن اس دنیا میں اس فلسفے کی جڑیں کہاں ہیں جس پر نارنگ زور دیتے آئے ہیں۔ اس کا ذکر گیارھویں باب میں ملتا ہے، جہاں وہ جدلیاتی وضع شونیتا،شعریات اور غالب کو ملا کر گفتگو کرتے ہیں۔ باب کی ابتدا میں وہ اشعار ہیں جن سے فکر غالب اور شعرِ غالب کی اپنی

منفرد شناخت ہے۔ یہ فکر اور یہ انفرادیت نارنگ کی نظروں میں کیا ہے اس پر گفتگو مختلف مقامات پر مختلف ابواب میں ہوتی آئی ہے۔اس باب کا پہلا موضوع ہے''جدلیاتی وضع غالب کی غالب کی خاص ذہنی وضع''۔ سابقہ گفتگو کی روشنی میں وہ کئی نتائج برآمد کرتے ہیں، جن کی تفصیل پیش کرنا ممکن نہیں۔صرف ایک پہلو کے ذکر سے اندازہ لگایا جاسکتا ہے:

> ''غالب طبعاً پُر التہاب طور پر روشِ عام سے نفرت کرتے ہیں۔ ان کی شدید انفرادیت انھیں فرسودہ، پامال اور سامنے کے معمولہ روایتی مضامین وشعریات اور پیرایۂ بیان کے خلاف بغاوت پر برابر اُکساتی رہتی ہے۔ وہ کسی ایسے نفسیاتی، فلسفیانہ، جمالیاتی یا شعریاتی موقف کو سرے سے اختیار نہیں کر سکتے جس پر عوام الناس کی قبولیت کی یا رواجِ عام یا۔۔۔کی ہلکی سی بھی پرچھائیں ہو۔'' (ص 453)

اور پھر یہ نتیجہ:

> ''غالب کی سائیکی، ان کی افتاد ونہاد اور ان کے لاشعوری تخلیقی عمل کا ناگزیر حصہ ہے اور جدلیاتی نفی کا یہ تفاعل غالب کے ذہن ومزاج میں بطور جوہر کے جاگزیں ہے۔گویا غالب کی خیال بندی اور معنی آفرینی میں جہاں دوسرے شعری لوازم و وسائل بروئے کار آتے ہیں۔ جدلیاتی وضع کا دستور تخلیقی اعتبار سے دستورِ خاص ہے۔ چنانچہ اس سے صرف نظر کرکے ان کے چراغانِ معنی اور طرفگی و بدیع گوئی کی کوئی توجیہ مکمل نہیں ہوسکتی۔'' (ص 453)

دوسرا پہلو خاموشی بطور زبان۔ یہاں بھی وہ غالب کی پیچیدہ معنی آفرینی اور کمالِ فن کو ان کے جدلیاتی عمل سے وابستہ کرتے ہیں بلکہ لازم وملزوم قرار دیتے ہیں۔ زبان کی خاموشی اور ندرت وغرابت کو بھی وہ جدلیاتی عمل سے جوڑتے ہیں جو غور طلب بھی لیکن یہاں نارنگ کی گہری نگاہ بہر حال ایک نکتہ نکالنے میں کامیاب ہے۔طبیعت کی طرفگی اور سیمابی کیفیت، غالب کی بے چین اور اضطرابی صورت، ذہانت اور کہیں کہیں تہہ نشیں ظرافت کو نارنگ نے بڑے سلیقہ سے ایک منضبط فکر و فلسفہ کا نام دے دیا ہے اور اتنے ہی سلیقہ سے اسے دانشِ ہند اور بودھی فکر سے بھی جوڑ دیا ہے۔ خارجی و باطنی بحثوں کے

ذریعہ شونیتا کو زیرِ بحث لاکر ایک نئی تعبیر پیش کی ہے اور اشعارِ غالب یا شعریاتِ غالب پر منطبق کر کے بار بار یہ بھی کہتے ہیں :

''غالب عارف نہیں ہیں، لیکن ان کے تخلیقی استغراق کی نوعیت عارفوں سے ملتی جلتی ہے۔ وہ بے خودی کا ذکر کرتے ہیں لیکن ان کا راستہ بے خودی یا فنا کا نہیں ہے۔ ان کی راہ آگہی کی راہ ہے اور اکثر و بیشتر وہ اسی آگہی کے ذریعہ طلسم کدۂ کائنات کے روبرو ہوتے ہیں اور جہانِ معنی کی جلوہ گشائی کرتے ہیں۔'' (ص 464)

حوالہ غالب ضرور ہیں لیکن نارنگ خارج و باطن، وجود و عدم وجود وغیرہ کو ایک نئے فلسفہ کی وساطت سے نیا رُخ دینا چاہتے ہیں اور اس میں وہ کامیاب بھی ہیں۔ لیکن جہاں وہ نتائج برآمد کرتے ہیں وہ لفظیاتی طور پر ضرور نئے لگتے ہیں، لیکن کیا وہ فکری طور پر بھی نئے اور الگ ہیں۔ یہ امور غور طلب ہیں۔ مثلاً یہ جملہ دیکھئے:

''غالب کی شاعری زندگی کی معنویت اور محبت کی بازیافت کی شاعری ہے۔ یہ زندگی کے حسن ونشاط، اعتبار و آگہی اور آزادی کے احساس پر انسان کے یقین کو ازسرِ نو بحال کرنے کی شاعری ہے۔'' (ص 465)

اگلا پہلو مارکس سے متعلق ہے، جس کا عنوان ہے ''جدلیات، مارکسی جدلیات، بودھی جدلیات، متصوفانہ جدلیات اور غالب شعریات'' میرے نزدیک یہ باب بیحد اہم ہے۔ اس لیے کہ مارکسی نظریہ میں جدل یا جدلیات کی اصطلاح قدرے مختلف ہے۔ شاید اسی لیے نارنگ نے پونے پانچ سو صفحات کے بعد یہ وضاحت ضروری سمجھی:

''جدلیات عربی مادّہ جدل سے ہے۔ اردو میں بطور اصطلاح جدلیات کا چلن زیادہ قدیم نہیں ہے۔ مغربی فلسفہ کی روایت میں جدلیات کی ترقی یونانی فلاسفہ کے کے بعد کانٹ اور ہیگل کی مرہون منّت ہے، لیکن اس کی اصل شہرت مارکس اور اینجلز کے 'جدلیاتی مادّیت' کے اشتراکی نظریے کی بدولت ہوئی جو ذہن پر مادّے کے نظریۂ تفوق اور ہیگل کی جدلیات کا امتزاج ہے جس میں متقابل قوتیں ایک اعلیٰ سطح پر یک جان ہو کر منقلب ہو جاتی ہیں۔ یہ اشتراکیت کا

بنیادی فلسفہ ہے۔ اردو میں یہ اصطلاح مارکسی اثرات اور ترقی پسندی کے ساتھ عام ہوئی۔'' (ص 474)

ساتھ میں وہ یہ بھی کہتے ہیں:

''لیکن دانشِ ہند میں جدلیاتی فکر کا رواج ویدوں اور اُپنشدوں کے زمانے سے چلا آتا ہے۔ جدلیاتِ نفی کے بطور، جس میں قضیہ در قضیہ ثابت کیا جاتا ہے کہ کائنات سوائے 'مایا' کے کچھ بھی نہیں۔ اس کی اصل 'برہمۂ' (ذاتِ مطلق) ہے زبان یا ذہن جس کی تعریف متعین نہیں کر سکتے۔'' (ص 474)

مارکس نے اس اصطلاح کی کایا پلٹ کر دی اور جدلیاتی نفی اور جدلیات مادّیت کے مفاہیم بدل گئے، بالکل ایسے ہی جیسے بودھی فکر نے اُپنشدوں کی ماورائی جدلیات کو بدل کر ارضیت اساس شونیتا میں بدل دیا۔ ایسا ہوتا آیا ہے۔ آئینِ نو اور طرزِ کُہن کا تصادم ایک فطری عمل تو ہوتا ہی ہے ساتھ ہی فکری بھی۔ مارکس نے اس تصادم اور بدلاؤ کو زمانے کے اقتصادی، معاشی اور معاشرتی بدلاؤ سے جوڑ کر دیکھا ہے۔ وجود کی شکل میں اس لیے وہ عدم وجود اور شونیتا سے دور ہے۔ خیر یہ الگ بحث ہے۔ تاہم یہ ذکر بھی ضروری ہے کہ وجودیت کا فلسفہ دورِ حاضر کی ایک اہم سوغاتِ فکر ہے، لیکن شعوری یا لاشعوری طور پر اس کا سلسلہ مادّیت و معاشرت سے وابستہ نظر آتا ہے کہ مادّیت کی کثرت، انسانیت کی رخصت وجودیت کو جنم دیتی ہے۔ انسان کے وجود پر سوال قائم کرتی ہے اور یہ فکر مایا یا شونیتا سے کسی نہ کسی شکل میں اپنے رشتے تو بناتی ہی ہے۔ دیکھنا یہ ہے کہ غالب جو صوفی شاعر نہ تھے ان کی شاعری میں یہ عناصر کس انداز اور کس اسلوب میں ان کے تخلیقی وجدان کا حصّہ بن گئے ہیں۔ چند جملے دیکھئے:

''خاطر نشان رہے کہ غالب کا منتہا معنیاتی حسن کاری اور آزادی وکشادگی کا احساس ہے۔ دوسرے لفظوں میں غالب کا مقصود بدیع گوئی، طرفگیِ خیال اور نادرہ کاری کی ایسی شعریات خلق کرتا ہے، جہاں انسان یا انسان کے درد و داغ سوز و ساز اور نشاط و آرزو کو مرکزیت حاصل ہو اور معنی آفرینی، معنی پاشی، معنی ریزی اور معنی گستری کی سب طرفیں کھلی رہیں تاکہ گنجینۂ معنی کے طلسمات اور

زندگی کے جشنِ جاریہ کے نیرنگ نظر کا حق ادا ہو۔ غالب کا مسئلہ شعریاتی ارضی اورانسانی ہے ماورائی نہیں۔'' (ص 480)

''غالب کی جدلیاتی فکر کا مسئلہ فقط زبان کی نا رسی ہی نہیں بلکہ عدم معنی کا احساس بھی ہے۔ یعنی ہر تشکیل ... اپنا غیر ہے اور یہ غیر ماورائی رد در رد اس میں پیچ، اٹکاؤ یا اُلجھاؤ یا گرہ یا تقلیب کا پہلو ضرور ہوتا ہے۔ جدلیاتِ نفی جو صدیوں سے ہندستانی متجسّسانہ ذہن کا خاصہ رہی ہے اور سبک ہندی کے فن کی نزاکت اور دقت نظری میں جس کی پرچھائیاں ہم دیکھتے آئے ہیں۔ غالب کی ذہنی تشکیل شعر میں وہ کچھ اس طرح کارگر ہوئی ہے کہ غالب کی غیر معمولی طبّاعی اور ابداع کی زد میں آکر طرفگیِ خیال کا چلتا ہوا جادو بن گئی ہے۔'' (ص489)

یہاں پر نارنگ کا خیال صد فی صد درست تو ہے لیکن وہ جدلیاتی نفی پر زیادہ زور دیتے ہیں، جدلیاتی مادّیت کے بجائے۔ شاید اس لیے کہ اس وقت تک جدلیاتی مادّیت کی اصطلاح عام نہ ہوئی تھی، لیکن یہ جملہ دیکھیے اس میں عکس نظر آتا ہے:

''جدلیاتی تفاعل اور غالب شعریات ایک تخلیقی وحدت جاریہ ہے اس کے اجزا اور ریشوں کو الگ الگ کرنا قریب قریب ناممکن ہے۔'' (ص 49)

اور یہ بالکل درست ہے۔ اس رو سے تو یہ طے کرنا بھی مشکل ہے کہ اس جدلیاتی تفاعل میں کس مخصوص نوع کا تفکر کام کرتا دکھائی دیتا ہے کہ غالب کی آزاد، شوخ اور منفرد طبیعت کسی ایک نکتہ، خیال پر ٹھہر ہی نہیں سکتی تھی یا کسی ایک نظریہ کی پابند نہیں ہوسکتی تھی۔ تاہم نارنگ نے بیحد عرق ریزی اور دقیقہ رسی کے ساتھ پرتوں اور جہتوں کو الگ الگ کرنے کی بہترین کوشش تو کی ہے، لیکن قدم قدم پر ان کا یہ اعتراف کہ غالب کی شعریات تو طلسم کدۂ حیرت ہے۔ اس کے خارجی و باطنی اور وجدانی معنی کو آسانی سے سمجھ پانا ممکن نہیں اور غالب کی فکر وشاعری سے متعلق یہ ایک پختہ صداقت تو ہے اور ایک تلخ حقیقت بھی۔

مکمل کتاب انھیں خیالات کی تلاش و تحقیق ہے، تفصیل و تفسیر ہے۔ درمیان میں اشعار کی معروضی بحث ہے اور ان کی شرح و بسط ہے اور کہیں کہیں تحقیق بھی، ان افکار اور

ان راستوں کی تلاش جہاں سے افکارِ غالب اپنی راہ بناتے ہیں اور پہلے انتشارِ ذہنی پھر اتحادِ شعری میں ڈھل جاتے ہیں۔ لیکن یہ نکتہ بھی بار بار اعتماد سے پیش کیا جاتا ہے جو کبھی شبلی نے بھی پیش کیا تھا:

''ان کے خیالات کا اصل ماخذ ہندوستان ہے کیوں کہ جب تصوف میں وجودی خیالات کا ظہور ہوا تو سوائے ہندوستان اس نوع کے خیالات کہیں اور نہیں پائے جاتے۔'' (ص 534)

ہر چند کہ نارنگ ان خیالات کو اپنی سابقہ کتاب ''اردو غزل اور ہندستانی ذہن و تہذیب'' میں تصوف کے سیاق میں پیش کر چکے ہیں۔ تاہم غالب کے حوالے سے ہندستانی ذہن اور فکر و فلسفہ کی تلاش اتنے منظم اور منضبط انداز میں پہلی بار ہوئی ہے۔ اتنی گہرائی اور وسعت اس سے قبل دیکھنے کو نہیں ملتی جبکہ غالب صوفی نہیں ہیں۔ ان کی شعریات ارضیت اساس ہے۔ یوں تو دیوانِ غالب اور وید مقدس کو متوازی کھڑا کرکے پہلے چونکانے اور متوجہ کرنے کی تاثراتی کوشش کی گئی تھی، لیکن تحقیق و تلاش، سوال در سوال پہلی بار اُٹھتے ہیں۔ حالانکہ نارنگ یہ بھی کہتے چلتے ہیں کہ ان کا سادہ جواب آسان نہیں۔ ان کی کوشش رہتی ہے کہ جواب بھی غالب کی تحریر و تخلیق یعنی متنِ غالب سے برآمد کیا جائے۔ اس لیے وہ قدم قدم پر اس کی مثالیں پیش کرتے چلے جاتے ہیں یا تجزیاتی نگاہ ڈالتے ہیں۔ ہر چیز کو متن سے برآمد کرنا بڑی چیز ہے۔ دیگر ماہرین کی آرا بھی پیش کرتے ہیں۔ کہیں کہیں الجھاوے بھی پیدا ہوتے ہیں لیکن اس خیال میں کوئی الجھن نہیں پیدا ہوتی کہ غالب کی فکر میں ان کی تخلیقیت اور جدلیاتی حرکیات کارفرما ہے۔ صاف ظاہر ہے کہ تعبیر غالب کی آزاد خیالی جدلیاتی وضع کے عین مطابق ہے۔ یہاں بھی نارنگ واضح طور پر اسے کبیر، تکارام، نانک، بابا فرید، وارث شاہ وغیرہ سے جوڑ کر دیکھتے ہیں اور کہتے ہیں:

''یہ سب مشرق کی ماورائیت اور مطلقیت کے سرچشمہ کی سرشاری نہیں اس کا سرچشمہ دوسرا ہے۔ یہ ارضیت گونا گوں رنگوں میں رنگی ہوئی ہے اور کرشمہ یہی ہے کہ غالب ارضیت کے جلوۂ صد رنگ اور نیرنگ نظر کی سرمستی و سرشاری کو اس سطح تک بلند کر دیتے ہیں کہ ان کی تخلیقی واردات کسی ماورائیت کے تجربہ سے کم محسوس نہیں ہوتی۔'' (ص 543)

نارنگ اسے ازلی آہنگ سے جوڑ کر دیکھتے ہیں۔ ترقی پسندوں نے اسے زندگی کی حقیقت اور مادیت سے جوڑ کر دیکھا جو زیادہ الگ نہیں ہے صرف لفظوں کا پھیر ہے۔ احتشام حسین، ممتاز حسین، سردار جعفری کی غالب فہمی کو بغور ملاحظہ کیجئے۔ وہ غالب کو ان فکری روایتوں سے الگ نہیں کرتے بلکہ اس سے اور آگے عصر وعہد کی حقیقتوں سے جوڑ کر دیکھتے ہیں جو نارنگ نہیں کرتے۔ اس لیے اس کتاب میں نارنگ کا دائرہ تحقیق اور مرکزِ خیال قدرے مختلف ہے۔وہ دانشِ ہند قدیم فلسفوں کے رنگ وعکس میں غالب کو تلاش کرتے ہیں۔ مارکسی و دریدائی فکر کو ساتھ لے لیتے ہیں۔ جدلیات کے قدیم و جدید معنی و مفہوم میں فرق پیدا کرتے ہوئے وہ غالب کی عظمتوں کی تمام جہتوں و پرتوں پر خاطر خواہ بحث کرتے ہیں اور نہایت خوبی و سلیقہ سے اپنی بات کہتے ہیں۔ اس باب کے آخری حصہ میں وہ بیحد غور طلب اور فکر انگیز باتیں کرتے ہیں۔ دو ایک اقتباس دیکھئے:

> ''کائنات مادّہ سے زیادہ شعور ہے۔ مشرق ہمیشہ سے شعورِ کُلّی نور کی بات کرتا رہتا ہے۔ دانشِ ہند اور متصوفانہ فکر میں سب سے زیادہ زور اس بات پر دیا گیا ہے کہ حقیقت شعورِ کلّی ہے۔ سائنس مادّہ کی حقیقت سے جیسے جیسے پردہ اٹھاتی گئی، راز اتنے گہرے ہوتے گئے ہیں۔'' (ص 565)

اور یہ نتیجہ غور طلب ہے ساتھ میں بحث طلب بھی:

> ''نئی علمیات اور شعریات سب سے زیادہ زور معنیاتی تکثیریت، تجسّس اور بوقلمونی پر دیتی ہے اور غالب کی جدلیاتی تخلیقیت کا آزادگی وکشادگی پر زور دینا اور طرفوں کو کھلا رکھنا گویا مابعدجدید ذہن سے خاص نسبت رکھتا ہے۔''
>
> (ص566)

ان جملوں میں تفکیر ہے، عملی تنقید ہے اور مابعد جدید نقطۂ نظر بھی کہ غالب کی عظمت اور آزادگی کسی ایک نقطۂ نظر کی محتاج نہیں اور نہ ہی اس کے ذریعہ مکمل غالب کی تفہیم ممکن ہے۔لیکن نارنگ نے دلیل و منطق کے ذریعہ مابعد جدید تنقید سے جوڑ دیا ہے۔ یہ ان کا حق ہے کہ ہر ادیب و ناقد کو یہ آزادی ہے کہ وہ اپنے نقطۂ نظر سے فنکار کو جانچے پرکھے اور ایک نیا پہلو سامنے لائے۔لیکن سوال یہ ہے کہ کیا پوری کتاب اور پورے غالب کو تنہا

اسی ایک نقطۂ نظر سے دیکھا گیا ہے۔ کیا اس میں مشرقی انتقادیات کے عناصر نہیں ملتے۔ کیا اس میں ترقی پسند تنقید کے اشارے نہیں ملتے۔ کیا اس میں جدید تنقید کی کیفیت نہیں ملتی اور آخر میں مابعد جدید تنقید تو ہے ہی۔ نارنگ ایک پڑھے لکھے ذی علم اور ادیب و ناقد ہیں، دانشور اور اسکالر ہیں۔ انھوں نے غالب کو جس طرح قدیم اور مشرقی فلسفوں میں جانچا پرکھا ہے اس میں ان تمام افکار کا آنا لازمی ہے اور فطری بھی، اس لیے اس کتاب کو جسے نارنگ نے برسوں کی بے حد محنت و لیاقت کے ساتھ رقم کیا ہے اگر وہ کسی ایک نقطۂ نظر سے دیکھتے تو محدود ہو جاتے۔ شاید کتاب بھی اتنی مؤثر و معتبر نہ ہوتی۔ نارنگ کی اس دیانت داری اور وسعتِ نظر کی داد دینی ہوگی کہ انھوں نے سچّے اور پکّے غالب کو سمجھنے کے لیے اپنے نقطۂ نظر کو محدود و مشروط نہیں رکھا اور کھلی فضا میں گئے۔ دانشِ ہند کے بلیغ و بصیر مقدموں اور مشرقی بصیرتوں میں ڈوب کر غالب کی عظمت و انفرادیت کو تلاش کیا اور بڑی حد تک کامیاب بھی ہوئے اور غالب کو شاعر غالب ہی بنائے رکھا۔ ان کو فلسفوں میں گُم اور غرق نہیں کیا اور یہ بھی کہا کہ آنے والا زمانہ مزید راز ہائے سربستہ کو وا کرے گا کہ تحقیق و تنقید میں کوئی بھی نتیجہ حرفِ آخر نہیں ہوتا۔ اس کتاب میں غالب کی شوخی و بیباکی کا بھی تجزیہ کیا گیا ہے اور ابتداً غالب اور بجنوری کا تذکرہ بھی ملتا ہے تاکہ غالب فہمی کی روایت مکمل طور پر سامنے آسکے، لیکن فوکس اسی پر ہے جو عنوان انھوں نے قائم کیا ہے : معنی آفرینی، جدلیاتی وضع، شونیتا اور شعریات۔

گوپی چند نارنگ جو کام کرتے ہیں بڑے انداز سے کرتے ہیں۔ انھوں نے کئی بڑے کام کیے ہیں۔ ان کے فکر و عمل سے اختلاف کیا جا سکتا ہے ہے لیکن ان کی علمیت اور تنقیدی بصیرت سے انکار ممکن نہیں۔ ان کی یہ کتاب غالب کو بہ یک وقت بڑی حد تک قدیم مشرقی فلسفوں اور کسی حد تک جدید مغربی فلسفوں کو ملا جُلا کر پیش کرتی ہے اور غالب کی عظمتِ شاعری کی نئی توجیہات و تنقیدات پیش کرتی ہے۔ بلا شک نارنگ کا یہ بھی ایک بڑا کام ہے۔ اس کتاب کے ذریعہ ان کا شمار معتبر غالب شناسوں میں ہوگا اس کا مجھے یقین ہے۔

○

شافع قدوائی

غالب تنقید کا نیا علمیاتی اور شعریاتی تناظر

عہد حاضر کے علمیاتی سروکاروں، فکری ترجیحات، ثقافتی آرزومندیوں اور وجودیاتی اسرار کے فنی اور تخلیقی رویا (Vision) سے کما حقہٗ شناسائی کا ایک معتبر حوالہ میلان کنڈیرا اور گارسیا مارکیز کا فکشن ہے۔ کنڈیرا نے اپنے ایک نسبتاً کم معروف مگر ایک انتہائی اہم ناول ''Immortality,1990'' میں اپنے عہد کے ذہنی اور فکری رجحانات کو معرض بحث بناتے ہوئے مرکزی کردار Agnes کی زبان سے Imagology کو سب سے بڑا خطرہ بلکہ ایک مہیب لعنت (Scourge) قرار دیا ہے۔ Imagology کسی غیر حقیقی مسئلہ کو حتمی صداقت کے طور پر پیش کرنے کی ہر ممکن کوشش کرتی ہے۔ ذرائع ابلاغ کو بروئے کار لاکر مفروضہ صداقت کی بے محابا اور مسلسل تشہیر کی جاتی ہے اور اسے حسن و قبح کا واحد معیار ٹھہرایا جاتا ہے۔ معیار کی ندرت اور دلفریبی متاثر کن ہونے کے باوجود حقیقت سے کم ہی علاقہ رکھتی ہے۔ معیار کی اطلاقی جہت حقیقت کا التباس ضرور پیدا کرتی ہے اور اس کی عمل آوری کو ایک مقدس فریضہ کی ادائیگی پر محمول کیا جاتا ہے۔ اس امر کی مسلسل تلقین کی جاتی ہے کہ ماضی قریب کے معیار اور اقدار ایک مسلسل جھوٹ کے سوا کچھ اور نہیں تھے۔ کہنے کی ضرورت نہیں کہ جب انسان کا اپنے پیش رووٗں پر اعتماد ختم ہو جاتا ہے تو پھر اس کا ہر عمل غیر یقینی ہو جاتا ہے۔ اردو تنقید کے موجودہ منظر نامہ پر بعض عناصر اس طرح کی سرگرمی میں مصروف ہیں۔ موجودہ تنقید کے تناظر میں imagology کی اطلاقی صورت مابعد نو آبادیاتی طرز مطالعہ (Post Colonial Study) اردو میں ''نامراد تنقید'' کی مظہر ہے جو گزشتہ کچھ مدت سے اردو تنقید کے منظرنامے پر سامنے آرہی ہیں۔ سکہ بند جدیدیت اور ہیئتی تنقید کا بازار بند ہو جانے کے بعد اس کے مویدین مابعد نو آبادیاتی مطالعہ کو صداقت

کا آخری معیار قرار دے کر انیسویں اور بیسویں صدی کے اپنے متعدد دانشوروں، سماجی مصلحین، ناقدین اور تخلیقی فنکاروں کے اکتسابات اور فنی کارناموں کو طنز و تعریض، تمسخر اور استہزا کا ہدف بنانے کی طرح ڈال رہے ہیں۔ یہی سبب ہے کہ کبھی ''آب حیات'' کو ''سیاہ پوش کتاب'' ٹھہرایا جاتا ہے تو کبھی سر سید کی اصلاحی کاوشوں، تعقل پسندی اور نئے علوم کی روشن خیالی کو صبح کاذب گردانا جاتا ہے۔ اصلاح زبان و ادب کی ہر کوشش غیر ملکی تصور زیست کو بے چوں و چرا قبول کرنے کی صورت ٹھہرتی ہے۔ خواجہ الطاف حسین حالی، منشی ذکاء اللہ اور ڈپٹی نذیر احمد کے تخلیقی کارناموں اور ان کی تمام تر علمی و فکری فتوحات پر خاک ڈال کر سوالیہ نشان قائم کرنا اور انھیں استعمار کے مفادات کا آلہ کار ٹھہرانا ان منشیانہ ''نامراد تنقید'' لکھنے والوں کا عام وطیرہ ہو گیا ہے۔

ان ناقدین کی نظر میں نو آبادیات کا تعلق محض دو سو برس کی تاریخ سے ہے کہ صرف برطانوی نوآبادیات ان کے پیش نظر رہتی ہے۔ ہر چندکہ پروفیسر اعجاز احمد نے Social Text کے مابعد نوآبادیات سے متعلق خصوصی شمارہ کو موضوع بحث بناتے ہوئے توجہ دلائی ہے کہ اس رسالے کے بیش تر مقالہ نگاروں نے یوروپی نو آبادیات سے کہیں قبل Ottoman، Incas اور Chinese نو آبادیات کا ذکر کیا ہے۔ اب تو نو آبادیات کا اطلاق قومی استحصال کی ممکنہ تمام صورتوں پر بھی کیا جانے لگا ہے یعنی برطانوی سامراج سے پہلے بھی۔ لیکن اردو والوں کو اس کی کوئی خبر نہیں جبکہ پوسٹ کولونیلزم ایک Trans-historial شئے ہے۔ یہ ہمیشہ سے موجود ہے اور دنیا کے کسی نہ کسی خطہ میں اس کا عمل دخل دکھایا جاسکتا ہے اور دلچسپ بات یہ ہے کہ کبھی ایک ملک Coloniser ہوتا ہے، پھر وہ Colonized ہو جاتا ہے اور پھر وہ Post Colonial بن جاتا ہے۔ اس کی بہترین مثال آسٹریلیا ہے۔[(1)] غرضیکہ مابعد نو آبادیات کو تکمیل شدہ شئے قرار نہیں دیا جا سکتا۔ ہندوستان کی تاریخ میں بھی طرح طرح کے اقتدار کے دائرے بدلتے رہے ہیں۔ گائتری چکرورتی اسپواک کے مطابق آج پوری دنیا میں ہم سب ایک مابعد نو آبادیاتی اور New Colonized دنیا میں سانس لے رہے ہیں۔[(2)]

مابعد نوآبادیاتی ڈسکورس کے مذکورہ عمیق اور جامع علمیاتی ابعاد کے ذکر سے موجودہ اردو تنقید کا دامن یکسر تہی ہے کیونکہ اس کو طنز و تعریض سے فرصت ہی نہیں۔ خیر اس طویل تمہید یا جملہ معترضہ سے قطع نظر عرض یہ کرنا تھا کہ مابعد نو آبادیاتی قضایا کی روشنی میں غالب کو مطعون کرنا بہت آسان تھا۔ بلکہ ملکہ وکٹوریہ اور انگریز حکام کی شان میں قصائد اور پھر دستنبو کے اندراجات کو حکومت برطانیہ کی غیر مشروط تائید کی مسکت دلیل کے طور پر پیش کرنا چنداں مشکل نہیں تھا مگر پروفیسر گوپی چند نارنگ ہمیشہ سے عمومیت زدہ رواجِ عام سے ہٹ کر چلتے آئے ہیں۔ مانوس اور مقبول تصور نقد یا رائج تصورات کی بے مائیگی اور تضادات کو خاطر نشان کرنا اور ادب کی تفہیم کے نئے فکری منہاج ہویدا کرنا پروفیسر گوپی چند نارنگ کی تنقیدی ژرف نگاہی (Critical Acuity) کی قابل رشک امتیازی صفت رہی ہے۔ مسئلہ خواہ ترقی پسند تصور ادب کا ہو یا جدیدیت کی فکری اساس کا یا فکشن کی شعریات کی تشکیل کا یا پس ساختیاتی مباحث کے مختلف ادبی اصناف پر تخلیقی اطلاق کا، پروفیسر نارنگ نے ہمیشہ متن کے گہرے اور خیال انگیز تجزیوں سے تنقید کا ایک تازہ کار نیا ماڈل اور محاورہ قائم کیا ہے جو تعمیم زدگی یا محض نظری مباحث کی گونج سے آباد نہیں ہے۔ بلکہ ان کے یہاں بنیادی ہدف متن کا مرتکز آمیز مطالعہ ہے جس میں نہ صرف نئے علمیاتی اور فکری مباحث کی بصیرت ملتی ہے بلکہ وہ مختلف علوم کو محیط مبسوط اور جامع مطالعہ کو بروئے کار لاتے ہیں۔ نیز وہ ادراک معنی اور ترسیل معنی کی مختلف جہتوں کو تنقیدی دقت نظری کے ساتھ واضح کرتے ہیں۔ وہ بار بار کہتے ہیں کہ تھیوری فکریات ہے اور محض فکریات تخلیق نہیں اور تخلیق فقط فکریات نہیں۔ نئی فکریات جب تک سینے کا نور اور دلِ گداختہ کا حصہ نہ بن جائے وہ سچی ادبی تنقید کا حق ادا نہیں کرسکتی۔

پروفیسر گوپی چند نارنگ کی تازہ ترین تصنیف ''غالب: معنی آفرینی، جدلیاتی وضع، شونیتا اور شعریات'' اس سلسلے میں ایک غیر معمولی کتاب کے طور پر سامنے آئی ہے۔ غالب پر لاتعداد مضامین اور کتابیں سپرد قلم کی جاچکی ہیں۔ غالب دراصل ایک Industry بن چکے ہیں۔ ''یادگار غالب'' سے لے کر اب تک سینکڑوں تحقیقی اور تنقیدی کتابیں منظر عام پر

آ چکی ہیں۔ ہر مکتبۂ فکر اور دبستان تنقید نے غالب کو اپنے نظریات کی روشنی میں پیش کیا ہے۔ غالب اور ترقی پسند شعور، غالب اور ذہن جدید، غالب کا تصورانسان، جمالیاتِ غالب، غالب کا فنی شعور، تعبیر غالب اور تفہیم غالب کے مباحث اہل نظر سے مخفی نہیں ہیں۔ غالب کے متعلق کوئی ایک نیا پہلو دریافت کرنا، چہ جائیکہ سات سوصفحات پر مشتمل کتاب، جس میں ایک مرکزی تھیس کی بالتزام پاسداری کی گئی ہو اور غالب کی شاعری اور نثر سے متعلق مروجہ تصورات کو Subvert منقلب کیا گیا ہو اور پھر غالب کے تخلیقی نابغہ کے نقوش ایک مرکزی فکری اساس کے تناظر میں واضح کیے گئے ہوں، جوئے شیر لانے سے کم نہیں تھا۔ گوپی چند نارنگ کی تازہ ترین تنقیدی کاوش، جو ان کی نصف صدی سے زائد مدت کو محیط ادبی زندگی اور ان کے علمیاتی، ثقافتی اور تاریخی مطالعہ اور متن کے گہرے تجزیاتی محاسبہ کا ثمرہ ہے، غالب کی شاعری کے مختلف ابعاد کے وسیع تر تخلیقی سیاق کو اردو میں پہلی بار انتہائی دقت نظر کے ساتھ قائم کرتی ہے۔ یہ کتاب محمد حسین آزاد، الطاف حسین حالی، شبلی، شیخ محمد اکرام، عبد الرحمان بجنوری، خورشید الاسلام، ظ انصاری، وارث کرمانی اور شمس الرحمان فاروقی جیسے ماہرین سے لے کر غالب شکن یاس یگانہ اور سلیم احمد (غالب کون) تک کے مقدمات اور نتائج کا نہایت معروضی اور Dispassionate انداز میں محاسبہ کرتی ہے۔ مصنف کے مطابق ''اردو میں غالب کا کلام جادو کا کارخانہ ہے اور غالب تنقید نے اس سحرِ چشم یا کرشمۂ ناز وخرام کی ایک ایک ادا کو گن ڈالا ہے، پھر بھی غالب تنقید ہنوز نامعلوم کا سفر ہے کہ غالب کی تخلیقیت کی تہوں اور فکری افتاد اور نہاد کا احاطہ کرنا آسان نہیں۔'' حالی سے لے کر عہدحاضر کے ماہرین تک زیادہ تر نے غالب کے ہاں ''طرفگیِ خیالات اور جدت وندرت مضامین'' اور رسومیات شعری کا تواتر کے ساتھ ذکر کیا ہے۔ ''مگر کیا اس سب کے پس پشت کوئی ناگزیر شعری یا بدیہی منطق بھی کارفرما ہے؟'' اس اہم تنقیدی سوال کا جواب یادگار غالب کے بعد پہلی بار زیر مطالعہ کتاب دیتی ہے۔ بارہ ابواب پر مشتمل کتاب، جس کی اساس متن کے گہرے تجزیے پر قائم ہے، اس استفسار کا قرار واقعی جواب فراہم کرتی ہے کہ ''غالب کے یہاں خیال نیا اور اچھوتا کیسے بنتا ہے

(معنی آفرینی) یا پہلے کے مضمون سے نیا اور اچھوتا مضمون یا معمولہ خیال سے یکسر نیا خیال (خیال بندی) جو معنی کے عرصہ کو برقیا دیتی ہے، کس طرح صورت پذیر ہوتی ہے جسے عرف عام میں سابقہ تنقید ''طرفگی خیال یا ندرت و جدت'' سے منسوب کرتی آئی ہے۔(3)

نارنگ صاحب نے مقدمات کی تدوین اور ڈسکورس کو پوری دلجمعی کے ساتھ قائم کرنے میں مشرق اور مغرب کے فکری مباحث، مابعد الطبیعیاتی تفکر، نئی نظری اور علمیاتی Insights سے استفادہ کرنے کے ساتھ الطاف حسین حالی، شبلی، شیخ محمد اکرام، عبد الرحمان بجنوری، امتیاز علی عرشی، قاضی عبدالودود، مالک رام، کالی داس گپتا رضا، شمس الرحمٰن فاروقی، باقر مہدی، ضمیر علی بدایونی، نتالیا پری گارنا، وارث کرمانی، واگیش شکلا اور بیسیوں ماہرین کے معروضات سے استنباط بھی کیا ہے اور کلام غالب کے مرتکز آمیز چشم کشا مطالعہ سے غالب تنقید کی ایک یکسر نئی بوطیقا مرتب کی ہے۔ مقدمۂ شعر و شاعری یقیناً اردو تنقید کا نقش اول ہے اور یادگار غالب اطلاقی تنقید کی پہلی مبسوط اور خیال انگیز مثال ہے، مگر حالی کو ہدف تنقید بنانا اور انھیں استہزا کا ہدف بنانا بھی اردو تنقید کا عام رویہ رہا ہے۔ کلیم الدین احمد، محمد حسن عسکری، سلیم احمد، وارث علوی اور باقر مہدی کی تحریریں اس امر کی بین مثال ہیں۔ مگر نارنگ صاحب نے حالی کی گہری تنقیدی بصیرت کا جا بجا اعتراف کیا ہے اور لکھا ہے کہ غالب کی تفہیم کی تمام راہیں یادگار غالب سے ہی روشن ہوتی ہیں۔ مصنف کے مطابق:

> ''حالی اور متبعین حالی کے زمانے تک عمومی تنقید برحق تھی لیکن اکیسویں صدی تک غالب تنقید یہ سوال اٹھانے میں حق بجانب ہے کہ طرفگی خیال اور ندرت و جدت مضامین جس پر سب سر دھنتے ہیں، وہ غالب کی تشکیل شعر میں کس طرح قائم ہوتی ہے؟ ترکیب وتشبیہ و استعارہ و کنایہ وتمثیل وشوخی و ظرافت وغیرہ سامنے کے ہیتی لوازم ہیں، ان کی کارکردگی وحسن کاری ہر اعتبار سے برحق، لیکن ان سب کے پس پشت کیا کوئی اور نظام حرکیات بھی ہے؟ یا غالب کے شعری قالب یا لسان کی داخلی ساخت میں کوئی تہہ نشیں ہم رشتگی یا قدر مشترک بھی ہے جو تخلیقی عمل کی کسی خلقی یا شعوری و لاشعوری نہاد پر دلالت کرتی ہو یا غالب کی افتاد ذہنی کا لازمی حصہ ہو یا کسی باطنی جوہری نظام سے انگیز ہوتی ہو۔

دوسرے لفظوں میں ہماری کوشش حالی سے انحراف کی نہیں بلکہ فکر حالی کا اثبات کرتے ہوئے اسی کے پہلو بہ پہلو غالب کی تشکیل شعر اور معنی آفرینی کے کے تخلیقی بھیدوں کے بارے میں کچھ بنیادی سوال اٹھانے اور ان کے جواب کھوجنے کی سعی و جستجو سے عبارت ہے کہ شاید اس سے وہ سرشتہ ہاتھ آ جائے جو غالب کے تخلیقی عمل کی جڑوں اور گہرائیوں میں دور دور تک پھیلا ہوا ہے۔''(4)

پروفیسر نارنگ کے مطابق غالب کی سحر کارانہ معنی آفرینی اور دقیقہ سنجی کا راز جدلیاتی حرکیات میں مضمر ہے جو بطور جوہر ان کی تخلیقیت میں تہ نشیں اور جاری و ساری ہے۔ انھوں نے جدلیاتی وضع کے تفاعل کو ممکنہ حد تک غالب کے متن کی روشنی میں باب در باب پرکھنے اور قرأت و تجربے کی کسوٹی پر کسنے اور توثیق کرنے کی سعی کی ہے۔ نارنگ صاحب نے غالب کے سینکڑوں اشعار کے معمولہ و موصولہ معنی کے باریک بینی تجزیہ سے غالب کی جدلیاتی وضع کے تفاعل کو خاطر نشان کیا ہے اور بجا طور پر لکھا ہے کہ جدلیاتی وضع سے صرف نظر کر کے غالب کے چراغان معنی اور طرفگی و بدیع گوئی کی کوئی توجیہ مناسب یا ممکن نہیں ہے۔ مصنف نے جدلیاتی حرکیات کی فلسفیانہ اساس کو ہندوستان کے تہذیبی وجدان کے تناظر میں واضح کرنے کے لیے صدیوں کا فکری سفر طے کیا ہے اور پھر اس کے شعری اظہار کی مختلف صورتوں کو موضوع بنایا ہے۔

''سبک ہندی'' ہماری مروجہ شعریات کا مرکزی موضوع رہا ہے اور سبک ہندی اور بیدل پر بہت کچھ لکھا گیا ہے۔ مگر سبک ہندی کی خیال بندی اور دقیقہ آفرینی کے لاشعوری سوتے کہاں ہیں، اس باب میں غالب تنقید یکسر خاموش ہے۔ نارنگ صاحب نے جدلیاتی وضع کی بحث کو قائم کرتے ہوئے اس کو صدیوں کی جڑوں اور تہذیبی وجدان کے تناظر میں تلاش کیا ہے۔ وہ غالب کے تخلیقی تفاعل میں تہہ نشیں ایک ایسی ذہنی صورت حال کا ذکر کرتے ہیں جسے state of no mind کہا جاتا ہے۔ مصنف کے مطابق کلام غالب کا معتد بہ حصہ کسی ایسے تجربے کی تہہ لیتا ہے جو ذہن و شعور کے ظاہری تفاعل سے آگے کی بات ہے۔ عام زبان روز مرہ تجربے کی ترسیل پر بھی پوری طرح قادر نہیں ہے تو ذہن و شعور سے آگے کی بات کا تو سوال ہی پیدا نہیں ہوتا۔ غالب تنقید نے اس کیفیت کو غرابت

اور دبازت سے تعبیر کیا ہے۔ نارنگ صاحب نے لکھا ہے کہ غالب کی اس ذہنی واردات کو بے صدا خاموشی کی زبان پر محمول کیا جاسکتا ہے۔ نارنگ صاحب کے ان خرأت افروز مباحث کو چند لفظوں میں پیش کرنا ان کی گہری معنویت کے ساتھ ناانصافی کرنا ہے۔

State of no mind کا ذکر اکثر چین اور جاپان کے کلاسیکی شعرا کے تناظر میں بھی کیا جاتا ہے۔ اسٹورٹ سرجنٹ کے مطابق یہ ایک ایسی کیفیت کا نام ہے جب ذہن اشیا سے قطعی طور پر لاتعلق ہوکر کائنات سے بے ساختہ آزادانہ تعامل کرتا ہے۔ ذہن کی پاسبانی خواہش اور عندیہ کو آشکارا کرتی ہے۔ اس کا مطلب اسرارِ کائنات اور ظاہری اشیا سے داخلی تعلق خاطر پیدا ہونا ہے جس کا نتیجہ یک گونہ باطنی آزادی و کشادگی ہے۔[5] State of no mind دراصل بے کراں آزادی کی انسان کی ازلی خواہش ہے جو شئے کی وحدتِ کُل کو طرح طرح سے منظّم کر سکتی ہے۔ غالب کے تجسس اور ان کے استفہامیہ لہجہ کا ذکر تو اردو ناقد ضرور کرتے ہیں اور یہ بھی لکھتے ہیں کہ غالب دنیا کو ایک سوال کے طور پر دیکھتے ہیں، مگر نارنگ صاحب نے سیکڑوں اشعار کے تجزیے سے مدلل طور پر ثابت کیا ہے کہ غالب نے اس کیفیت کے توسط سے کائنات کے مظاہر اور صورتِ حالات کو بالعموم منقلب کر کے معنی در معنی کا سماں باندھا ہے۔ اس طرح سے غالب کی شاعری اس خاموشی کی زبان، یا معصومیت کی ازلی زبان یا شرف انسانی کی بحالی کی آئینہ دار بن جاتی ہے۔ غالب اکثر روایت کو معمولہ کی صورت میں دیکھتے ہیں اور تلمیحات کے تقدیسی تناظر کو بھی منقلب کر دیتے ہیں Subvert جس سے ندرت اور جدت کا حق ادا ہوجاتا ہے اور معنی کا دوسرا رخ بھی سامنے آجاتا ہے۔ نارنگ صاحب نے ہر نکتے کی وضاحت میں غالب کے متعدد اشعار کو باریک بین تجزیے کے عمل سے گزارا ہے۔ غالب کے ایک مشہور شعر:

گرنی تھی ہم پہ برق تجلی نہ طور پر
دیتے ہیں بادہ ظرف قدح خوار دیکھ کر

نارنگ صاحب نے اس شعر کی قرأت نو کے آغاز میں حالی سے اتفاق کرتے ہوئے لکھا: ''حالی نے صحیح لکھا ہے کہ یہ خیال بھی بالکل اچھوتا ہے لیکن وہ یہ نہیں بتاتے کہ وہ کیا

چیز ہے جو غالب کے ہاں خیال کو اچھوتا بناتی ہے یعنی غالب کی شعری تشکیل میں وہ کیا تخلیقی بھید ہے جو سامنے کے خیال کو چھوتے ہی اسے اچھوتا بنا دیتا ہے''۔ (6)

یہ شعر بدیہی طور پر کوہ طور کی تلمیح کی طرف راجع ہے۔ یہ روایت بقول مصنف معمولہ اور موصولہ کا حصہ ہے۔ اردو تنقید میں مستعمل بیشتر اصطلاحیں غیر متعین اور سیال ہیں تاہم نارنگ صاحب نے اپنی کتاب میں ہر اصطلاح کی تشریح میں قطعیت کا التزام رکھا ہے اور دوسروں کے یہاں اکثر ملنے والی ژولیدہ بیانی سے حیرت انگیز طور پر اجتناب کیا ہے۔ معمولہ اور موصولہ کی صراحت کرتے ہوئے نارنگ صاحب نے لکھا ہے کہ ہر وہ چیز جو پہلے سے چلی آتی ہے وہ موصولہ ہے اور ہر وہ چیز جو معلوم اور معمول کے عرصہ میں آتی ہے وہ معمولہ ہے۔ چنانچہ معمولہ یا موصولہ کا خیال اچھوتا نہیں ہوسکتا۔ اس شعر کا حسن معمولہ شئے کے بیان میں نہیں بلکہ اس بیان کو منقلب کرنے میں ہے۔ ''گرنی تھی ہم پہ برق تجلی نہ طور پر''، یہ دعویٰ ہے جس میں زور ہم (انسان) پر ہے اور اس کو تقویت پہنچائی ہے دلیل سے کہ شراب اسے دی جاتی ہے جو شراب خوری کا ظرف رکھتا ہو یا اس کا متحمل ہو سکے۔ مصنف کا یہ خیال ان کی تنقیدی بصیرت پر دال ہے کہ غالب کی تخلیقیت نے ایک تو مقدس تناظر کو ساقط کر کے اس کے بجائے انسان کو قائم کر دیا۔ مزید یہ کہ بادہ اور قدح کو ظرف کے تصور سے جوڑ کر عصیاں کار و خطا کار انسان کو یک گونہ تقدس عطا کر دیا ہے۔ نارنگ صاحب نے ابتدا ہی میں لکھا ہے کہ غالب کا مقصود عرفان نہیں، انسان ہے اور پھر اس دعویٰ کے ثبوت میں ان کی جدلیاتی وضع سے صورت پذیر ہونے والے شعری پیکروں کا تفصیلی محاکمہ کیا ہے۔ انھوں نے نسخۂ اول (1816)، نسخۂ حمیدیہ (1821) اور متداول دیوان یعنی تینوں روایتوں کا تجزیہ تاریخی ترتیب سے کیا ہے۔ اسی ضمن میں غالب کے مقبول ترین متصوفانہ شعر:

نہ تھا کچھ تو خدا تھا، کچھ نہ ہوتا تو خدا ہوتا
ڈبویا مجھ کو ہونے نے نہ ہوتا میں تو کیا ہوتا

سے استنباط کرتے ہوئے لکھا ہے کہ حالی کا کہنا کہ غالب نے نیستی کو ہستی پر ترجیح دی ہے

اور ایک عجیب توقع پر معدوم محض ہونے کی تمنا کی ہے، شعر سے مناسبت نہیں رکھتا۔ نارنگ صاحب شعر کو close reading کا مرکز بناتے ہوئے لکھتے ہیں:

''پہلے مصرع میں دو کلمہ ہائے نفی آمنے سامنے لائے گئے ہیں، کچھ نہیں تھا تو خدا تھا، جو عین ذات ہے۔ یہ ماضی پر دال ہے، دوسرا ٹکڑا کچھ نہ ہوتا تو خدا ہوتا شرطیہ ہے اور حال و استقلال سے متعلق (حالات) سے متعلق ہے۔ دوسرے مصرع میں بھی دو جدلیاتی نکات ہیں۔ اول یہ کہ میرے ہونے یعنی تعینات و موجودات میں مقید ہونے نے میرا مرتبہ گرا دیا۔ دوسرے یہ کہ میں اگر موجودات کے تعین میں نہ گھرا ہوتا تو عین ذات ہوتا۔ بتانے کی ضرورت نہیں کہ انسان کا اصل اصول عین ذات ہے، پس ظاہر ہوا کہ یہ نیستی کا نہیں انسان کے اصل اصول یعنی ذات کے اثبات کا مضمون ہے''۔ (7)

انسانی سرشت کا غیر منطقی پیرائیہ غالب کو ہمیشہ خوش آتا رہا۔ یہی سبب تھا کہ روایت، خواہ اس کا تعلق عقائد سے ہو یا اخلاقی اقدار سے یا انسانی رشتوں کی معمولہ صورتوں سے، غالب کے نزدیک محض یوٹوپیا ہے جس کے پس پشت روشِ عام یا رواجِ عام کارفرما ہوتا ہے۔ غالب نے اکثر مقدس تصورات کو بھی منقلب کیا ہے۔ جنت اور جہنم کے تصور کو غالب نے متعدد اشعار میں موضوعِ سخن بنایا ہے۔ نارنگ صاحب نے غالب کے شعر:

طاعت میں تا رہے نہ مئے انگبیں کی لاگ
دوزخ میں ڈال دو کوئی لے کر بہشت کو

کے سلسلے میں لکھا ہے:

''غالب کے یہاں شعری منطق کی لطافت اور قائل کر دینے والا استدلال ہے۔ لاگ جیسا بے ساختہ دیسی روزمرہ جو پہلے بھی آچکا ہے، آگرہ کے بچپن کی یاد دلاتا ہے جہاں لسانی شعور قائم ہوا ہوگا۔ یہاں یہ خواہش، چاہ، طلب، توقع یا طمع کے معنی میں آیا ہے۔ چوٹ بہشت اور مئے انگبیں کی طمع پر ہے اور شعریت اس پیکر خیالی کے رد دررد سے پیدا ہوئی ہے جسے غالب نے دوزخ میں ڈال دینے کی تلقین کی ہے۔ لفظ لاگ میں ملاوٹ کا شائبہ بھی ہے جس

سے موعودہ شہد وشراب کے تقدس پر ضرب پڑتی ہے۔ میر کے یہاں 'ایسی جنت گئی جہنم میں' محاورتاً آیا ہے جیسے کہہ دیتے ہیں بھاڑ میں جائے، غالب کے یہاں تلخی نہیں بلکہ لطیف منطقِ شعری ہے جس میں جنت کے روایتی تصور کے رد سے بے غرض طاعت کا تصور مرکز میں آجاتا ہے۔ اغلب ہے کہ غالب کے ذہن میں رابعہ بصری کا خیالی پیکر موجود رہا ہو جن سے منسوب ہے کہ ایک ہاتھ میں آگ اور ایک ہاتھ میں پانی لیے جا رہی تھیں، راستے میں کسی نے پوچھا یہ کیا ہے تو فرمایا آگ سے جنت کو اور پانی سے دوزخ کو مٹانا چاہتی ہوں تاکہ لوگ جنت اور دوزخ سے بے نیاز ہو کر خدا کی عبادت کر سکیں''۔

یہ تشریح یقیناً خیال انگیز اور مدلل ہے۔ غالب کا مقصود و منتہا انسان ہے اور اس کا Imperfection انسانی وجود کا حصہ ہے۔ جنت کا خواب دراصل انسان کو تمام کمزوریوں سے پاک کرنے کے مترادف ہے۔ یہ انسان کے غیر انسان (خیر مجسم) میں منقلب ہونے کی خواہش پر بھی دلالت کرتا ہے جو غالب کے ذہن کو منظور نہیں اس لیے کہ انسان اور عصیاں کار ایک ہی سکے کے دو رخ ہیں۔ جنت میں ہر شئے کے Perfect ہونے کا تصور غالب کو دل بہلاوے کی شئے محسوس ہوتا ہے۔ کائنات کی متناقضہ نوعیت جنت کے منظّم اور بامعنی وجود سے کہیں زیادہ قابل قبول ہے۔ مشہور شعر ہے:

ہم کو معلوم ہے جنت کی حقیقت لیکن
دل کے بہلانے کو غالب یہ خیال اچھا ہے

نارنگ صاحب نے نہایت باریک بینی سے تجزیے کیے ہیں اور کم سے کم لفظوں میں نتائج اخذ کر کے قاری کے سامنے پیش کر دیے ہیں۔ دو مثالیں مزید دیکھیے:

بسکہ دُشوار ہے ہر کام کا آساں ہونا
آدمی کو بھی میسر نہیں انساں ہونا (ق)

''یہ غزل اور اس سے پہلے کی غزلیں (نشان زد 'ق') نسخۂ حمیدیہ کی غزلیں ہیں یعنی یہ چوبیس برس سے پہلے کا کلام ہیں۔ عین ممکن ہے کہ یہ ایک ہی برس میں کہی گئی ہوں۔ سابقہ غزل کے فقط تین شعر متداول دیوان میں منتخب ہوئے

جبکہ مندرجہ بالا شاہکار غزل کے نو کے نو اشعار شامل ہوئے۔ سابقہ غزل کے آخری شعر … سخت مشکل ہے کہ یہ کام بھی آساں نکلا، اور مندرجہ بالا غزل کے مطلع ع بسکہ دشوار ہے ہر کام کا آساں ہونا، میں مطابقت ظاہر ہے۔ وہاں تخصیص فنا کی تھی، یہاں تعمیم ہر کام کی ہے یعنی ہر کام کا آسان ہونا دشوار ہے۔ تعمیم دوہری ہے، یعنی کام کی بھی اور آدمی کی بھی۔ آدمی کو generic معنی میں استعمال کیا ہے اور اس کی تفریق انسان سے کر کے تخصیص انسان کی کی ہے۔ جدلیات کا عمل یہاں تہ در تہ اور حددرجہ پیچیدہ ہے جو شعر کو کہاں سے کہاں پہنچا دیتا ہے۔ گویا ہر کام کا آسان ہونا دشوار ہے، حتیٰ کہ آدمی جو بظاہر انسان ہے اس کو بھی انسان ہونا میسر نہیں۔ یہ ان اشعار میں سے ہے جہاں جدلیاتِ نفی چلتا ہوا جادو بن گئی ہے اور شعری منطق کی جان ہے۔ بظاہر نہایت سادہ اور معمولی لفظوں کی معمولہ توقعات پلٹنے سے شعر خیال افروزی کا کرشمہ بن گیا ہے، اور وہی فرسودہ اور معمولہ لفظ اپنی عمومیت سے ماورا ہوکر طرفہ چراغاں کا سماں پیدا کر دیتے ہیں۔ بظاہر آدمی اور انسان ہم معنی ہیں، خود غالب کی تعریف میں حالی کا نہایت عمدہ مصرع /'معنیِ لفظِ آدمیت تھا'/ یا مومن کا کہنا /مومن آیا ہے بزم میں تیری؛ صحبتِ آدمی مبارک ہو/ آدمی اور انسان کی ہم معنویت کا کھلا ہوا ثبوت ہیں۔ لیکن غالب کی شعری منطق غالب کی شعری منطق ہے اور دعویٰ محتاج ثبوت نہیں کہ استدلالیہ سحرِ حلال ہے، دونوں مصرعے ایک دوسرے کی طرف راجع ہیں۔ آدمی جاندارِ محض ہے اور انسان خال خال ہے بالکل جیسے ہر کام آسان نہیں ہوا کرتا اُسی طرح ہر آدمی بھی انسان نہیں ہوا کرتا۔ سوائے بسکہ کی فارسی ترکیب کے سب لفظ سامنے کے لفظ ہیں، لیکن غالب کے ابداع کا کمال ہے کہ نفی کی منطق سے خیال بندی کچھ اس نوع کی ہوئی ہے کہ وہی سیدھے سادے عام لفظ انوکھے اور طرفہ معنی سے برقیا گئے ہیں۔'' (ص 359-358)

ایماں مجھے روکے ہے جو کھینچے ہے مجھے کفر
کعبہ مرے پیچھے ہے کلیسا مرے آگے (م)

''ہر چند کہ جو مقدمہ ہم پیش کرتے آرہے ہیں وہ بڑی حد تک واضح ہو چکا ہے اور مزید کچھ کہنے کی گنجائش بہت کم ہے، لیکن چونکہ ہم نے تاریخی ترتیب کا التزام رکھا ہے اس کو پایۂ تکمیل تک پہنچانا بھی اپنا تقاضا رکھتا ہے۔ مزید یہ کہ بغاوت 1857 سے پہلے کے چند برس ایسے تخلیقی وفور اور سرشاری کے ہیں کہ ایک کے بعد ایک ادابندی اور تاثیر سے لبریز ایسی لاجواب غزلیں ہوئی ہیں کہ دیکھتے بنتی ہے۔ ان کی داد لفظوں کے ماورا ہے۔ جو کچھ کہا جارہا ہے فقط اشارتاً ہے۔ ان اشعار کی معجز بیانی اور سحر کاری میں جدلیاتی وضع کو محسوس کر لینا ہی کافی ہے۔

غالب کے ذہن میں جدلیاتِ نفی جس طرح بمنزلہ جوہر کے جاگزیں ہے اور شعری منطق میں شعوری وغیر شعوری طور پر کارفرما رہتی ہے، اور معنی کے عین قلب میں افتراق کا بیج رکھ کر جس طرح وہ اسے بے مرکز کرتے یا معنی کی قطعیت کو پاش پاش کر کے معنی کی طرفیں کھولتے ہیں، 1853 کا یہ شعر اس کی بہترین مثال ہے۔ غالب کا تعلق قلعہ معلیٰ سے اور مغل روایت سے بھی ہے جس کے وہ امین ہیں؛ اور غالب کے مراسم انگریزوں سے بھی ہیں جن کے جلو میں وہ ایک جہانِ نو کی آمد آمد کو دیکھ رہے ہیں۔ نئ روشنی کا آفتابِ تازہ سامنے ہے۔ تاریخ کا ورق پلٹ رہا ہے۔ معنی کی شدید کشاکش دونوں مصرعوں میں ہے اور پورے شعر میں تو اس کی شدت اور بھی فزوں تر ہوگئی ہے۔ دعویٰ و دلیل کی صورت بھی ہے اور نفی اساس پیکریت کی بھی۔/ ایماں مجھے روکے ہے جو کھینچے ہے مجھے کفر/ بصورت قول محال ہے۔ انسان یا تو صاحبِ ایمان ہوگا یا کافر۔ دونوں تو بیک وقت ممکن نہیں۔ ایمان اور کفر میں رشتہ نفی کا ہے اور دونوں باہمدگر متخالف ہیں، اسی طرح روکنا اور کھینچنا بھی باہمدگر متضاد ہیں، گویا مصرع میں دوہری نفی ہے جو باعث کشاکش ہے۔ دوسرے مصرع میں تمثیل بطور استدلال ہے کہ کعبہ مرے پیچھے ہے کلیسا مرے آگے۔ ظاہر ہے کہ کعبہ/ کلیسا اور پیچھے/ آگے نفی مملو ہیں۔ معنی کی بے مرکزیت اور کشاکش بہ درجۂ تام ہے۔ ایمان ایک حد پر ہے کفر دوسری حد پر، اسی طرح کعبہ ایک طرف ہے

کلیسا دوسری طرف۔ دونوں میں قطبیت ہے۔ معنی کا مرکز کہاں ہے، شاید کہیں نہیں۔ رد در رد سے بیچ کے عرصہ کا معنی برقیایا ہوا ہے۔ چنانچہ مطلقیت کوئی معنی نہیں رکھتی، حرکیات ہر سبب و علت کو رد کرتی ہے، اس انتہا کو بھی اس انتہا کو بھی، قلب میں مسئلہ ہے دائیں بائیں کا نقطۂ انتہا معدوم ہے۔ غالب ہر انتہا یا Dichotomy کو رد کرتے ہیں اور کشاکش کے نقطۂ اتصال پر ملتے ہیں بصورت آزادگی، وہ اس طرف کے ساتھ بھی ہیں اس طرف کے ساتھ بھی، لیکن پوری طرح وہ نہ اس کے ساتھ ہیں نہ اس کے ساتھ، کعبہ مرے پیچھے ہے کلیسا مرے آگے۔ تاریخ کے ایک عبوری دور کی لاینحل کشاکش پوری ایمائیت کے ساتھ یہاں ہمیشہ کے لیے ثبت ہوگئی ہے جو آئندہ بھی ہر ایسی صورت حالات پر بھرپور دلالت کرتی رہے گی۔ غالب میکانکی سیاہ و سفید کے شاعر نہیں۔ بیچ کے عرصہ کے شاعر ہیں جہاں اندھیرا اجالا بن جاتا ہے اور اجالا اندھیرا، اور جہاں نئے نئے معنی کے شرارے جلتے بجھتے رہتے ہیں۔ غالب کا ذہنی طلسمات کیا زماں و مکاں کی گردشِ مدام کی صورت نہیں کہ معنی کے جوہر کو ہر تحدید سے آزاد دیکھ سکتا ہے۔'' (ص 440-439)

حرکیاتِ نفی اور شونیتا کے نظری اور علمیاتی پس منظر اور امتیازات کی قرار واقعی صراحت اور پھر کلام غالب کی تخلیقیت کی داخلی ساخت میں اس کی تمام صورتوں کی نشاندہی نے اس کتاب کو اکیسویں صدی میں تنقیدی تازہ کاری اور محکم پیرائیہ اظہار کی غیر معمولی مثال بنا دیا ہے۔ یہی سبب ہے کہ ہمارے عہد کے سرکردہ تخلیق کاروں بشمول انتظار حسین، افتخار عارف، فرحت احساس، انورسن رائے، عارف وقار اور کئی دوسروں نے اسے تنقیدی معجزہ سے تعبیر کیا ہے۔ یہ معلوم ہونا چاہیے کہ نارنگ صاحب نے وضاحت سے لکھا ہے کہ شونیتائی فکر مذہبی فلسفہ نہیں بلکہ حرکیاتِ نفی کا طریقۂ کار ہے۔ یہ ویدانت کے آتما پرماتما کی روایت کو بھی رد کرتا ہے۔ شونیتا کوئی مذہبی ایجنڈا نہیں دیتی۔ فقط طرفوں کو کھول دینے اور آزادی و کشادگی کا احساس پیدا کرنے کے بعد خود بھی زائل ہوجاتی ہے۔

ایک پورا باب دانشِ ہند اور جدلیات نفی کے تفصیلی مبحث کو محیط ہے۔ جدلیات کی

فلسفیانہ توضیح کرتے ہوئے افلاطون نے اسے کسی شئے کے اثبات کا وسیلہ ٹھہرایا تھا۔ تھیوڈور اڈورنو نے 1966 میں شائع ہونے والی اپنی کتاب Negative Dialectics میں ہیگل سے اختلاف کیا ہے اور باور کرایا ہے کہ جدلیات کا نتیجہ لازماً مثبت نہیں ہوتا بلکہ یہ حرکیاتِ مسلسل ہے۔ ہندستانی فکر و فلسفہ کا مطالعہ پروفیسر نارنگ کی دلچسپی کا خاص میدان ہے اور اس کا اظہار ان کی کتابوں اور مضامین میں مسلسل ہوتا رہا ہے۔ وہ جدلیاتِ نفی کو بودھی فکر و فلسفہ کا مرکزی تصور قرار دیتے ہیں جو افلاطون وغیرہ سے بہت قبل ہے۔ نارنگ صاحب کے مطابق جدلیات نفی قدیم ہندستانی فکر و فلسفہ میں بنیادی منطقی رویے کی حیثیت رکھتی ہے۔ غالب کے یہاں جدلیت معنی آفرینی کا خلقی وسیلہ ہے۔ نارنگ صاحب کے بقول غالب کے ذہن کی ساخت میں جدلیت رچی بسی ہوئی ہے۔ نارنگ صاحب نے متن کے تجزیوں سے معنیاتی جدلیت کی تقریباً پچاس سقوں کو اخذ کیا ہے، اس سلسلے کا آخری نکتہ ہے :

> ''سو باتوں کی بات یہ ہے جیسا کہ میر نے کہا تھا 'زلف سا پیچدار ہے ہر شعر' — غالب کا ذہنی سانچہ ہی پیچدار ہے، اس میں سے سیدھی بات بھی نکلتی ہے تو وہ بھی بل کھا کر نکلتی ہے، اس میں کوئی نہ کوئی پیچ، اٹکاؤ یا الجھاؤ یا گرہ یا تقلیب کا پہلو ضرور ہوتا ہے۔ جدلیاتِ نفی جو صدیوں سے ہندستانی متجسسانہ ذہن کا خاصہ رہی ہے، اور سبک ہندی کے فن کی نزاکت اور دقت نظری میں جس کی پرچھائیاں ہم دیکھتے آئے ہیں، غالب کی افتاد ذہنی اور تشکیل شعر میں وہ کچھ اس طرح کارگر ہوئی ہے کہ غالب کی غیر معمولی طباعی اور ابداع کی زد میں آکر طرفگیِ خیال کا چلتا ہوا جادو بن گئی ہے۔/ ایک دو ہوں تو سحرِ چشم کہوں؛ کارخانہ ہے 'یاں' تو جادو کا/ ایک دو لوازم ہوں تو تنقید کچھ گرہ کشائی کرے، غالب کی شعریات تو طلسم کدۂ حیرت ہے، داخلی تجربہ، خیال بندی، مضمون آفرینی، معنی یابی، دقیقہ سنجی، نکتہ رسی، تمثیل نگاری، ترکیب سازی، بدیع و بیان، اظہار و اسلوب سب پر جدلیاتی ذہن کی ایسی چھوٹ پڑتی ہے کہ متن پیچ در پیچ کھلتا ہے اور پورے کا پورا نیرنگ نظر بندِ قبائے یار کی طرح ہے جس کی پنہاں جلوہ

افروزی کے بارے میں خود غالب نے کہا تھا / اسد بندِ قبائے یار ہے فردوس کا غنچہ؛ اگر وا ہو تو دکھا دوں کہ یک عالم گلستاں ہے/ تجزیہ اور تفہیم تنقید کی عجز کاری کے حربے ہیں لیکن کمالِ فن کے اعتراف اور مقدمہ کو پایۂ تکمیل تک پہنچانے میں ان سے مفر بھی نہیں۔ مختصر یہ کہ غالب کے یہاں معنی کی صہبائے تند و تیز اکثر جدلیاتِ نفی کی مینائے آئینہ گداز میں ملتی ہے۔'' (ص 490-489)

نارنگ صاحب کا یہ قول مبنی بر حقیقت ہے کہ فلسفے کا سب سے پیچیدہ مسئلہ غیاب کا ہے۔ مصنف کے مطابق ایک بنیادی متناقضہ (Paradox) یہ ہے کہ ایک منفی بیان مثبت حقیقت کو کیونکر قائم کر سکتا ہے۔ نارنگ صاحب نے اس فلسفیانہ نکتہ کی صراحت بالکل عام فہم انداز میں کر کے کتاب کی Readability میں حیرت انگیز اضافہ کر دیا ہے۔ جب ہر بیان کسی نہ کسی حقیقت پر دلالت کرتا ہے تو نارنگ کے مطابق منفی بیان اس سے کیونکر مبریٰ ہو سکتا ہے۔ جب ہم کہتے ہیں :

کتاب میز پر ہے

تو ہم ایک حقیقت کا اثبات کرتے ہیں لیکن جب ہم کہتے ہیں :

کتاب میز پر نہیں ہے

تو یقیناً ہم غیر موجودگی کو کسی منفی شے کے طور پر نہیں دیکھ رہے ہوتے ہیں، تو سوال پیدا ہوتا ہے کہ کسی بیان کا معروض کیا ہے، کتاب یا کتاب کی غیر موجودگی؟ منفی بیان کا ادراک اس نفی کی نفی کے بغیر ممکن نہیں۔ یعنی کتاب کی عدم موجودگی کا تصور اس کی موجودگی کے تصور کے بغیر ممکن نہیں۔ غالب کے یہاں اس حرکیات کی اطلاقی صورتیں معنی و پسِ معنی میں بکثرت نظر آتی ہے۔ بقول مصنف غالب شعریات میں منفی دقیقہ سنجی معنی سے خالی نہیں بلکہ منفی بیان برابر ہے ایسے بیان کے جہاں اثبات کو نفی کے عمل سے پیچیدہ بنا دیا گیا ہے۔ اس ضمن میں غالب کے سیکڑوں اشعار کے تجزیے سے ثابت کیا ہے کہ غالب اپنی جدلیاتی تخلیقیت سے اثبات کو نفی سے اور نفی کو اثبات سے منقلب کر کے معنی کو لٹو کی طرح گردش میں لے آتے ہیں :

حریف مطلب مشکل نہیں فسونِ نیاز
دعا قبول ہو یارب کہ عمر خضر دراز

نارنگ رقم طراز ہیں:

''حالی کہتے ہیں کہ شعر میں بالکل ایک نئی شوخی ہے جو شاید کسی کو نہ سوجھی ہوگی۔ بالکل ٹھیک، لیکن غور طلب ہے کہ یہ شوخی کیسے حاصل ہوئی۔ خضر کی درازئ عمر کو بمنزلہ حاصل ہے، نا حاصل کے تصور کرنے سے۔ کیونکہ دعا تو اس چیز کی مانگی جاتی ہے جو حاصل نہ ہو۔ غالب نے حاصل شدہ چیز کی دعا کا جواز پیدا کیا ہے اس لاحاصلی کے تصور سے، عجز و نیاز کے باوجود (جس کے رفع ہونے کا امکان نہیں)۔ کہنے کی ضرورت نہیں کہ عمر خضر کی درازی کی دعا مانگنے کی شوخی میں جدلیات حرکیات کی چھوٹ صاف پڑتی ہوئی نظر آرہی ہے۔''(8)

نارنگ صاحب نے علمیاتی اور معنیاتی سطح پر جدلیاتی نفی کی کارکردگی پر بہت جم کر گفتگو کی ہے اور متعدد اشعار کے تجزیے کے توسط سے مدلل طور پر اپنے اس دعویٰ کو پایۂ ثبوت تک پہنچایا ہے کہ غالب کا ذہن وشعور جب جب انسانی رشتوں یا حقیقت کے اسرار و رموز میں اترنے یا تخلیقی تجربہ کی کسی انوکھی، انجانی، ان دیکھی، ان چھوئی یا نادر و نایاب سطح کو چھونے کا جتن کرتا ہے تو غیر متعینہ معنیات کے نیرنگ نظر کا در کھولنے کے لیے اکثر و بیشتر جدلیاتی حرکیات کو بروئے کار لاتا ہے۔ پس ساختیات بھی نفی کی حرکیات کو معنیاتی تفاعل کی اساس ٹھہراتی ہے۔ نارنگ صاحب نے اس امر کو بھی موضوع بحث بنایا ہے اور غالب کی کشادگی اور متناقضانہ ذہن کو مابعد جدیدیت کی نئی فکریات کے تناظر میں بھی پیش کیا ہے۔

اس سے پہلے جدلیاتی نفی کے وسیع تر سیاق کو موضوع گفتگو بناتے ہوئے مصنف نے بودھی فکر کے بنیادی قضایا ''شونیتا'' پر بھی تفصیلی اظہار کیا ہے۔ بودھی مفکروں نے شونیتا کو منتہائے دانش قرار دیا ہے۔ شونیتا انسانی وجود میں عدم وجودیت یا آزادی مطلق کا احساس ہے۔ ناگارجن کے حوالے سے نارنگ صاحب نے لکھا ہے کہ ''یہ نفی محض نہیں بلکہ وجود یا وجود کے احساس سے ورا وجود کا جو احساس ہے اس کی نفی ہے۔ شونیتا کے تصور کو منفی طور پر ہی سمجھا جا سکتا ہے کہ تمام مثبت پیرائے اسے محدود کر دیتے ہیں۔ ناگارجن کے نزدیک

کائنات ہر چند کہ ٹھوس دکھائی دیتی ہے لیکن سچائی کی اعلیٰ تعبیر کی رو سے یہ بے اصل ہے۔ یہ اسباب وعلل کے نتیجے سے ظہور پذیر ہوتی ہے اور آزادانہ یا بالذات اپنا وجود نہیں رکھتی۔ شعور انفرادی بھی جس کے ذریعے اس کے غیر اصل ہونے کا احساس ہوتا ہے، اسی غیر اصل کُل کا ایک جزو ہے۔ اس لیے وہ بھی غیر اصل ہے۔ غیر اصل کے ذریعے ہی اصل کو جاننا اور سمجھنا ممکن ہے''۔ (9)

کتاب کا سب سے قابل قدر پہلو غالب کی آزادگی اور کشادگی کی فلسفیانہ اور شعریاتی جڑوں کو نشان زد کرنا ہے۔ نارنگ صاحب کے نزدیک غالب کے وہ پیکر خیالی جن میں افتراقیت یا تقلیب یا رد در رد ہے، وہاں رد سے مراد تنسیخ نہیں ہے بلکہ متناقضات کے تخلیقی تصادم سے بیچ کے عرصہ میں Grey Area کا خود مرتکز ہوجانا اور معنی کا میکانکی یعنی محدود تعریف کے ورا ہو جانا ہے۔ نارنگ صاحب نے اس کیفیت کو ''شونیتا مماثل'' یا شونیتا سے ملتا جلتا تفاعل کہا ہے۔ مصنف کے بقول غالب کے یہاں تمام تر رائج خیالات، اعتقادات، نظریے، مسالک اور معمولہ تصورات سب پاؤں کی بیڑیاں ہیں، اصل چیز روشِ عام یا پیش پا افتادہ یا معمولہ وموصولہ یا فہم عامہ کے جبر سے آزادی یا اوپر اٹھ جانے کا احساس ہے جو معمولہ و مانوس کو رد کرنے سے پیدا ہوتا ہے۔ طرفوں کے کھل جانے کا احساس اصلاً آگہی و آزادی کا احساس ہے۔ یہاں کوئی جبر، کوئی ادعا، کوئی ریاضت، کوئی زہد واتقا، کوئی طمع، کوئی خوف، کوئی لالچ، کوئی جزا وسزا کچھ بھی نہیں سوائے انتہاؤں کے رد کرنے کا۔ نارنگ صاحب نے ہر جگہ نتائج کو غالب کے متن کے گہرے تجزیے سے برآمد کیا ہے اور کوئی دعویٰ بے دلیل نہیں ہے۔

مصنف نے روایتِ اول، دیوان متداول اور نسخۂ حمیدیہ تینوں کو پیش نظر رکھا ہے اور پھر معنی آفرینی وحرکیاتِ نفی کے اظہاری پیرایوں کو مطالعہ کا موضوع بنایا ہے۔ شونیتائی فکر و فلسفے کی رو سے خاموشی زبان پر فوقیت رکھتی ہے کہ آواز کی سب سے اعلیٰ قسم شبد (کلام) ہے جو خاموشی کا ایک نام ہے۔ خاموشی ام اللسان ہے۔ ساز سے بھی جو آواز نکلتی ہے وہ جمالیاتی مسرت کو راہ دیتی ہے لیکن جو آواز سنائی نہیں دیتی وہ لامحدود کی نوید ہے۔ ہر جگہ

نارنگ صاحب نے غالب کے اشعار سے استنباط کیا ہے :

ہوں میں بھی تماشائی نیرنگ تمنا
مطلب نہیں کچھ اس سے کہ مطلب ہی بر آوے

☆

نشو و نما ہے اصل سے غالب فروع کو
خاموشی ہی سے نکلے ہے جو بات چاہیے

☆

از خود گزشتگی میں خموشی یہ حرف ہے
موج غبار سرمہ ہوئی ہے صدا مجھے

☆

خموشیوں میں تماشا ادا نکلتی ہے
نگاہ دل سے ترے سرمہ سا نکلتی ہے

☆

ہوں ہیولائے دو عالم صورت تقریر اسد
فکر نے سونپی خموشی کی گریبانی مجھے

☆

گر خامشی سے فائدہ اخفائے حال ہے
خوش ہوں کہ میری بات سمجھنی محال ہے

☆

خدایا چشم تا دل درد ہے افسونِ آگاہی
نگہ حیرت سوادِ خواب بے تعبیر بہتر ہے

☆

سخن ما ز لطافت نہ پذیرد تحریر
نہ شود گرد نمایاں زرمِ توسنِ ما

(میرا سخن (بر بنائے لطافت) تحریر کی زد میں نہیں آ سکتا، میرے رمِ توسن کی خوبی ہے کہ اس سے گرد نہیں اٹھتی)

☆

طول سفر شوق چہ پرسی کہ دریں راہ
چوں گرد فرو ریخت صدا از جرس ما

(سفر شوق کی دوری کو کیا پوچھتے ہو کہ خود صدا مانند گرد جرس سے جھڑ گئی ہے)

☆

اس ضمن میں سبکِ ہندی کے مغل شعرا یعنی فیضی و عرفی و نظیری و ظہوری و بیدل وغیرہ بیسیوں اساتذہ کے کلام میں بھی خاموشی کے تفاعل کو تنقیدی بالغ نظری کے ساتھ اجاگر کیا گیا ہے۔ کتاب کے مرکزی ابواب میں سبکِ ہندی کی روایت اور ہندستانی ثقافت و تہذیب سے اس کی ہم رشتگی اور تخلیقی پیوستگی کی مختلف صورتوں پر جم کر گفتگو کی گئی ہے۔ آزاد، شبلی، حالی اور روسی اسکالر نتالیا پری گارنا کے مقدمات کا تفصیلی محاسبہ کیا گیا ہے اور فارسی ادبیات کے رمز شناس اور ماہر ریاضیات پروفیسر واگیش شکلا کے نکات سے اردو قارئین کو واقف کرانے کی سعی کی گئی ہے۔ وارث کرمانی، خورشید الاسلام، پری گارنا اور واگیش شکلا کی تعبیرات سے اتفاق اور اختلاف کرتے ہوئے نارنگ صاحب نے عرفی، فیضی، غزالی، نظیری، غنی کاشمیری، صائب، کلیم، ظہوری، طالب آملی، نعمت خاں عالی، چندر بھان برہمن، انور لاہوری، ناصر علی سرہندی اور دیگر اساتذہ کے متعدد اشعار کو مرکز توجہ بنایا اور بیدل کی شاعری کے مابہ الامتیاز عناصر بشمول سبک ہندی کو بطور خاص موضوع بحث بنایا ہے۔ بیدل، غالب، عرفان اور دانشِ ہند کے نام سے شامل باب میں غالب کے کلام پر بیدل کے شعوری اور لاشعوری اثرات اور تقلید بیدل کی تمام ممکنہ صورتوں کی نشان دہی کی گئی ہے۔ اسی باب میں بیدل کی پر اسرار روحانی شخصیت کی لاشعوری اور ثقافتی جڑوں کو بھی عالمانہ توجہ کا ہدف بنایا گیا ہے۔ نارنگ صاحب نے بیدل کی افتاد ذہنی، فکری نہاد اور شعری اظہار کے امتیازات دقت نظر کے ساتھ واضح کرتے ہوئے غالب سے ان کے رشتوں کے بارے میں جو نتیجہ نکالا ہے اس سے اختلاف کی گنجائش بہت کم ہے :

''بیدل کے کلام کی روح فکر وفلسفہ ونغمہ وسرمستی ہے اور یہ فکر وفلسفہ تصوف ہی نہیں شبد اور گیان دھیان کی پہنائیوں سے بھی ہم آہنگ ہے۔ بیدل کی پیچیدگی و اختراع اور زبان و بیان پر اعتراض بھی ہوئے لیکن بیدل نے پورے عہد اور پوری روایت کو گہرے طور سے متاثر کیا ہے۔ یہ کم حیرت انگیز نہیں کہ ہندوستان کے آخری دو عظیم شاعر غالب اور اقبال دونوں بیدل کی عظمت کا اعتراف کرتے ہیں۔ اقبال نے ان کو حرکت وعمل کا شاعر قرار دیا ہے تو غالب نے انھیں اپنا استاد معنوی اور خضر راہ تسلیم کیا ہے''۔ (10)

نارنگ صاحب نے جدیدیت کے فروغ میں بھی تاریخ ساز رول ادا کیا اور جدیدیت کے زیر اثر جس تصور ادب کو مقبولیت حاصل ہوئی اس میں جب سوانحی کوائف، نفسیاتی صورت حال اور معاشرتی احوال کے توسط سے فن پارہ کی تفہیم کو ہمیشہ مشتبہ سمجھا جاتا تھا جو اصولاً غلط تھا، تو نارنگ صاحب نے اپنی تصانیف سے اُس نرے ہیئتی ڈسکورس کو ہمیشہ بے دخل کیا۔ ادھر گزشتہ کئی دہائیوں سے انھوں نے تنقید کی نئی بصیرتوں پر اسرار کرتے ہوئے تہذیبی وجدان، سماجی سروکار اور Ideology کو پھر سے تنقیدی محاسبہ میں پوری طرح قائم کر دیا ہے۔

زیر نظر کتاب کے آخری باب میں غالب کی شخصیت کے مختلف پہلوؤں مثلاً شوخی و ظرافت، آزاد خیالی اور افتاد و نہاد کو کتاب کے بنیادی تھیسس جدلیاتی حرکیات سے مربوط اور منسلک کر کے غالب کے فن اور شخصیت کا فنی وژن خلق کیا گیا ہے جس کی کوئی مثال اردو تنقید میں اس سے پہلے نہیں ملتی۔ ہر چند کہ یادگار غالب کا بار بار اعتراف کیا گیا ہے مگر اس کتاب کے مطالعے سے اندازہ ہوتا ہے کہ نارنگ صاحب نے یادگار غالب اور بالعموم غالب شناسی کے Gaps کو نہ صرف پُر کیا ہے بلکہ غالب ڈسکورس کو بالکل نیا علمیاتی اور شعریاتی تناظر بھی عطا کیا ہے۔ اصطلاحوں اور مباحث کی تعبیر وتشریح میں Readability اور زبان کی حسن کاری کا بھی خاص خیال رکھا گیا ہے۔ یہ کتاب موجودہ عامیانہ و منشیانہ تنقید سے یکسر مختلف تخلیقی قضایا کا احساس کراتی ہے۔ یہ نارنگ صاحب کی برسوں کی علمی

ریاضت اور گہری تنقیدی بصیرت کا ثمرہ ہے اور بلاشبہ غالب تنقید کا یکسر نیا فکری ڈسکورس قائم کر دیتی ہے۔

حوالے

1	Aijaz Ahmad: "The Politics of Literary Post-Coloniality, Race and Class", 1999, page 9	
2	Gayatri Spivak: The Post-Colonial Critic: Interviews, Strategies, Dialogues, ed. Sarah Harasym, Routledge, 1990, page 166	
3	غالب: معنی آفرینی، جدلیاتی وضع، شونیتا اور شعریات۔ گوپی چند نارنگ، صفحہ 16، نئی دہلی 2013	
4	ایضاً، صفحہ 17	
5	Stuart H. Sargent: The Poetry of HeZhu: Genres, Contexts and Credibility, NV Brills, Leiden, 2003	
6	غالب: معنی آفرینی، جدلیاتی وضع، شونیتا اور شعریات۔ گوپی چند نارنگ، صفحہ 43، نئی دہلی 2013	
7	ایضاً، صفحہ 38	
8	ایضاً، صفحہ 43	
9	ایضاً، صفحہ 60	
10	ایضاً، صفحہ 191	

ف س اعجاز

غالب پر نارنگ کی تنقید : شوق کا دفتر کھلا

تنقید فکر وادب کے پیمانے وضع کرتی ہے۔ غالب جیسے شاعر کا سخن زنگ خوردگی کا شکار کبھی نہیں ہوتا۔ لیکن روز اس کی چمک کھولتا کون ہے۔ وقت کے شوکیس میں ڈیڑھ دو صدیوں پہلے کا رکھا ہوا کلام ہر نئی نسل کے ناظرین کو کیونکر متوجہ کرلیتا ہے۔ ظاہر ہے کہ ہر دور میں تنقید ہی اپنی جلا سے اسے دیدنی بناتی ہے۔

غالب کے تعلق سے حالی، شبلی، آزاد، بجنوری نے اساسی شعوری کام کیے اور پھر کوئی زمانہ نہ تو ادبیات غالب سے غافل رہا نہ اس کے بارے میں چپ رہ کر اپنے گونگے پن کا ثبوت دیتا رہا۔ غالب کے معاملاتِ فکروفن سے جنھوں نے مستقل یا اتفاقی سروکار رکھا ان میں حالی کے بعد شیخ محمد اکرام، نظم طباطبائی، نیاز فتحپوری، مولانا امتیاز علی خاں عرشی، غلام رسول مہر، مالک رام، ظ انصاری، کالیداس گپتا رضا، مجنوں گورکھپوری، ابومحمد سحر جیسے نقاد و محقق شامل رہے ہیں۔ بعض نے تو متونِ غالب کو اپنے انفرادی تحقیقی مقصد سے بارہا کھنگالا اور اپنے کسی من چاہے نتیجے پر پہنچ کر غالب کا کلام از سرنو پڑھنے کا جواز پیدا کردیا۔ اس ضمن میں موجودہ دور میں شکیل الرحمن اور شمس الرحمن فاروقی کی خدمات بہت اہم سمجھی جاتی ہیں۔ (ویسے شارحین نے تفہیم غالب کی نصابی ضرورتیں اپنے اپنے طور سے پوری کی ہیں۔ بیخود دہلوی کی شرحِ دیوانِ غالب کو زیادہ مقبولیت حاصل ہوئی)۔

نقادوں نے غالب کی شخصی زندگی اور جہاتِ فن کو روشنی میں لاکر غالب کی اردوو فارسی شاعری کی اپنی اپنی تعبیریں پیش کی ہیں۔ لیکن پچھلی دو تین دہائیوں میں ایک نیا تنقیدی وژن اردو نقادوں میں پنپ گیا ہے۔ اس کا ایک سبب یہ ہے کہ جدید یوروپی طرز تنقید کا نئے نقادوں نے بالاستیعاب مطالعہ کرکے اردو ادب جس کی لسانی جڑیں عربی،

فارسی اور سنسکرت (ہندی۔ سنسکرت) میں اتری ہوئی ہیں، پر نئی نگاہ ڈالنی شروع کردی ہے۔ نتیجہ یہ کہ متن کہیں کہیں نئی قرأت کا مطالبہ کر بیٹھتا ہے۔

تخلیقی اردو ادب پہلے تو اشتراکیت کے غلبہ سے آزاد ہوا۔ پھر جدیدیت اور مابعدجدیدیت کی مسافت میں نئے گلوبل نظریوں کا محلول پی کر اپنی بینائی میں اضافہ کرنے لگا۔ نئی تنقید یونہی متمول نہیں ہوگئی۔ اس کی بالیدگی کئی شعوری' لاشعوری' منطقی دور پاس کے بالواسطہ یا بلاواسطہ مشاہدات ومطالعات کی دین ہے۔ غیر راست یا بلاواسطہ مطالعاتِ تنقید کی فصل راست مطالعات کے پانی اور دھوپ سے پکائی گئی فصل سے سوا ہے۔ متن اور شعریات کا جدید لسانی، ساختیاتی، تہذیبی بنیادوں پر قائم ماضی کا ہمہ سمتی مطالعہ جس مقام پر ہمارے شعور کو لے آیا ہے وہاں تنقید کے روایتی پیمانے فن کو نیا معنوی تناظر دینے میں ناکافی ثابت ہونے لگے ہیں۔ لہٰذا ایک سیر حاصل تنقید کے لیے کہیں کہیں از بس ضروری ہوسکتا ہے کہ ہم کسی نمونۂ ادب کو ادب سے متجاوز دیگر علوم کے اعدادِ بصارت رکھنے والی 3D - 4D عینک کے ذریعہ دیکھنا شروع کریں۔ چنانچہ ٹیگور اور غالب کی شاعری پر مصورانہ اور موسیقانہ اظہاروعمل کا بھی جواز پیدا ہوچکا ہے۔ مابعد جدید تنقید دونوں عظیم فن کاروں کی شعریات کا سائنسی اصولوں پر انطباق کرکے سائنس اور آرٹ کے فکری اتحاد سے قابلِ رشک نتائج سامنے لاتی جارہی ہے۔ ورنہ سائنس اور آرٹ دو الگ الگ دھارے ہیں جن میں باہم بقا اور معاونت کا تصور بہت کم پایا جاتا تھا۔ ایک معروف سائنس اسکالر ڈاکٹر وہاب قیصر (حیدرآباد) نے تو غالب کے اشعار کا سائنسی نکتۂ نگاہ سے مطالعہ کرکے کئی ادبی کتابیں تصنیف کردی ہیں جو ادب وسائنس کے اس دوطرفہ موضوع پر ان کی گرفت کا عمدہ نمونہ ہے تو آرٹ اور سائنس میں co-ordination کی ایک مثال بھی۔ اور اب جدید ادب سے کئی مثالیں پیش کی جاسکتی ہیں جہاں ادب منطق، تاریخ، ایسٹرونومی کی زبان میں بول رہا ہے۔

یہ تمہید اس بات کی تھی کہ نیا تنقیدی ڈسکورس روایتی ڈسکورس سے بہت آگے نکل گیا ہے۔ حالانکہ ابھی عشق کے امتحاں اور بھی ہیں۔ ڈاکٹر گوپی چند نارنگ کی تازہ ترین تصنیف

''غالب: معنی آفرینی، جدلیاتی وضع، شونیتا اور شعریات'' غالب کے تئیں ان کے عشق کا نیا امتحان ہے اور یہ امتحان بڑا بھی ہے اور کڑا بھی۔ ایجاز واختصار مانع ہے، اس لیے کیا غالب اور کیا نارنگ دونوں کی لگن اور پیمائشِ دانش کا تخمینہ ہم اپنے الفاظ کے بجائے غالب ہی کے اس شعر کے ذریعہ پیش کرتے ہیں:

نہ بندھے تشنگیِ ذوق کے مضموں غالب
گرچہ دل کھول کے دریا کو بھی ساحل باندھا

یہ کتاب پونے سات سوصفحات میں بارہ ابواب میں منقسم ہے۔ ان میں سے گیارہ ابواب اپنی الگ الگ شاخوں میں تقسیم ہیں۔کئی ابواب ہنرمندوں سے الگ الگ مضامین کے متقاضی ہیں۔ یہ بات مان لینے کی ہے کہ پندرہ سترہ سال کے غوروانہاک، تخلیقی وجدان اورریاضت کی دین اس کتاب کی علمی چنگاریاں اپنا جادو دکھانے میں دیر نہیں لگائیں گی۔ ہاں! شوق کا ایک ایسا دفتر تو گوپی چند نارنگ نے فی الوقت کھول ہی دیا ہے۔

کتاب نے پہلا ذمہ کلام غالب کی معنی آفرینی کا لیا ہے۔ یوں تو پوری کتاب غالب سے ہی سروکار رکھتی ہے جس کا کلام اوروں کی طرح نارنگ کے بقول بھی جامِ جہاں نما ہے۔ چار ابواب انھوں نے خاص معنی آفرینیِ غالب کے لیے مختص کیے ہیں۔ ہرچند کہ غالب کے فارسی اشعار نارنگ نے پوری کتاب میں جابجا نقل کیے ہیں تاکہ فارسی زبان کے ایرانی اور ہندستانی شعرا سے فکرواسلوب میں غالب کے امتیازات لسانی اور زمانی اعتبار سے واضح ہوجائیں اور غالب کے لاشعوری ایرانی وتورانی مائنڈسیٹ میں اس کے ہند نژادپن کی کارفرمائی عناصر وارسامنے آسکے۔لیکن اس کے باوجود مصنف نے دیباچہ میں صفحہ 21 پر لکھا ہے کہ ''کتاب کے قلب میں غالب کا اردومتن ہے'' اور یہ کہ ''ہمارا سروکار اردومتن سے ہے۔''

نارنگ تنقید کے عمل میں انقلابی کبھی نہیں رہے اور نہ کبھی اپنی فکر کے نفاذ پر اصرار کرنے کی روش اختیار کی۔ جہاں تک اس مطالعہ کا تعلق ہے، یہ حالی اور بجنوری جیسے اولین ناقدینِ غالب سے انحراف تک پہنچے ہوئے نظری اختلاف پر اپنی نیو رکھتا ہے۔ پھر بھی

نارنگ نے نہ صرف باب اوّل ''حالی، یادگارِ غالب اور ہم'' اور باب دوم ''بجنوری، دیوان غالب اور وید مقدس'' میں ترتیب وار حالی، بجنوری اور محمد حسین آزاد کی تنقید و تحقیق کو غالب کی شاعری کی اولین اور بنیادی اور سب سے معتبر تنقید تسلیم کیا ہے۔لیکن حالی کے ذریعہ غالب کے 20 اشعار کی تشریح سے انھوں نے تعرّض کیا ہے۔اور حالی کی تشریح کو ناکافی بتایا ہے۔ اسی طرح عبدالرحمٰن بجنوری کا یہ مشہور مقولہ کہ ''ہندوستان کی الہامی کتابیں دو ہیں، وید مقدس اور دیوانِ غالب'' نارنگ کو قبول ہے لیکن انھیں یہ بھی لگتا ہے کہ بجنوری اپنے اس جملے کو صحیح تناظر دینے سے قاصر رہے۔ چونکہ نارنگ انقلاب(Revolution) کے بجائے ارتقا (Evolution) میں یقین رکھتے ہیں۔ اس لیے حالی ہوں کہ بجنوری وہ کسی کے بھی مطمح نظر کے دوٹوک رد سے گریز کرتے ہیں۔ ان کی تنقیدی روش ارتقا پسند ذہن کی طے کردہ ہے۔لہٰذا وہ اپنی عینیت کو ثابت کرنے کا ہر جتن کرتے ہیں۔ اپنے ابتدائی ابواب میں ہی نارنگ نے بڑی آہستگی اور خاموشی سے روایتی تنقید کے نیچے سے اس کی نشست کھسکالی ہے۔ (لے بیٹھ اب کہاں بیٹھتی ہے!)

نارنگ نے غالب کے ضمن میں اپنی تنقید کو کئی قدیم وجدید فلسفوں کے خمیر سے پھُلا یا ہے۔ ان کی اس تنقید میں ساری بات اس نئے خمیر کی ہے۔ حالی کے عہد میں یہ خمیر دریافت نہیں ہوا تھا۔ حالی کی تنقید اپنے زمانے میں اپنے وقت سے آگے کی چیز تھی۔لیکن اب زمانہ آگے بڑھ گیا ہے۔تنقید نئی راہوں پر گامزن ہے۔ حالانکہ نارنگ نے پرانی تنقید کو پیش پا افتادہ ثابت کرنے کے بعد بھی یہ اقرار کیا ہے کہ:

> ''غالب تنقید ہر چند کہ بہت آگے نکل گئی ہے آج بھی غالب پر سب سے اچھی کتاب یادگارِ غالب ہی ہے اور غالب تنقید کی اکثر راہیں اسی کتاب سے نکلتی ہیں۔'' (دیباچہ، صفحہ 15، کتاب ہٰذا)

بہر حال امر واقعہ یہ ہے کہ نارنگ نے اپنے استدلال سے تنقید کے روایتی تصور کی ردتشکیل کی کوشش کی ہے اور یہ افتاد ''جدلیاتِ اثبات'' سے زیادہ ''جدلیاتِ نفی'' کی حمایت میں ہے اور منطق پر زور دیتی ہے۔ دیباچہ ہی میں موصوف لکھتے ہیں: ''امکانی حد تک ہم

نے ماہرین سے استفادہ کیا' لیکن ہر جگہ ہم نے اپنی بات رکھی ہے اس لیے کہ ہمارا مقدمہ الگ ہے اور ہماری کھوج ایک الگ راہ میں ہے۔''(ص 23)۔

جن خاص نکات سے کتاب سربلند ہے اب ان کی طرف آنا چاہیے۔ یہاں صرف دو باتوں کی طرف اشارے کیے جا رہے ہیں:

(1) ''تنقید تخلیقی عمل کے بارے میں فقط قرأت کی بناء پر رائے قائم کرسکتی ہے۔''

(2) ''طرفگیِ خیال اور ندرت وجدتِ مضامین جس پر سب سر دھنتے ہیں، وہ غالب کی تشکیلِ شعر میں قائم کیسے ہوتی ہے؟۔ غالب کی ذہنی ساخت میں آخر ایسا کیا ہے کہ اگر سیدھی بات بھی داخل ہوتی ہے تو بل کھاتی ہوئی نکلتی ہے۔''

نکتۂ اول متن کی قرأت کی ممکنہ صورتوں کے حوالے سے کتاب میں بیان کیا گیا ہے۔ اس میں عرب وعجم، ایرانی تورانی، ہند یوروپی قدیم وجدید متنی سائنسی مطالعات سے موقع بہ موقع رجوع کیا گیا ہے۔ دوسرے نکتہ کی وضاحت کے لیے پروفیسر نارنگ نے مختلف زمانوں اورخطّو ں کی تہذیبوں کی پروردہ منطق وفلسفے کے اختلاط سے جنمے خیالات اورمضامین کی تشریح کی ہے۔لیکن ان کا آخری مقصد غالب کی تشکیلِ شعراور اس کی منفرد ذہنی ساخت کو ہی سامنے لانا ہے۔نارنگ کی تنقید کے پُر اسرارعمل کا بھید اسی بحث سے کھلتا ہے جومختلف عنوانات کے تحت سیکڑوں صفحات کومحیط ہے۔ اس میں مختلف لسانی اورفکری تھیو ریوں سے وہ بار بار رجوع ہوئے ہیں۔کتاب میں عبارتوں اورفکروں کا خلط ملط اور گٹھاؤ اس نوعیت کا ہے کہ ضرورتاً بھی ان کی کتاب سے کئی کئی اقتباسات پیش کرنا ممکن نہیں۔ جبکہ سیکڑوں فقرے' خواہ نہایت چھوٹے ہی کیوں نہ ہوں، ایسے ہیں کہ مفرد نقل کیے جائیں تو اپنے انسلاکات کی تفصیل چاہیں گے۔ مثلاً طرح طرح غالب کی تشکیلِ شعر کا اپروچ تیار کرنے کے بعد نارنگ ایک جگہ کہتے ہیں:

> ''تماشے کی انتہا حیرت ہے اور غزل کی شعریات میں آئینے کو حیرتی کہا جاتا ہے۔حسن وجمال میں محبوب کا ثانی نہیں' جیسے قادر مطلق یکتا و بے مثل ہے۔ غالب کی تشکیلِ شعر تصورِ ارضی وروحانی کی تفریق سے آزاد ہے۔''

(باب ہشتم، روایتِ اول بخطِ غالب' معنی آفرینی اور جدلیاتی افتاد، ص 332)

اس اقتباس کا آخری جملہ غالب کی تشکیل شعر کے بارے میں اس قاری کے لیے مشکل کھڑی کرسکتا ہے جو پچھلے ابواب میں غالب کی تشکیلِ شعر کو سمجھنے کے بہت قریب آچکا تھا۔ اس کا بنا بنایا سودا بگڑنے لگتا ہے۔ لیکن یہی وہ بھید ہے جس کی کلید اس کتاب کے مختلف ابواب فراہم کرتے ہیں۔ اشعار غالب کے معانی کی کنہ تک کیسے پہنچا جائے یہ اس پر منحصر ہے کہ متن کی قرأت کیونکر کی جاتی ہے۔ غالب کے اشعار سے کسی کی پہلی نظر جو معانی نکال کر لاتی ہے ضروری نہیں کہ وہی معانی حتمی یا آخری ہوں۔ لفظ اپنی اپنی جگہ ٹھیک بیٹھے ہوئے ہیں، مصرعے اپنی ترکیب سے قائم ہیں لیکن ایسے بہت اشعار غالب کے یہاں ملیں گے جن کی دوسری تیسری یا آٹھویں دسویں قرأت کسی ایسے معنی کا انکشاف کرتی نظر آتی ہے جو پہلی قرأت سے اخذ کردہ معنی سے جدا ہوتے ہیں۔ چنانچہ غالب بقول نارنگ دوسروں سے الگ قرار پاتے ہیں اور حالی کے زمانے تک جو عمومی تنقید برحق تھی اسے نارنگ کے نئے مطالعات نے از کار رفتہ ثابت کردیا ہے۔ ''حالی، یادگارِ غالب اور ہم'' میں صفحہ 55 پر نارنگ کا یہ اصرار غالب کے نئے مطالعہ پر دال ہے :

> ''غالب کی شخصیت اور تخلیقی عمل میں ایسے کئی بے رحم عناصر متقاطعانہ Crisscross کرتے ہیں جن کی گتھیوں کو ابھی پوری طرح کھولا نہیں گیا اور جن کو پوری طرح پرکھنے اور سمجھنے میں ابھی وقت لگے گا۔''

دیباچہ میں (صفحہ نمبر 15 پر) نارنگ نے لکھا ہے ''حالی یہ تو کہتے ہیں کہ خیال نیا اور اچھوتا ہے لیکن یہ نہیں بتاتے کہ غالب کے یہاں خیال نیا اور اچھوتا کیسے بنتا ہے...''۔ اسی طرح بجنوری کا دیوان غالب کو وید مقدس کے مقابل ہندوستان کی ایک الہانی کتاب کہنا چہ جائیکہ دیوان غالب کو وید مقدس کے ساتھ ملانے کے جواز کی تشریح نہ کرنا، نارنگ کو کھٹکتا ہے۔ اس بحث کو انھوں نے اپنے طریقے سے ایک انجام تک پہنچایا ہے۔ ان کی نظر میں عبدالرحمٰن بجنوری کا فرمودہ ایک قولِ محال ہے اور قولِ محال سے کیا کیا مراد ہے وہ نارنگ نے لکھا ہے۔ بجائے اس کے کہ نارنگ دیوان غالب کو وید مقدس کے تناظر میں ایک استعارہ قرار دیتے، وہ فرماتے ہیں ''وید مقدس دراصل یہاں استعارہ ہوا ہے اور

استعارہ بھی دیوانِ غالب کے تناظر میں'' (''بجنوری، دیوان غالب اور وید مقدس''، ص 69)

مجھے نارنگ کی اس کتاب سے راست اقتباسات پیش کرنے سے حتی لامکان اس لیے گریز ہے کہ ان کی کتاب کو کتابچہ میں تبدیل کرنا میرا منشا نہیں ہے۔ غالب کی تشکیل شعر کی پرکھ اور متن کی باریک بیں قرأت اور تجزیہ اس تھیس کا وصفِ خاص ہے۔ یہ کتاب تو ابھی آئی ہے ''ساختیات' پسِ ساختیات اور مشرقی شعریات'' مصنف کی 20 - 25 سال پہلے کی کتاب ہے۔ اس کتاب کا ماحصل متن کی ساخت، تشکیل اور ردتشکیل کا جو علم تھا اس کے کئی عناصر نارنگ بہ انداز دگر غالب فہمی میں بروئے کار لائے ہیں۔ یعنی جلتی انگیٹھی کے آگے یونہی نہیں بیٹھے ہیں' دست پناہ لے کر بیٹھے ہیں۔

اولاً غالب کی ذہنی ساخت کو اپنے طور سے سمجھنا نارنگ نے ضروری سمجھا۔ اور وہ یہ اندازہ لگا پائے کہ غالب کا ذہن فطرتاً جدلیاتی ہے۔ چنانچہ ان کی تخلیقی زبان بھی جدلیاتی طرز ادا سے متصف ہے۔ یہ کہنے میں نارنگ حق بجانب ہیں کہ ''جدلیاتی شعری منطق سے انوکھا جواز لانا غالب کے شعری عمل کا حصہ ہے۔'' (ص 44)

اب جدلیات کی طرف آتے ہیں کہ یہ کیا ہے اور غالب کی جدلیات کیا ہے اور اس کا غالب کے وضعِ اسلوب ومعنی میں کیا کردا رہے۔ یہ مباحث اس کتاب میں مرکزی اہمیت کے حامل ہیں۔ جدلیات کے اپروچ میں ہیگل یا مارکس کی جدلیات (مارکسی جدلیات کا کتاب میں ذکر آیا ہے) سے الگ وہ جدلیت ہے جو غالب کی ذہنی ساخت اور تشکیل شعر تک پہنچنے کے لیے نارنگ کا ذہنی حربہ بنی ہے۔ ازروئے نارنگ غالب کا کارخانۂ غزل جدلیاتِ نفی کے بوتے پر قائم ہے۔ ایک ماہرلسّا ن کی رائے بنتی ہے کہ ہرلفظ کا معنی بھی ایک لفظ ہے۔ لیکن ایک دیا ہوا متن شعر کے دو مصرعوں میں تقسیم ہوتو ضروری نہیں کہ وہ شعر مروجہ شعری گرامر اور معنی کا ہی محتاج رہ جائے۔ ہوسکتا ہے کہ مصرعہ اولیٰ ذہن کو معنی کی جس سمت میں لے جاتا ہو مصرعِہ ثانی اس معنی کا ردکردیتا ہو' معنی کی گردش کو بدل دیتا ہو۔ نارنگ نے غالب کے متن شعر کی قرأت کا خوردبینی جائزہ لینے کے بعد غالب کی ذہنی

جدلیات سے شناسائی حاصل کی ہے اور اس کے بعد اس جدلیات کی حرکیاتِ نفی یا حرکیاتِ استردادی کی اصل تک پہنچے ہیں۔اس کے بعد یہ سوال قائم کیا ہے کہ کیا غالب کی تخلیقی نہاد سے اس جدلیات کا کوئی رشتہ خاص ہے؟۔ حالی نے غالب کے جن اشعار کی تشریح کی وہ اپنی جگہ مکمل ہے اور اپنا ایک تسلسل continuity رکھتی ہے۔لیکن نارنگ کی تنقید نے گرچہ حالی کے اخذ کردہ معنی میں کوئی رخنہ تو نہیں ڈالا لیکن روایتی شارحین غالب کے معنی کا قبلہ پھیر دیا۔ اور اس بات پر زور صرف کیا ہے کہ ''ہر وہ چیز جو پہلے سے چلی آتی ہے وہ موصولہ ہے۔ ہر وہ چیز جو معلوم و معمول کے عرصہ میں آتی ہے وہ معمولہ ہے۔ چنانچہ موصولہ یا معمولہ کا خیال اچھوتا نہیں ہوسکتا۔ جو چیز اسے اچھوتا بناتی ہے وہ تمثیل یعنی معمولہ شئے کا بیان نہیں بلکہ اس بیان کا رد ہے۔'' (ص 43)۔ یعنی پہلے عالموں نے اشعار غالب کے جو معنی متعین کیے نارنگ نے ان معنی کو پاش پاش کردیا۔ ''دانشِ ہند اور جدلیاتِ نفی'' (باب سوم) میں نفی اور اثبات کی بحث کا آغاز ہی اس عبارت سے ہوتا ہے:

''ہندستانی فلسفہ کا کوئی تصور جدلیاتِ نفی کے بغیر ممکن نہیں''۔

جس طرح ہمیں موجود شئے کی حاضری کا ادراک ہوتا ہے اسی طرح غیر موجود شئے کی غیر حاضری بھی علم کا حصہ بنتی ہے۔ چنانچہ مثبت کے مقابل منفی کی اہمیت ضروری نہیں کہ ماند ہوجائے۔ممکن ہے اس میں اثبات کے رد کی پوری صلاحیت ہو۔ غالب کے امتیازی متن شعر میں جو معنی گردش کرتا ہے جدلیاتِ نفی کی حرکت کی برکت معلوم ہوتا ہے۔نفی کی بحث کی یہ لکیر گوپی چند نارنگ نے یہیں نہیں روک دی ہے بلکہ وہ اسے صفر اور خاموشی کے اُس دائرے سے بھی گذار کر دوبارہ غالب کے دریچۂ دماغ تک لوٹے ہیں۔ یہ دائرہ شونیہ (صفر) کا ہے جو بودھی فکر کا علامیہ ہے۔ بدھ مت کو بہت سے مفکر دھرم نہیں مانتے اسے صرف ایک سوچ قرار دیتے ہیں۔

بدھ کا نروان آگہی، آزادی اور ذاتی جستجو ہے جو باہری شور اور ہلچل کا رد یا استرداد ہے۔ خاموشی ہے، جو ایک صفر کے مثل ہے جو اندر سے خالی ہے۔ بدھ کے نزدیک یہ دکھوں کا انت ہے۔ اگر شونیہ ایک خاموشی' صفر اور خالی پن ہے تو یہ زندگی کے باہری

معمول کا رد ہے۔ گویا اثبات کے مقابل یہ نفی کی جدلیت ہے۔ گوپی چند نارنگ نے اس بحث کو اگلے ابواب کے تقاضوں کی تکمیل کے لیے حسب ضرورت پھیلایا ہے۔ وہ معترف ہیں کہ بودھی فکر بخلاف ویدانت کے روح کو بطور جوہر نہیں مانتی اور شونیتا خود اپنا بھی ناش کردیتی ہے۔ خاموشی اور غیر خاموشی یقیناً اظہار کے دو جدا طریقے ہیں جو زبان کی ثنویت (Dualism) کے کردار کو اجاگر کرتے ہیں اور خود اپنے عمل سے متمائز ہوجاتے ہیں۔ نارنگ رقمطراز ہیں:

''شونیتا کی رو سے خاموشی' ایک حرکیاتی قوت ہے آواز سے کہیں زیادہ طاقتور' اظہار ومعانی کے ان گنت امکانات سے بھر پور۔ گہرے رہسیہ یا بھید یا انسانی مقدر کے عمیق رازوں میں اترنے کے لیے شونیہ یعنی 'خاموشی' سے بہتر پیرایہ ممکن نہیں۔'' (''بودھی فکر اور شونیتا''۔ص 107)

(اسی مضمون میں آگے چل کر نارنگ نے اس بات کا اعلان کردیا ہے کہ ''بودھی فکر 'واک' یعنی زبان کو فقط اصطلاح بھر ہی سمجھتی ہے اور شونیتا کا پہلا کام ہی زبان کے تعینات اور ثنویت کو کالعدم کرنا ہے)۔

مفکر ناگارجن اور شونیتا کے ذیل میں نارنگ نے ایک اہم خلاصہ اس عبارت میں خوبی سے کیا ہے۔ ملاحظہ فرمائیں:

''اس (بدھ) نے سرّ الاسرار کے لیے جو اصطلاح استعمال کی ہے وہ 'شونیم' ہے۔ 'شونیم' کا لفظی ترجمہ ممکن نہیں، مطلق خالی پن، مطلق خلا جہاں کچھ بھی نہ ہو، مکمل خاموشی، سناٹا۔لیکن 'خالی پن' سے منفیت کا تاثر پیدا ہوتا ہے جیسے پہلے کچھ تھا اور کم ہوگیا' لیکن 'شونیم' اس معنی میں خالی پن نہیں بلکہ خالی پن سے بھری پری کیفیت، یہ منفی نہیں، عرف عام میں مثبت بھی نہیں، بس کچھ بھی ہونا قطعاً کچھ نہ ہونا، اکیلا، تنہا، بے لوث، وجودِ محض، بسیط' کراں تا کراں، خالی پن سے بھرپور، اسے بیان کرنا مشکل ہے۔'' (باب ہذا، ص 90)

آپ سوچیں گے کہ کتاب تو غالب پر ہے تو یہ شونیہ اور شونیتا بیچ میں کہاں سے آٹپکے۔ اور پھر جدلیات نفی کے بعد اس ''صفری'' چکر (Zero-ism) میں ہم کیوں پڑ

گئے۔سو عرض ہے کہ غالب کی تشکیلِ شعر جدلّی نفی کے ساتھ اس شونیاتی فکر سے بھی مماثلت رکھتی ہے۔ غالب کا یہ شعر دیکھیں:

نیستی کی ہے مجھے کوچۂ ہستی میں تلاش
سیر کرتا ہوں اُدھر کی کہ جدھر کچھ بھی نہیں

آخر غالب کا ہستی میں نیستی کو تلاش کرنا اور اس خطے کی سیر کا شوق کہ جدھر کچھ ہے ہی نہیں اس معمائی فکر کے رخ کا ہی تو پتہ دیتا ہے۔اور یہ نیستی شونیہ یا صفر ہی تو ہے۔ یا نہیں؟ نارنگ صاحب نے یہ بحث چھیڑی تو آپ ہے لیکن لگتا ہے دراز از خود ہوگئی ہے۔ (غالب کا دفترِ شوق کھلے اور کچھ تپش وتوانائی پیدا نہ ہوتو یہ بھی عجیب سا لگتا ہے۔)

زبان کی افتراقیت اس کتاب کا راست موضوع نہیں ہے کیونکہ لسانیات یا Linguistics اس کتاب کا سروکار نہیں ہے۔لیکن ضمناً ساختیاتی مفکرین دریدا اور سوسیئر جیسے مفکروں سے مراجعت بھی کی گئی ہے تو ایسے کسی نکتے پر پہنچنے کے لیے کہ ''دریدا کی رد تشکیلی فکر اور ناگارجن کے شونیتا میں گہرا رشتہ ہے۔'' (ص 104)۔

غالب کے اسلوب پر لکھتے ہوئے نارنگ نے غالب کی روسی نقاد نتالیا پری گارنا اور اطالوی نقاد علیساندرے بوسانی کے تجزیات کو بھی پیش نظر رکھا ہے اور یہ اس بات کا ثبوت ہے کہ غالب کو عالمی ادب میں کیا اہمیت حاصل ہے اور اگر علی ساندرے بوسانی نے غالب کی بیدل کے تیئں عقیدت وستائش کو بھی عقل کی نظر سے دیکھا ہے تو اس کا مطالعۂ غالب واقعی کتنی تہہ میں اترا ہوا ہے اور خود نارنگ کی موضوعی واقفیت کتنی جامع اور مکمل ہے۔

جدلیاتِ نفی اور شونیتا کے فکری زاویوں سے غالب کے اشعار کا باریک بیں جائزہ لے کر پروفیسر نارنگ نے ثابت کیا ہے کہ غالب کی شعریات کی نوعیت ایسی ہے کہ ''وہ میکانکی قسم کا روایتی تجزیہ کرنے والے کو اکثر جُل دے جاتی ہے۔'' (ص 150) اور بقول نتالیا پری گارنا غالب شعر میں مضمون کی توسیع کر کے اس کے معنی کو پلٹ دیتے ہیں یا کوئی انوکھا پہلو پیدا کردیتے ہیں۔ اس پر نارنگ کا استدلال ہے کہ ''غالب کی طبیعت میں معلوم سے نامعلوم، محسوس سے نامحسوس کی طرف بڑھنے کی جدلیاتی خواہش ہے، وہ مضمون کے

امکانات میں زیادہ سے زیادہ نئے اور انوکھے پہلو نکالنا چاہتے ہیں۔'' (ص 140)

اس بات کو ذرا ڈھنگ سے سمجھ لینا چاہیے کہ اس بحث میں جدلیات کے مفاہیم کیا کیا ہوسکتے ہیں۔ وضاحت سودمند ہوگی۔ 'جنگ وجدل' میں جو عربی لفظ 'جدل' میں شامل ہے بس وہی جدلیت ہے جس سے مراد منطقی کوئی استدلال ہے جسے کسی قضیے کو سمجھنے اور اسے رد کرنے کے لیے استعمال کیا جائے۔ جدلیات کا فلسفہ بہت قدیم ہے۔ یونان اور ہندوستان دونوں جگہ جدلیاتی فکر کے مآخذ ہزاروں سال سے پائے گئے ہیں لیکن اشتراکی نظریہ میں مادیت کا قضیہ مستقلاً ''جدلیاتی مادیت'' کی اصطلاح بن کر مارکسزم کی پہچان بنااور اس طرح اشتراکی نصاب میں یہ ایک لازمی باب بن گیا جبکہ مارکس کی جدلیات ہیگل سے مستعار تھی۔ البتہ اپنے نظریے کو قابل عمل بنانے کی غرض سے مارکس نے ہیگل کی جدلیات کو ترمیم کے ساتھ رائج کیا۔ نارنگ نے تمام قسم کی جدلیات کا مناسب تعارف ایک باب میں پیش کیا ہے۔ یہاں یہ اقتباس ملاحظہ فرمائیں:

> ''تمام جدلیاتی روایتیں خواہ وہ مغربی ہوں یا مشرقی، کسی نہ کسی حل یا Resolution پر منتج ہوتی ہیں، مادی جدلیات غیرطبقاتی سماج پر منتج ہوتی ہے، ماورائی فکر گیان دھیان پر، متصوفانہ فکر سلوک وعرفان پر، جبکہ شونیتا کسی معلوم حل پر منتج نہیں ہوتی سوائے آگہی وآزادی کے احساس کے۔ اسی طرح غالب کا جدلیاتی تخلیقی تفاعل بھی کسی حل، کسی مقصود کسی resolution پر منتج نہیں ہوتا بلکہ یہ تناقضات کو ان کی قیمت پر قبول کرتا ہے، اور ہر ہر موقف کو رد کرتے اور معنی کا نیرنگِ نظر قائم کرتے ہوئے آگہی وآزادی کے احساس کی راہ کھول دیتا ہے۔'' (''جدلیاتی وضع، شونیتا اور شعریات''، ص 477 - 476)

نارنگ کے مطالعہ کی روشنی میں بودھی فکر اور جدلیاتِ غالب صرف آگہی کا درجہ رکھتے ہیں اور دونوں غیرماورائی اور ارضیت اساس ہیں۔ جدلیات نے غالب کی کارگہہِ تخلیق میں جو رول ادا کیا اسے نارنگ غالب کی مجتہدانہ فکر کا کمال بتاتے ہیں۔ ایک جگہ لکھتے ہیں:

> ''غالب کا کمال یہ ہے کہ صدیوں کی ماورائی جدلیات کو جو متصوفانہ رویوں اور شعری روایت میں سر کے بل کھڑی تھی' غالب نے اسے ماورائیت سے منزہ

کر کے پیروں پر کھڑا کر دیا۔ظاہر ہے اس میں جہاں بڑا ہاتھ غالب کی اپنی تخلیقی اپج اور خلقی ذہانت وفطانت کا تھا، وہاں کچھ اثر مٹی کے لاشعوری اجتماعی اثرات اور جڑوں کے خاموش عمل کا بھی رہا ہوگا کہ ایسا ہی انقلابی اقدام صدیوں قبل بودھی فکر نے ویدانتی ماورائیت کی کایا پلٹ کر کے انجام دیا تھا۔''

(ص 477)

غالب کے یہاں نفیِ خیال یا تخلیق کی جدلیاتی وضع کو بطور ایک آرٹ کے دریافت کرنا نارنگ کی جستجو کا نتیجہ ہے۔ غالب کی پیچیدہ خیالی اور جدتِ مضامین پر چھڑی عالمانہ بحث کو ''سبکِ ہندی'' کے تفاعل پر لکھے گئے ایک باب سے گذارنے کے بعد نارنگ نے تقریباً 70 صفحات باب ششم کے لیے وقف کیے ہیں جس کا عنوان ''بیدل، غالب کا عرفان اور دانشِ ہند'' ہے۔سبکِ ہندی کا مطالعہ شبلی نعمانی نے شعرالعجم میں پیش کیا ہے۔ ان کا بنیادی نکتہ یہ ہے کہ فارسی کے ہندستانی شعرا نے جب ہندی اسلوب اور ہندی ماحول کے اثرات قبول کرتے ہوئے فارسی شاعری شروع کی تو ان کے اسالیب اور تخلیقی وشعری پیرایے تبدیل ہونا شروع ہوگئے۔شبلی نے سبکِ ہندی کی شاعری کو بے اعتدال بھی گردانا۔ ان کی نظر میں سبکِ ہندی کے بانیوں جامی اور فغانی نے اپنے اس انقلاب سے غزل کو نقصان پہنچایا۔ چنانچہ شبلی نے متاخرین شعرائے ہند بالخصوص ناصرعلی اور بیدل کی مذمت کی ہے اور غالب کے تو وہ جیسے گرویدہ ہی نہ تھے۔لیکن غالب بہرحال بیدل کی سبکِ ہندی کی ندرت خیال ومضمون اور طرز ادائیگی سے متاثر تھے۔ بلکہ فارسی کے متاخرین شعرا عرفی ونظیری وظہوری وغیرہ کا تتبعّ بھی انھوں نے کیا۔ چنانچہ غالب کی شعری زبان کے ہئیتی عوامل سبکِ ہندی کا اثر لیے ہوئے ہیں اور جیسا کہ نارنگ نے بیان کیا وارث کرمانی کے بقول سبکِ ہندی کا پیچ دار اسلوب نہ صرف غالب کی فارسی بلکہ ان کی اردو شاعری میں بھی سرایت کر گیا تھا (ص 158)۔اس مضمون کا منتہا یہ ہے کہ غالب کی جدلیاتِ نفی والی ذہنی ساخت کو شونیاتی فکر اور سبکِ ہندی کے اثر نے شعرگوئی کی ایک ایسی زبان کا خوگر بنادیا جو عمل آوری میں شو یت، تہ در تہ اور معنی آفریں تھی اور جو غالب کے اسلوب کو منفرد اور ناقابلِ تقلید بنا گئی۔

خلاصہ یہ کہ نارنگ نے غالب تنقید میں بحث کا ایک نیا دروازہ کھولا ہے۔ اس سے ہرگز یہ مراد نہ لی جائے کہ انھوں نے بحث کے پرانے دروازے بند کردینے کا دعویٰ کیا ہے بلکہ ان کا ارتقا پسند ذہن تسلیم کرتا ہے کہ جو دروازہ انھوں نے کھولا ہے اس کے سوا بھی دروازے ابھی وا کرنا باقی ہوسکتے ہیں۔ بقول غالب:

منظر اک بلندی پر اور ہم بناسکتے
عرش سے اُدھر ہوتا کاش کہ مکاں اپنا

یعنی ایک منظر میں نے آسمان پر بنایا۔ اس سے بھی اونچائی پر بناسکتا تھا لیکن کیونکہ میرا مکان عرش پر ہے اس لیے اُسی پر ایک منظر بنا کر رہ گیا۔ کیا کرتا، مجبوری تھی۔ یہاں دو مصرعوں کے بیچ میں جو پیچ ہے وہ غالب کے مزاج اور شانِ نزول کا پتہ دیتا ہے۔ اپنی نگاہ میں اس کا کیا مرتبہ تھا اور اپنے تخلیقی امکانات سے وہ کتنا آگاہ تھا' اس کے اظہار کا فریضہ اُس کے اپنے اسلوب ہی ادا سے ادا ہوسکتا تھا' کسی دوسرے اسلوب سے نہیں۔ اسی لیے بیانِ غالب اپنی پوری انفرادیت اور الگ اہمیت رکھتا ہے جس میں جدلیاتِ نفی کی حرکیات ایک نئی دریافت ہے اور اس دریافت کا سہرہ گوپی چند نارنگ کے سر بندھتا ہے۔

مزید ایک نکتے کی جانب توجہ دلا کر میں اپنی بات ختم کرنا چاہوں گا' وہ یہ کہ نارنگ کی تنقید چاہے جدید مغربی لسانی علوم کی ہوا کھائی ہوئی ہو لیکن اپنے مشرقی شعریات اور ساختیات کے سروکاروں میں ثقافت کا ہنگامہ مچائے بنا نہیں رہتی۔ کیونکہ اپنے پانی مٹی سے اسے مفر نہیں۔ کلچر نارنگ کی تنقید میں ایک حربہ ہے جس سے وہ شعریات کی رگوں میں خون کی گردش کو تیز کر دیتے ہیں۔ اس سے افکار کی زمینیت (Nativity) تازہ دم ہوتی ہے اور تاریخ کے شباب کا اعادہ ہوتا ہے۔ یہ صفت کسی اور کی تنقید میں مجھے نظر نہیں آتی۔ اس لیے مجھے یہ کہنے میں کوئی زور صرف نہیں کرنا پڑے گا کہ ''غالب: معنی آفرینی، جدلیاتی وضع، شونیتا اور شعریات'' میں غالب پر نارنگ کی تنقید اصولاً ''غالب تنقید'' کی شکل اختیار کر گئی ہے۔ شوق کا دفتر جب یوں کھلے تو ایسی تحریروں کی حفاظت تہذیب آپ کرتی ہے کیونکہ تہذیب غالب اور نارنگ دونوں سے زیادہ پُرقوت اور بڑی ہوتی ہے اور اپنے ماضی کی تحلیل وہ حال میں کرتی ہے۔ ہے کہ نہیں؟

○

حقانی القاسمی

درِ گنجینۂ گوہر

ہر فکر انگیز کتاب سوالات کے نئے سلسلے قائم کرتی ہے۔ پروفیسر گوپی چند نارنگ کی کتاب 'غالب : معنی آفرینی، جدلیاتی وضع، شونیتا اور شعریات' نے بھی سوالات کے نئے منطقے روشن کر دیے ہیں۔

(الف) کیا یہ سابقہ غالب تنقید کا تتمہ یا تکملہ ہے؟

(ب) کیا یہ حالی کی 'یادگار غالب' کا اگلا قدم ہے؟

یا

(الف) غالب تنقید کی یکسانیت کے جبر کو توڑنے کی سعی تو نہیں؟

(ب) یہ غالب کے قدیم شارحین اور ماہرین کا رد یا تخالف تو نہیں؟

(ج) یہ غالب کو مابعد جدید شاعر ثابت کرنے کے لیے تنقیدی تگ و دو تو نہیں؟

(د) یہ غالب کی شعریات میں ساختیاتی فکر کی جڑیں تلاش کرنے کی تنقیدی کاوش تو نہیں؟

یہ اور اس نوعیت کے کئی سوالات غالب پر لکھی گئی اس نئی کتاب کے حوالے سے سامنے آسکتے ہیں۔ سوال یہ اٹھتا ہے کہ تقریباً چار ہزار چار سو چالیس کتابوں کی بھیڑ میں آخر کون سا ایسا 'وصف خاص' ہے کہ اس کتاب کی معنویت پر مکالمہ کیا جائے اور اسے غالبیات پر نکتۂ نو یا حرفِ آخر سمجھا جائے۔ اس لیے اس کتاب کے امتیازات کا تعین کیے بغیر بات آگے نہیں بڑھ سکتی۔ سو اس کتاب کے بنیادی مباحث اور متعلقات پر غور و فکر کرنے سے بادی النظر میں جو خوبیاں سامنے آتی ہیں وہ یوں ہیں :

(1) غالب شعریات کی شعوری اور لاشعوری جڑوں پر از سرِ نو تفکر

(2) غالب کی تخلیقیت میں جدلیاتی تفاعل
(3) بیدل کی سریت سے شعریات غالب کی ہم رشتگی
(4) غالب کی شعریات میں شونیتا کے جدلیاتی جوہر کی جستجو
(5) متون غالب کی نئی تعبیرات
(6) کلام غالب میں مروجہ تعینات کی تقلیب
(7) غالب کی لاشعوری افتاد ذہنی اور اضطراری کیفیت کی تلاش

ان کے علاوہ اور بھی محاسن ہیں جن کی بنیاد پر اس کتاب کو ممتاز اور منفرد قرار نہ دینا نا انصافی ہوگی۔

یہ کتاب بین علومی نقاد پروفیسر گوپی چند نارنگ جیسے تجسس آشنا ذہن نے نئے زاویے سے نہ لکھی ہوتی تو سوالات کے سیل بلا خیز میں یہ کتاب دم توڑ دیتی، اور ڈسکورس کے دروازے کھلنے سے پہلے ہی بند ہو جاتے مگر اس کتاب نے غالب کے تعلق سے ایک نئے کلامیہ کی تشکیل کی ہے اس لیے یہ کتاب انبوہ غالبیات میں اپنی انفرادیت کا جواز قائم کر رہی ہے کہ یہ غالب کی نئی پڑھت ہے اور تفہیم غالب کے لیے متن کی قرات کے نئے طریق کار کا تعین بھی۔ یہ کتاب غالب کی تطویر اور تطور کے تناظرات کو نئی قرات کی روشنی میں واضح کرتی ہے مگر یہ حالی، بجنوری یا آزاد کا رد نہیں ہے۔ نارنگ کسی سابقہ تنقید کی تنسیخ کے بجائے ایک نئی کھوج میں نکلتے ہیں۔ تنقید کی اس راہ میں اختلاف کے کئی مقامات بھی آتے ہیں مگر نارنگ اس منزل سے بھی مع التحیات و الاحترامات گزر جاتے ہیں۔ کسی خیال کو رد کرنے پر نہ زور دیتے ہیں نہ اصرار کرتے ہیں بلکہ منطقی اور معروضی طور پر اپنے خیال یا مقدمہ کی ترسیل کرتے ہیں۔ ان کا یہی شستہ اور شائستہ انداز ان کے تنقیدی مقدمات کو قاری کے ذہن میں نقش کر دیتا ہے۔ وہ کسی کی تضحیک یا تمسخر کے لیے الگ راستہ اختیار نہیں کرتے بلکہ اپنے نکات اور نتائج کی تصدیق کے لیے نئی منزلوں کی تلاش میں نکلتے ہیں۔ نارنگ جب یہ کہتے ہیں کہ:

''ہمارا سفر الگ نوعیت کا ہے اور ہماری سعی و جستجو کی جہت دوسری ہے۔ غالب

کے تخلیقی سفر، ذہن و زندگی اور فکر و فن کے بہت سے گوشے ایسے ہیں اور بہت سے پیچیدہ سوال اس نوعیت کے ہیں کہ ان کے جواب ہنوز فراہم نہیں کیے جاسکے۔ غالب کے گنجینۂ معنی کے طلسم کے بھی کئی در ایسے ہیں جو ہنوز وا نہیں ہوئے، تو غالب پر ایک نئی کتاب کی اشاعت کا جواز بھی سمجھ میں آ جاتا ہے۔''

گوپی چند نارنگ اسی طلسم کے بند دروازوں کو وا کرنے کے لیے مدتوں تنقیدی مراقبے میں رہے اور میڈی ٹیشن کے اس عمل نے انھیں غالب کے مخفی جہات سے روشناس کرایا۔ جس غالب سے ان کی مراقبہ میں ملاقات ہوئی، وہ بیسویں صدی کے دریافت کردہ حالی، بجنوری، شیخ محمد اکرام، نظم طباطبائی، سہا مجددی، ترقی پسندوں یا جدیدیت پرستوں کے غالب سے مختلف تھے اور غالب کی یہی نئی دریافت نارنگ کے نگینہ نقد کا تاج ہے۔ اس نئی جستجو کے حوالے سے نارنگ لکھتے ہیں :

''ہر شخص نے اپنے اپنے غالب کو پڑھا ہے۔ یہ حقیقت ہے کہ ایک شارح دوسرے سے اتفاق نہیں کرتا۔ جیسے کلاسیکیت پرستوں یا رومانیت کے شیدائیوں کو اپنے اپنے غالب مل گئے تھے۔ ترقی پسندوں اور جدیدیت والوں نے بھی غالب کی اپنی اپنی تعبیریں وضع کر لی تھیں۔ ان میں کوئی تعبیر غیر منصفانہ یا بے جواز بھی نہیں تھی۔ اس لیے کہ غالب کے متن کی معنیاتی ساخت اور جدلیاتی وضع مستقبل کی تعبیروں اور باز قرأت کے امکانات کو مسدود نہیں کرتی۔''

غالب کی باز قرأت کے امکانات کو بروئے کار لا کر نارنگ نے جستجو کا یہ سفر شروع کیا اور غالب کی شاعری میں 'ورائے شاعری چیزے دگر است' کی تلاش کرتے کرتے کچھ ایسے نکات تک پہنچ گئے جو غالب تنقید میں تحیرات کے در کھولتے گئے۔

بہت مشہور تنقیدی مفروضہ کے مطابق بیسویں صدی کا غالب تشکیک کا شاعر تھا مگر نارنگ نے جس غالب کی جستجو کی :

''وہ : تشکیک نہیں، عقیدوں کے بلکہ مہابیانیوں کے رد در رد لا متناہی کا شاعر ہے۔'' (ص 502)

''جس کا تخلیقی معنیاتی نظام جدلیاتی تفاعل پر قائم ہے۔'' (ص 491)

''جس کے یہاں معنی کی صہبائے تند و تیز اکثر جدلیات نفی کی مینائے گداز میں ملتی ہے۔'' (ص 490)

''جس نے فکر بیدل کے ڈسکورس یعنی کلامیہ کے محیط اعظم کو جذب کیا۔''

(ص249)

''جس کی مجتہدانہ فکر ہر نوع کی کلیت پسندی، جبر اور ادعائیت کے خلاف ہے۔'' (654)

''جس کی جدلیاتی فکر اکیسویں صدی کے ما بعد جدید مزاج سے خاص مناسبت رکھتی ہے۔'' (ص 653)

''جس کی شعریات طلسم کدہ حیرت ہے۔'' (ص 489)

غالب کی شاعری گنجینۂ معنی کا طلسم نہ ہوتی اور ان کا کلام جام جہاں نما نہ ہوتا تو نارنگ کی تنقید بھی پرانے محور پر ہی گھومتی نظر آتی۔ غالب کی غزل میں شونیتا، جدلیات نفی کی دریافت اسی طلسم کا فیض ہے۔ اس میں نارنگ نے تقلید نہیں اجتہاد سے کام لیا ہے۔ غالب کے غیر روایتی طرز احساس و اظہار کو غالب تنقید کی عمومی روش سے ہٹ کر پیش کیا ہے۔ غالب کے تخلیقی تموج کو اپنے تنقیدی تلاطم میں جذب کر کے نارنگ نے اس غالب کی تلاش کی ہے جو مروجہ و معمولہ تصورات سے الگ تصور کا حامل تھا۔ یہ تنقید مرزا کے شعور نہیں، لاشعور کی تہوں میں اتر کر اس اسرار کو تلاش کرتی ہے جو غالب کو اوروں سے الگ کرتا ہے۔ یہ غالب کے لاشعور کی راہ سے اس جدلیات تک پہونچتی ہے جو غالب تنقید کا حصہ بننے سے رہ گئی تھی یا ذہنوں کی سہل پسندی اس جدلیات غالب کی جستجو میں ناکام رہی تھی۔ غالب کے ذہن کی جدلیاتی وضع اور حرکیات نفی اس تنقید کا مرکزہ ہے :

''جدلیاتی تفاعل غالب کی تخلیقیت اور ان کے سوچنے کے طور اور تشکیل شعر کے عمل میں رچا بسا ہے اور موج تہ نشیں کی طرح معنیاتی و ملفوظی نظام میں جاری و ساری ہے۔ غالب کی کوئی تفہیم اس سے صرف نظر کر کے موضوعی تو ہو سکتی ہے، منصفانہ نہیں۔''

''بہت سے اعلی اشعار میں جو برقِ تخلیقی رو معنی کا چراغاں کرتی ہے اس کا گہرا رشتہ غالب کے ذہن کی اسی جدلیاتی وضع اور حرکیات نفی سے ہے چونکہ اس کے نشانات ابتدائے عمر یعنی پندرہ برس کے کلام ہی سے ملنے لگتے ہیں۔ یہ کہنا غلط نہ ہوگا کہ یہ غالب کی سائیکی، ان کی افتاد و نہاد اور ان کے لاشعوری تخلیقی عمل کا ناگزیر حصہ ہے اور جدلیات نفی کا یہ تفاعل غالب کے ذہن و مزاج میں بطور جوہر کے جاگزیں ہے۔ گویا غالب کی خیال بندی اور معنی آفرینی میں جہاں دوسرے شعری لوازم و وسائل بروئے کار آتے ہیں۔ جدلیاتی وضع کا دستور تخلیقی اعتبار سے دستور خاص ہے۔''

'موصولہ و معمولہ یا پیش پا افتادہ کا استرداد یا معنی کو انوکھا یا نایاب بنانے کا عمل نیز معنی کو دھندلانے یا اس کو لامختتم یا لامتناہی کرنے، یا تخلیقی طور پر معنی کی طرفوں کو کھولنے یا معنی کے طلسماتی نیرنگ نظر کو قائم کرنے کا عمل و تعامل وغیرہ کچھ بھی بغیر حرکیات نفی کے ممکن نہیں۔ دانش ہند کا صدیوں سے یہ موقف رہا ہے اور اب دریدائی ردتشکیل بھی (جس کی اساس افتراقیت اور التوائی جدلیات پر ہے) نفی کی حرکیت کو زبان اور معنی کی کنہ قرار دیتی ہے۔ جدلیاتی فکر کی جیسی تخلیقی تعبیریں بغیر کسی معلوم رشتے کے غالب کے کلام میں نظر آتی ہیں نہ صرف تعجب خیز ہیں بلکہ چشم کشا ہیں۔''

ان اقتباسات سے گوپی چند نارنگ کے ان مقدمات سے آگہی ہوتی ہے جو کلام غالب کے اکسریاتی مطالعہ کے بعد ان کے ذہن نے قائم کیے ہیں۔ اور یہ مقدمات مدلل ہیں اور مستند بھی۔

نارنگ نے جدلیاتی وضع کے ذیل میں غالب کے بہت سے اشعار سے استشہاد پیش کیے ہیں۔ ان میں سے کچھ شعر یہ ہیں :

جب میکدہ چھٹا تو پھر اب کیا جگہ کی قید
مسجد ہو مدرسہ ہو کوئی خانقاہ ہو

دیوانگی سے دوش پہ زنار بھی نہیں
یعنی ہمارے جیب میں اک تار بھی نہیں

چلتا ہوں تھوڑی دیر ہر اک تیز رو کے ساتھ
پہچانتا نہیں ہوں ابھی راہ بر کو میں

اس آخری شعر کے تعلق سے نارنگ کہتے ہیں :

''جدلیات نفی کا بڑے سے بڑا مفکر بھی اس سے بڑھ کر کیا کہہ سکتا ہے کہ کوئی نظریہ، کوئی تصور، کوئی عقیدہ، کوئی مسلک محکم نہیں ہے کیونکہ راہبر محکم نہیں ہے۔ تیز روی کو بطور دلیل رہبری لیا ہے کہ تیز روی باعث ترغیب ہے، ہر تیز رو کے ساتھ ہو لیتا ہوں کہ شاید یہ منزل کا راز جانتا ہو لیکن نتیجہ صفر ہے۔ ہر چیز بے اصل (شونیہ) ہے۔ کوئی راہبر قابل قبول نہیں یا رہبر کی پہچان ممکن العمل نہیں۔ رہبری کے معمولہ تصور کی اساس اس توقع پر ہے کہ راہ دکھائی جاسکتی ہے۔ یعنی فلاں راہ نجات کی راہ ہے۔ غالب کا شعر ایسی ہر توقع کے رد میں ہے اور ہر توقع کا رد منتج ہے کلی آزادی کے تصور پر۔''

نارنگ نے غالب کی شاعری کا رشتہ اس شونیتا کے تفاعل سے بھی جوڑا ہے جو بودھی فکر میں بہت ہی معنویت کا حامل ہے۔ یہی وہ نقطہ افتراق ہے جہاں سے نارنگ دوسرے ناقدین غالب سے الگ مقام پہ نظر آتے ہیں اوران کی سوچ ایک نئی سمت یا دشت امکاں کی طرف بڑھنے لگتی ہے۔ نارنگ شونیتا کی معنویت، فکری خدو خال اور اس کے مختلف ابعاد کا انشراح کرتے ہوئے اس منتہائے دانش کو فقط سوچنے کا ایک طور بتاتے ہیں اور قدیم فلسفوں کی روشنی میں اس کا تجزیہ کرتے ہوئے غالب کی معنیاتی تشکیل میں جدلیات نفی کے تفاعل کا اثبات کرتے ہوئے لکھتے ہیں کہ ''شونیتا میں کلپنا (معمولہ تصورات) اودیا ہیں۔ یہ شونیہ بے اصل ہیں۔ غالب کے یہاں بھی رائج خیالات، اعتقادات، نظریے، مسالک، معمولہ تصورات سب پاؤں کی بیڑیاں ہیں۔'' نارنگ شونیتا جیسی ہمہ گیر حرکیاتی قوت کی شناخت کی منزلوں سے گزرتے ہوئے اس نتیجہ پر پہونچتے ہیں کہ :

''غالب کا تخلیقی وفکری عمل شونیتا کی نفی اساس جدلیت سے ملتا جلتا اس لیے ہے کہ شونیتا فقط ایک تخلیقی طور ہے۔ معمولہ کی دھند کاٹنے کا جیسے سان کا کام دھار لگانا ہے، سان خود نہیں کاٹتی۔''

تعینات کی نفی کا جو عمل شونیہ کہلاتا ہے اس کے وافر عناصر کلام غالب میں موجود ہیں۔ غالب تحدیدات کے قائل نہیں تھے۔ بہت سے شعر بطور شواہد پیش کیے جاسکتے ہیں۔

طاعت میں تار ہے نہ مئے و انگبیں کی لاگ
دوزخ میں ڈال دو کوئی لے کر بہشت کو

کیوں نہ فردوس میں دوزخ کو ملا لیں یا رب
سیر کے واسطے تھوڑی سی فضا اور سہی

بندگی میں وہ آزاد وخودبیں ہیں کہ ہم
الٹے پھر آئے در کعبہ اگر وا نہ ہوا

آخر الذکر شعر کی وضاحت کرتے ہوئے نارنگ لکھتے ہیں :

''اس شعر سے بھی غالب کی آزادگی وخود بینی کی جو تصویر ابھرتی ہے اردو شاعری میں دور دور تک اس کی نظیر نہیں ملتی۔ بندگی اور آزادگی میں رشتۂ نفی ہے اور مزید تفاعلِ نفی یہ ہے کہ شعر بندگی ہی سے آزادگی کی راہ نکالتا ہے۔''

نارنگ نے اسی نوع کے نفی تعینات کو غالب کے تخلیقی ذہن وضمیر میں تلاش کیا ہے :

''غالب نے اپنی نئی شعری گرامر اور اپنے تخلیقی سگنیفائر سے نہ صرف سابقہ تصورات پر ضرب لگائی بلکہ انسان، خدا، کائنات، نشاط وغم، جنت وجہنم، سزا و جزا، گناہ وثواب کے بارے میں پہلے سے چلے آرہے تمام تعینات کو منقلب کر دیا۔''

یہاں نارنگ کے اس بیان سے اختلاف ممکن ہے کیونکہ غالب سے قبل دانشوروں کی ایک معتد بہ تعداد ہے جن کا یہی طرز فکر رہا ہے اور جنھوں نے مسلمات اور مفروضات کا بطلان کیا ہے اور تعینات کی تقلیب کی ہے اور غالب سے کہیں زیادہ ریڈیکل کشادگی ان کے یہاں ملتی ہے۔ نکولاز کوپرنیکس، گلیلیو کے نام اس تعلق سے پیش کیے جاسکتے ہیں۔ انھوں نے مذہبی مقتدرہ اور معتقدات کو چیلینج کیا۔ مذہبی تعینات کی مخالفت کی جس کی پاداش میں عقوبتیں بھی ملیں۔ چرچ نے ان کے نظریات پر مزاحمت کی۔ Galileo کے تصور کو چرچ نے مہمل قرار دیا اور انھیں روم کی inquisition کے سامنے پیش ہونا پڑا۔

Giordano Bruno اور Lucilio Vanini کو صرف تعینات کی مخالفت کی وجہ سے زندہ جلا دیا گیا۔ تعینات سے انحراف کی روش پرانی ہے۔ خردافروزی کا سلسلہ نیا نہیں ہے۔ تعینات کی تقلیب یا انحراف کو غالب کے فکری تشخص سے جوڑ کر دیکھنا صحیح نہیں ہوگا مگر نارنگ جس تقلید اور انحراف کا ذکر کر رہے ہیں وہ اردو فارسی کے تناظر میں اس وقت کی رائج شعریات اور معمولہ تصورات کا ہے۔ عالمی تناظر ان کا مسئلہ نہیں، ان کا تناظر مقامی اور غالب کا عصر ہے۔

غالب نے صرف احساس نہیں اظہار میں بھی انحراف کی روش اختیار کی تھی۔ اس نکتہ کو نارنگ نے یوں روشن کیا ہے :

> ''غالب نے شروع ہی سے روایتی طرز اظہار سے بہ شدت عمداً گریز کیا اگرچہ انھیں بہت کچھ سننا اور سہنا پڑا لیکن خداداد ذہانت اور طباعی سے اس نکتہ کو انھوں نے پا لیا تھا کہ معمولہ معانی رسمی یا حاضر معانی ہیں اور حاضر معانی نادر و نایاب یا انوکھے معانی نہیں ہو سکتے۔ معانی جتنے حاضر ہیں یا رواج عام سے سامنے ہیں اتنے غیاب میں بھی ہیں اور ان کی پرتیں یا سوچ کا عمل بھی فقط اتنا نہیں جو فہم عام کا عمل ہے۔ فہم عام کا عمل میکانکی یا منطقی عمل ہے۔ اور تخلیقی عمل میکانکی عمل نہیں۔ سامنے کی زبان میکانکی طور پر سوچتی اور دیکھتی ہے اور فقط عام قاری کے لیے قابل قبول ہوسکتی ہے لیکن پرتموج متخیلہ یا داخلی واردات یا تجربہ واحساس کی وہ پرتیں جو اندھیرے یا تجرید یا غیاب میں ہیں زبان کے روایتی منطقی اظہار اور رواج عام سے باہر ہیں چنانچہ جب تک فہم عام کی پامال راہ سے انحراف نہ کیا جائے گا یا روایتی منطقی زبان کے بندھے ٹکے طور طریقوں کو پاش پاش نہ کیا جائے گا، جدت ادا یا طرفگی خیال کا حق ادا نہیں کیا جاسکتا۔''

بے شک احساس اور اظہار کی سطح پر عمومی راہ و روش سے انحراف کو غالبیات میں نئے نکتے سے تعبیر نہیں کیا جاسکتا کہ اس نوع کی اشارتیں اور وضاحتیں بہت سی تنقیدی تحریروں میں مل جاتی ہیں۔ مگر نارنگ کا اصل ارتکاز اس بات پر ہے کہ غالب کے یہاں خموشی کی زبان ملتی ہے :

''غالب اکثر و بیشتر تخلیقی تجربے کے استغراق کی اس وادی میں ملتے ہیں جہاں آسمان پر ابر کا ایک ٹکڑا بھی دکھائی نہیں دیتا اور پورا آکاش باطن کی جھیل میں جھانکنے لگتا ہے۔ جہاں سے فہم عامہ کا تکلم قریب قریب ناممکن ہو جاتا ہے۔ سوچنے کا مقام ہے کہ کیا غالب کی شاعری بے صدا خاموشی کی بے لوث زبان کی بحالی کی شاعری نہیں۔ غالب کی شاعری اس خاموشی کی زبان یا شرف انسانی یا معصومیت کی ازلی زبان کی بحالی کی سعی کا درجہ رکھتی ہے۔''

''شونیتا کی رو سے خاموشی ایک حرکیاتی قوت ہے۔ آواز سے کہیں زیادہ طاقتور، اظہار و معانی کے ان گنت امکانات سے بھرپور۔ گہرے رہسیہ یا بھید یا انسانی مقدر کے عمیق رازوں میں اترنے کے لیے شونیہ یعنی خاموشی سے بہتر پیرایہ ممکن نہیں۔''

نارنگ نے شونیتا پر تفصیلی بحث کرتے ہوئے بودھی فکر، غالب اور بیدل کے نقطۂ اتصال کو دریافت کیا ہے۔ اس سے فکر کی لازمانیت، لامکانیت کے ساتھ اس تسلسل کا بھی پتہ چلتا ہے جو ازل سے ابد تک جاری و ساری ہے۔ نارنگ لکھتے ہیں :

''بودھی فکر اور بیدل و غالب کی تخلیقی فکر کا ایک اہم نقطہ اتصال یہ ہے کہ یہ زبان کو شک کی نگاہ سے دیکھتے ہیں کہ زبان ایک تشکیل محض ہے جو رواج عام یا عامیانہ پن کا شکار ہے اور فقط ایک حد تک ہی جاسکتی ہے۔ زبان ثنویت میں قید ہے اور آزادی مطلق کو نہیں پا سکتی یا حقیقت کی کنہ کو بیان نہیں کر سکتی۔ زبان شفاف میڈیم نہیں یہ حقیقت کو آلودہ کرتی ہے یعنی اپنے رنگ میں رنگ دیتی ہے۔ مراد ہے موضوعیت یا ثنویت کے رنگ میں جو یکسر آلودگی اور تعین ہے۔ زبان اور خاموشی میں سے خاموشی افضل ہے۔''

اس حوالے سے بھی سیکڑوں اشعار ہیں جن سے شونیتا کے جدلیاتی جوہر کے شواہد ملتے ہیں۔ خاص طور پر یہ اشعار تو نارنگ کے مقدمہ کو مزید مدلل کرتے ہیں :

بسانِ سبزہ رگِ خواب ہے زباں ایجاد
کرے ہے خامشی احوالِ بیخوداں پیدا

از خود گزشتگی میں خموشی پہ حرف ہے
موج غبار سرمہ ہوئی ہے صدا مجھے

خموشیوں میں تماشا ادا نکلتی ہے
نگاہ دل سے ترے سرمہ سا نکلتی ہے

ہوں ہیولائے دوعالم صورت تقریر اسد
فکر نے سونپی خموشی کی گریبانی مجھے

گر خامشی سے فائدہ اخفائے حال ہے
خوش ہوں کہ میری بات سمجھنی محال ہے

نشونما ہے اصل سے غالب فروع کو
خاموشی ہی سے نکلے ہے جو بات چاہیے

گدائے طاقت تقریر ہے زباں تجھ سے
کہ خامشی کو ہے پیرایہ بیاں تجھ سے

ادب نے سونپی ہمیں سرمہ سائی حیرت
زبان بستہ و چشم کشادہ رکھتے ہیں

اس نوع کے اور بھی شعری شواہد کے حوالوں سے نارنگ اپنے مقدمہ کی وضاحت کرتے ہوئے لکھتے ہیں :

> ''غالب جدلیاتی وضع سے خاموشی کے اس محاورہ کو خلق کرتے ہیں جس کو ان کا عہد بھول چکا تھا۔ غالب کی شاعری اس احساس کی گواہی دیتی ہے کہ نیرنگ معنی کے طلسمات کے رو برو ہونے کا واحد ذریعہ وہ زبان ہے جو عامیانہ یا معمولہ کو رد کرتی ہے یا جہاں بظاہر لفظ بے صدا ہو جاتا ہے۔ فرہنگوں اور لغات میں ہزاروں مصطلحات اور الفاظ ہیں لیکن طلسمات حقیقت فقط خاموشی کی گرفت میں آتا ہے اور اس کی کلید یہی متناقضات کی زبان یا بے زبانی کی زبان ہے۔''

خاموشی کے تعلق سے نارنگ نے بہت عمدہ بحث کی ہے۔ قدیم الایام سے خاموشی

کی ایک مستحکم روایت رہی ہے۔ خاص طور پر روحانیات اور مذہبیات سے اس کا گہرا رشتہ ہے۔ مسیحی دینیات میں خاموشی بھی عبادت کی رسم کا ایک عصہ ہے۔ کبالائی روایت میں تو باضابطہ ایک مقدس متن ہے جس میں خاموشی کا آرٹ سیکھنے کی تلقین اور ترغیب دی گئی ہے۔ ان روایتوں کے بموجب خاموشی عرفان و آگہی کا پہلا قدم ہے۔ اور یہی ہر لفظ کا منبع و مصدر ہے۔ خود کائنات کے مظاہر کا حسن آفریں سکوت اس کا ثبوت ہے۔ اس خاموشی کی مختلف سطحیں اور تنوعات ہیں۔ یہ ایک مثبت روحانی قوت ہے۔ غالب نے اس خاموشی کی روح اور رمز کو سمجھا تھا۔ اس لیے ان کے کلام میں خاموشی کی زبان ملتی ہے۔ گوپی چند نارنگ نے کلام غالب میں خاموشی کے آہنگ کے ذریعہ بہت سے فکری ابعاد روشن کر دیے ہیں خاص طور پر غالب کے اس مصرع کی معنویت مزید روشن ہوگئی ہے :

یہ مسائل تصوف یہ تیرا بیان غالب

غالب کے یہاں تصوف عرف عام کا صوفیانہ سلوک وطریق نہیں بلکہ وہ دانش ہند ہے جس میں تصوف کے ارتعاشی عناصر ملتے ہیں اور جس کی طرف نارنگ نے بھی 'عرفان اور دانش ہند' میں اشارے کیے ہیں۔ نارنگ نے ایک جگہ لکھا ہے :

> ''غالب کا مسئلہ تصوف یا روحانیت نہیں۔ تاہم غالب اکثر تخلیقیت کی حدت اور استغراق کے اس عالم میں ملتے ہیں جس پر تصوف اور ماورائیت بھی رشک کر سکتے ہیں۔''

نارنگ نے غالب کی تمام طرفیں کھولتے ہوئے جس حرکیات نفی کو دریافت کیا ہے، وہ آسان نہیں تھا۔ مختلف تہذیبوں، فلسفوں اور روایتوں سے گزر کر ہی یہ گوہر حاصل کیے جاسکتے ہیں۔ کسی بھی تخلیق میں تصور نو کی تلاش اور پھر اس کا اطلاق ایک دشوار ترین عمل ہے۔ نارنگ نے پہلے تو شونیتا کے تصور کو اس کے مجموعی مزاج اور ماہیت کے تناظر میں سمجھا۔ اس کی روح تک رسائی حاصل کی۔ اس تصور کے مضمرات وممکنات پر غور کیا اس کے بعد تخلیق میں اس تصور کے اطلاقات کی شکلیں تلاش کیں۔ ایسا نہیں ہے کہ جن اشعار میں نارنگ نے شونیتا کے جدلیاتی جوہر کے عناصر دریافت کیے وہ ماقبل میں موجود نہیں تھے

یا شارحین کی نظروں سے اوجھل تھے۔ نارنگ نے انہی معروف اور متداول اشعار میں غیر معمولہ معانی تلاش کیے اور شعروں کو نئی فلسفیانہ معنویت عطا کی۔ اور کمال یہی کہلاتا ہے کہ معانی کی بھیڑ سے ایک ایسا معنی نکال لینا کہ دوسرے ششدر رہ جائیں۔ حیرت و استعجاب میں پڑ جائیں کہ آخر یہ معانی کیسے نکل آئے۔ تنقید اگر اس طرح کے تحیر کی کیفیت نہ پیدا کر پائے تو وہ اپنا جواز کھو بیٹھتی ہے۔ نارنگ نے کلام غالب کے متعینہ معانی کو مسترد کر کے ممکنہ معانی نکالے ہیں جو غالب کی منفرد ذہنی ساخت اور جدلیاتی خواہش سے میل کھاتے ہیں اور التوائے معنی یعنی معنی کی لا متناہیت اور سیالیت کا اثبات کرتے ہیں۔ اخذ معنی کے باب میں نارنگ غالب کے اساسی استعارہ 'آئینہ' کی مانند نظر آتے ہیں کہ آئینہ شونیتا کی سب سے بہترین تمثیل ہے اور یہ غالب کی جدلیات کی تفہیم کے لیے ایک کلیدی لفظ کی حیثیت بھی رکھتا ہے۔''

یہ کتاب غالب کے تعلق سے صرف نئے نکات کے اکتشاف سے عبارت نہیں ہے بلکہ یہ تنقید کے پیرا ڈائم شفٹ کی طرف بھی واضح اشارہ ہے۔ نارنگ نے اس میں نئے تنقیدی tools کو بروئے کار لا کر یہ بتا دیا ہے کہ تنقیدی صنم کدوں کے بت پرانے ہو گئے ہیں۔ اب تخلیق کو پرکھنے کے پیمانے بدلنے ہوں گے اور نئے معیارات وضع کرنے ہوں گے اور یہ بین علومی منہج سے ہی ممکن ہوگا۔ کائنات کے نئے فلسفے' جدید لسانیاتی تصورات اور نظریات سے آگہی اور اردو میں اس کے اطلاق کے بغیر اردو تنقید کے رقبہ کو وسیع کرنا مشکل ہوگا۔ کرۂ نقد کی وسعت کے لیے غالب کی 'وسعتِ میخانۂ جنوں' سے رشتہ جوڑنا ہوگا۔ اور اس کے لیے وہی نظری آزادگی اور کشادگی شرط ہے جو غالب کے یہاں ملتی ہے۔ نارنگ کے درج ذیل اقتباس کے بین السطور سے یہی متبادر ہوتا ہے :

> ''نئی علمیات اور شعریات سب سے زیادہ زور معنیاتی تکثیریت، تجسس اور بوقلمونی پر دیتی ہے اور غالب کی جدلیاتی تخلیقیت کا آزادگی وکشادگی پر زور دینا اور طرفوں کو کھلا رکھنا گویا مابعد جدید ذہن سے خاص نسبت رکھتا ہے۔ غالب کی شعریات، اجتہاد، انحراف اور آزادی کی شعریات ہے۔ اس کا وظیفہ تغیر، تبدل

اور تجسس ہے۔ آج کے منظرنامہ میں یہ مماثلت معنی خیز تو ہے ہی، حیران کن بھی ہے کہ جدلیاتی فکر اور متناقضات کی زبان جو غالب کی تخلیقیت کی خاص پہچان ہے، عہد حاضر کی تکثیریت اور عدم تیقن کے محاورہ سے خاص مناسبت رکھتی ہے۔''

غالب کی جدلیاتی فکر اور تکثیری شعریات کے حوالے سے پروفیسر گوپی چند نارنگ نے بہت جامع اور مدلل بحث کی ہے۔ اور جدلیات نفی اور شونیتائی جوہر کے شواہد کلام غالب سے تلاش کیے ہیں مگر غالب کی جدلیاتی وضع صرف شاعری تک محدود نہیں ہے بلکہ ان کی نثر بھی اسی وضع سے مملو ہے۔ گوپی چند نارنگ نے غالب کی نثر کے حوالے سے بھی اس نئے نکتہ کا اکتشاف کیا ہے :

''غالب کے تخلیقی ذہن کی جدلیت جس طرح شاعری میں کارگر ہے اور معنی آفرینی و آزادگی ووارستگی کا چراغاں کرتی ہے۔ ویسا ہی تخلیقی تفاعل نثر میں بھی تہ نشین ہے۔''

انھوں نے ان جدلیاتی نثر پاروں کے حوالے سے بہت مربوط، مبسوط اور معنی خیز گفتگو کی ہے۔ اور اس طرح خطوط غالب کو بھی ایک نیا فکری تناظر عطا کر دیا ہے۔ غالب کے مکاتیب پر تنقیدی تجزیے شائع ہوتے رہے ہیں مگر غالب کی جدلیاتی وضع کی نشان دہی شاید ہی کسی نے کی ہو۔ نارنگ نے ایسے جدلیات اساس اور آزادگی شعار نثر کے نمونے دیے ہیں اور خاص طور پر وہ خطوط جن میں جدلیاتی برقیت رواں دواں ہے۔

یقیناً نارنگ نے ایک نیا جزیرہ دریافت کیا ہے۔اور غالب کے فکری لسانی تفردات، ان کے شاعرانہ ابداع اور انفرادیت کے امتیازی نقوش واضح کر دیے ہیں مگر سوال اٹھتا ہے کہ کیا غالب سے پہلے کے ہندوی اردو شاعروں کے کلام میں ان تصورات کی ارتعاشی لہریں نہیں ملتیں۔ لیکن غالب کا سا بھرپور تخلیقی تفاعل غالبًا ہر کسی کا حق نہیں۔ یہ صرف غالب کا ہی اختصاص ہے۔ نارنگ کے پیش کردہ معروضات سے تعرض کا حق کلاسیکی ادب کے ماہرین کو ہی حاصل ہے۔ مجھ جیسے طالب علم کے لیے تو یہ کتاب گنجینۂ گوہر ہے۔ اس

کتاب کے مشمولات اور مباحث نے ہماری کم فہمی کو اتنا فہم ضرور دیا ہے کہ :

صد قطرہ و موج محو طوفاں گردد
کز دریا گوہرے نمایاں گردد

اور یہ بھی کہ :

اسد ہر جا سخن نے طرح باغ تازہ ڈالی ہے

بارہ ابواب اور چھ سو اٹھتر صفحات پر محیط گوپی چند نارنگ کی 'غالب : معنی آفرینی، جدلیاتی وضع، شونیتا اور شعریات' اردو تنقید کا باغ تازہ ہے :

صد جلوہ روبرو ہے جو مژگاں اٹھایئے

(طویل مضمون کا ایک حصہ)

سیدہ جعفر

گوپی چند نارنگ کی معرکتہ الآرا تصنیف 'غالب'

ہندوستان کے نابغۂ عصر، ادب شناس اور آگہی و دانش سے سرفراز تخلیق کار گوپی چند نارنگ کی ایک تصنیفِ عالیہ ''غالب'' منظرعام پر آچکی ہے جس پر وہ کئی برسوں سے کام کررہے تھے اور جس میں مطالعۂ غالب کے نئے زاویوں اور نئی جہات کو اجاگر کیا گیا ہے۔ غالب کی تخلیقی حسیّت اور ان کے افکار کی تہ در تہ معنویت کا تجزیہ نارنگ صاحب کی ژرف نگاہی اور دیدہ وری کے ساتھ ساتھ ان کی علمی بصیرت اور نکتہ رسی کا ترجمان ہے۔ ایسا کام آج تک کسی سے نہ ہوا تھا۔ غالب حقیقی معنی میں ایک عہدساز معنی آفریں مفکر شاعر تھے، انھوں نے زندگی کے اسرار کو سمجھنے کی غیرمعمولی سعی کی تھی۔ کلام غالب میں حیات و کائنات کے حوالے سے انسانی وجود کی شناخت اور انفس و آفاق کے پھیلے ہوئے رشتوں کا عجیب و غریب ادراک، تفہیم کے ایسے ایسے نئے باب کھول دیتا ہے کہ غالب کے افکار اور تخلیقات کا تجزیہ آسان نہیں۔ یہ مختلف معلوم و نامعلوم محرکات اور ان کے انسلاکات کے مہمیز کردہ عمل و تعمل کا نتیجہ ہے اور اس میں آسمانی صحیفات، فکر و فلسفہ اور مغل تمدن سے اثرپذیری اور شعوری و لاشعوری آر کی نقوش کی کارفرمائی اور جادوگری کی تصویریں متحرک ہیں۔ غالب نے ''تماشائے دیدن'' و ''تمنائے چیدن'' کے درمیان زندگی گزار دی۔ اس لیے بھی ''دل کے خون کرنے'' کا سریت مملو تجزیہ اور اندازِ نظر ان کی غزلیہ شاعری میں اساسی اہمیت کا حامل بن گیا ہے۔ گوپی چند نارنگ نے اپنی اس تصنیف میں غالب کی فکر رسا، ان کے انداز نظر اور تخلیقیت پر اپنے عہد کی منفرد Episteme کے شعور اور تہذیبی Ethos سے آشنائی کے ساتھ بڑے فکرانگیز اور عالمانہ انداز میں روشنی ڈالی ہے۔ غالب نے نوجوانی کے زمانے میں شاعری کے ''دشت بے اماں'' میں قدم رکھا تھا اور اس کے بعد ان کے

کلام میں مختلف محرکات کے زیر اثر فکری اور ابلاغی نشو و نما کے متنوع آثار رونما ہوئے۔ یہ سفر خاصا طویل اور دقت طلب تھا اور غالب کی فراز پسندی نے ان کے تخلیقی سفر کو افقی سے زیادہ عمودی رجحان سے آشنا کرتے ہوئے رنگارنگ جلوؤں کا امین بنا دیا۔ بودھی فکر کا جدلیاتی جوہر اور شونیتا ان کے لاشعور کے عقبی دروازوں سے ان کی سائیکی میں سرایت کر گئے، اور وحدت الوجود سے انھوں نے اپنے ذہن کو ہم آہنگ پایا۔ زندگی کے نشیب و فراز اور گوناگوں تجربات نے ان کے یہاں جلوۂ صدرنگ کی صورت اختیار کرلی۔ اس طرح خیالات و افکار کی ایک منفرد کہکشاں ان کے ذہنی افق پر چھائی رہی۔ مصنف نے کتاب کے مختلف ابواب میں نہایت ژرف نگاہی سے ان تمام جہات کا جائزہ لیا ہے۔ غالب اپنی تلاش و جستجو میں مسلسل سرگرداں رہے۔ غالب کی فکری توانائیاں وہاں پوری آب و تاب کے ساتھ بروئے کار آئی ہیں جہاں انھوں نے زندگی کے گہرے رمز اور انسانی زندگی کی معمائی کیفیت کو اپنا موضوع بنایا۔ مصنف لکھتے ہیں ''غالب کے یہاں کچھ نہ کچھ افتاد ذہنی یا فکری نہاد ایسی ہے کہ جو غالب کے تخلیقی عمل کی خلقی خصوصیات کا لازمہ ہے جس کو غالب اکثر و بیشتر اضطراری یا اختیاری طور پر کام میں لاتے ہیں اور جس کا گہرا تعلق اس جدلیاتی وضع یا حرکیات نفی سے ہے جس کے سوتے ان کے ذہن و لاشعور کی گہرائیوں میں پیوست ہیں۔'' (ص 16)

مصنف نے حالی کی تنقیدی کاوشوں کا جن میں مطالعہ غالب اور ان کے طرز کی نیرنگی اور طرفگی کا ذکر کیا گیا ہے، تجزیہ کرتے ہوئے یہ بتایا ہے کہ ان کی کتاب رد حالی یا حالی کے انتقادی میلانات سے انحراف اور اس کا جواب نہیں ہے۔ وہ لکھتے ہیں: ''ہماری کوشش حالی سے انحراف نہیں بلکہ فکر حالی کا اثبات کرتے ہوئے اسی کے پہلو بہ پہلو غالب کی تشکیل سفر اور معنی آفرینی کے تخلیقی بھیدوں کے بارے میں کچھ بنیادی سوال اٹھانے اور ان کے جواب کھوجنے کی سعی و جستجو سے عبارت ہے۔'' (ص 17)

مصنف کی یہ کتاب غالب پر لکھی ہوئی اس سے پہلے کی کتابوں کا رد یا جواب ہے نہ کسی پر اضافے کا دعویٰ۔ مصنف نے اس خیال کا اظہار کیا ہے کہ اس تصنیف میں غالب

کی تشکیل شعر، معنی آفرینی اور اس کے جدلیاتی رشتوں کے پیش نظر بیدل شناسی اور سبکِ ہندی کی شعریاتی جہات پر نظر ڈالنے کی سعی کی گئی ہے۔ گوپی چند نارنگ اپنے بیانات میں جدلیاتی رشتوں کا تجزیہ کرتے اور بیدل سے غالب کی فکری اور گہری شعریاتی ہم آہنگی کا احساس دلاتے ہیں۔ غالب نے بیدل کے شاعرانہ کمالات کا کھلے دل کے ساتھ اعتراف کیا ہے۔ یہاں تک کہ بیدل ان کے ذہن و شعور کا حصہ بن گئے۔ یہ کہنا غلط نہ ہوگا کہ غالب ''طرز بیدل میں ریختہ'' کہنے کو شعری اسلوب کی دلنوازی اور تخلیقیت و خیال بندی کی معراج تصور کرتے تھے۔ یہ ان کی دانست میں فکر و معنی کا گراں قدر خزینہ ہے۔ تازہ افکار کی تخلیقی جہات غالب کے منفرد مزاج کی شناخت ہے۔ غالب کی بیدل پرستی سے اس فارسی شاعر کی پہلودار اور ہمہ جہت فکر کے پھیلاؤ اور حیات کی رمز شناسی اور انسانی وجود کے اسرار کی تفہیم کی سعی کا اندازہ ہوتا ہے۔ غالب نے اپنے عہد کی روایتی شاعری سے گریز کرتے ہوئے مقررہ ترسیلی انداز سے ماورا ہوکر کائنات اور انسانی وجود کے تعلق پر غور و خوض کیا ہے۔ بیدل کے تفکر کی گہرائی اور تصورات کے تعمق و تہ داری اور بشری حیات کے پراسرار گوشوں کی معنویت سے غالب متاثر ہیں۔

کتاب کی وجہ تصنیف کی طرف اشارہ کرتے ہوئے مصنف نے یہ بتایا ہے کہ موجودہ دور میں تنقید کے نئے تقاضوں سے تفہیم غالب کے نئے زاویے سامنے آئے ہیں۔ حقیقت یہ ہے کہ شاعری میں متن کی تعبیریں زمانے اور گزرتے ہوئے وقت کے ساتھ بدلتی رہتی ہیں۔ کلام غالب پر اظہار خیال کرنے والے حالی اور بجنوری سے لے کر نظم طباطبائی، بیخود دہلوی، سہا مجددی، حسرت موہانی، نیاز فتح پوری اور شیخ محمد اکرم، خورشید الاسلام، پری گارنا اور وارث کرمانی تک تعبیروں اور ترجمانی کا ایک طویل سفر طے ہوا ہے۔ کلیم الدین احمد، احتشام حسین، آل احمد سرور، ظ انصاری، باقر مہدی اور شمس الرحمٰن فاروقی نے مطالعہ غالب کی نئی جہات اور نئے گوشوں کی طرف ہماری توجہ مبذول کروائی جس سے نقطۂ نظر اور افکار و محاسبے کے متنوع پہلو منظر عام پر آئے۔ مصنف کا خیال ہے ''نئی علمیات اور شعریات سب سے زیادہ زور معنیاتی تکثیریت، تجسس اور بوقلمونی پر دیتی ہے۔'' ان کا کہنا

ہے کہ مابعد جدید ذہن سے 'غالب ڈسکورس' خاص نسبت رکھتا ہے۔'' گوپی چند نارنگ نے 'حالی، یادگار غالب اور ہم' میں حالی کے انتخاب کردہ بیس (20) اشعار پر نئی روشنی ڈالتے ہوئے ان میں چھپے ہوئے نکات اور مفاہیم کی اس طرح تشریح کی ہے کہ ان میں جدید ذہن کا تفاعل، جدلیت طرازی، تازگی اور تفہیمی امکانات کی جلوہ سامانی نئی تابناکی کے ساتھ طلوع ہوتی ہے۔ مصنف کا خیال ہے کہ غالب مانوس و معلوم تصورات کی گویا طلسماتی تقلیب کر دیتے ہیں اور لفظ کی معنوی پرتوں کو کھولتے ہوئے افکار تازہ کے انکشاف کا در وا کر دیتے ہیں جو مصنف کے الفاظ میں ایک طرح سے ردتشکیل کا تفاعل ہے۔ یہاں انھوں نے ناگارجن کے خیال کی گویا تائید کی ہے اور جدلیاتی حرکیات کا تجزیہ کرتے ہوئے بتایا ہے کہ نفی پیرایۂ اثبات بھی ہے۔ ایک شے ایک مخصوص نقطۂ نظر سے مثبت ہے تو دوسرے زاویے سے اس کا غیر اثباتی پہلو سامنے آتا ہے۔ مصنف کا خیال ہے کہ دریدا کی افتراقیت اس نوع کی جدلیات سے قریبی ربط رکھتی ہے۔ بغیر نفی کے حقیقت کا اثبات ممکن نہیں ہے۔ حقیقت کا تصور ہی دراصل اس کی نفی سے ہوتا ہے۔ مصنف نے اس فلسفیانہ مسئلے پر بڑی بالغ نظری کے ساتھ بحث کی ہے۔ وہ لکھتے ہیں کہ ''جدلیاتِ نفی بہت پیچیدہ اور پھیلی ہوئی بحث ہے جو اپنشدوں اور ہندستانی فلسفے کے تمام دبستانوں سے ہوتی ہوئی متصوفانہ وجودی خیالات میں ملتی ہے۔'' (ص 85) اس بحث سے مصنف کا مقصد یہ ہے کہ غالب کے جدلیاتی ذہن کی لاشعوری جڑوں پر نئے سرے سے غور کرنے کی ضرورت سامنے آجائے۔

بودھی فکر اور شونیتا کی تشریح بڑی دقت نظری کے ساتھ کی ہے۔ اور وہ اس نتیجے پر پہنچے ہیں کہ بدھ نے نفس کشی کی جگہ ضبط نفس اور ترک عمل کی جگہ حسن عمل کی تقلین کی ہے۔ بدھ کا لائحۂ عمل جو آٹھ اصولوں پر مبنی ہے اور جس کو ''اشٹ مارگ'' سے موسوم کیا جاتا ہے، وہ ترک دنیا کی تعلیم نہیں دیتا۔ اس میں ماورائیت اور ارضیت ایک ہی سکّے کے دو رخ ہیں۔ مصنف نے ان فلسفیانہ موضوعات سے اس لیے بحث کی ہے کہ ان افکار کے آرکی نقوش کی روشنی میں فکر غالب کی لاشعوری جڑیں سامنے آجائیں۔ یہ ابواب فلسفیانہ رنگ میں ڈوبے ہوئے ہیں لیکن تفہیم غالب تک پہنچنے کے زینے ہیں جنھیں طے کر کے ہم

فکر غالب کی حقیقت تک چشم کشا رسائی حاصل کر سکتے ہیں۔ شونیتا سے مراد بودھی فکر میں منتہائے دانش ہے۔ گوپی چند نارنگ بتاتے ہیں کہ اپنی مطلق حیثیت سے شونیتا انسانی وجود (ارضیت) میں عدم وجودیت یا آزادی مطلق کا احساس ہے۔ ''یہ نفی محض نہیں بلکہ وجود یا وجود کے احساس سے ورا جو وجود کا احساس ہے اس کی نفی ہے۔'' ایک طالب علم کی حیثیت سے میں یہ کہنا چاہوں گی کہ سلوک میں (1) ترک دنیا، (2) ترک عقبیٰ، (3) ترک مولا اور (4) ترک ترک کا تصور موجود ہے۔ موخرالذکر کے بارے میں ایک انداز نظر یہ بھی ہے کہ 'لا' کی نفی اثبات ہے اور وجود مطلق کا اقرار قطعی ہے اور یہ عرفان کی منزل ہے۔ تصوف کے سرّی محرکات کو تین زمروں میں تقسیم کیا گیا ہے جن میں سے دوسرا ایران اور ہندوستان کا تصوف ہے جس پر ویدانت اور بدھ مت کے اثرات کا جائزہ لیا جاسکتا ہے۔ آدویت واد وششٹ ادویت اور شدھ ادویت کے حوالے سے ان پر بحث کی گئی ہے۔ ادویت، وحدت اولوجود سے خاص مناسبت رکھتا ہے اور تصوف اور ویدانتی توحید کی سرحدیں کہیں کہیں قریب ہوگئی ہیں۔ فنا و بقا، غیب اور حضور محض اصطلاحی شکلیں نہیں۔ ابن عربی کی 'خصوص الحکم' عبدالکریم جیلی کی 'الانسان الکامل' اور سید علی ہجویری کی 'کشف المحجوب' وحدت الوجود کے مختلف نکات کا احاطہ کرتے ہیں۔ ہندو فلسفے میں ادویت تلاش حق کا فلسفہ ہے جو ایکتو وادی اور انیکتا وادی انداز نظر پر مشتمل ہے۔ ہم اس نتیجے پر پہنچتے ہیں کہ تصوف نے خارجی اثرات اور ماحول کے اثرات قبول کرنے کے باوجود اپنے نظام فکر کی شناخت کو بھی باقی رکھا۔ شہزادہ دارا شکوہ نے اپنے رسالے 'حسنات العارفین' میں لکھا ہے کہ سلوک کی منزلیں طے کرتے ہوئے ایک منزل پر ایمان و کفر کا امتیاز مٹ جاتا ہے۔ راقم الحروف کے یہ چند جملے مصنف کے افکار و خیالات کی تائید اور تصریح میں ہیں۔

گوپی چند نارنگ نے کلام غالب میں ردتشکیل کی صورتوں کا سراغ لگایا ہے۔ وہ لکھتے ہیں کہ غالب کے اشعار:

مجھ کو دیار غیر میں مارا وطن سے دور
رکھ لی میرے خدا نے مری بیکسی کی شرم

آتا ہے داغِ حسرتِ دل کا شمار یاد
مجھ سے میرے گنہ کا حساب اے خدا نہ مانگ

میں جدلیاتی شعری منطق سے روایتی معنی پلٹ جاتے ہیں، انسان جو گنہگار اور خطا کار ہے وہ خدا کے حضور مظلوم کی صورت میں سامنے آتا ہے اور خود مشیت ایزدی جواب دہ ٹھہرتی ہے۔ روٹین سچائی کلیشے کا درجہ رکھتی ہے جس میں کوئی تازگی نہیں ہوتی اور اس کے برخلاف ''کلیشے کو اجنبی اور غریب بنانے اور مقبول کو نامقبول بنانے میں ردِتشکیل کا حسن کارگر نظر آتا ہے۔ یہ تشکیلی (یا ردِتشکیلی) منطقی جدلیات قوت (Energy) ہی شونیتا ہے۔ آگے چل کر ویدانت اور شونیتا کا فرق واضح کیا ہے۔ مصنف کا بیان ہے کہ اپنشدوں میں برہمہ یعنی مصدرِ ہستی دانش ہند کی رد سے 'نرگن' اور 'آمورتی' ہے۔ اپنشدوں کی رو سے حقیقتِ مطلقہ اصل اور کائنات غیر اصل یعنی مایا ہے جو فریبِ نظر اور توہم ہے:

شاہدِ ہستیٔ مطلق کی کمر ہے عالم
لوگ کہتے ہیں کہ ہے پر ہمیں منظور نہیں
ہاں کھائیو مت فریبِ ہستی
ہر چند کہیں کہ ہے نہیں ہے
جز نام نہیں صورت عالم مجھے منظور
جز وہم نہیں ہستیٔ اشیا میرے آگے

گوپی چند نارنگ لکھتے ہیں کہ بودھی فکر کے برخلاف، ویدانت روح کو بطور جوہر مانتی ہے۔ آخر میں رقم طراز ہیں کہ شونیتا فقط سوچنے کا طریقہ ہے نظریہ نہیں ہے۔ وہ لکھتے ہیں کہ سوسیئر نے بودھوں ہی سے افتراقیت کا نکتہ اخذ کیا تھا اور یہ کہ دریدا (Derrida) کی ردِتشکیلی فکر اور ناگارجن کے شونیتا میں گہرا رشتہ ہے۔ شونیتا کی رو سے خاموشی ایک حرکیاتی قوت ہے جو آواز سے کہیں زیادہ طاقتوار اور اظہارِ معانی کے ان گنت امکانات سے بھرپور ہے۔ یہاں کلامِ غالب سے نہایت معنی خیز مثالیں پیش کی گئی ہیں اور ہزاروں بار کے پڑھے ہوئے اشعار نئے نئے معنی میں سامنے آتے ہیں:

نشوونما ہے اصل سے غالب فروع کو
خاموشی ہی سے نکلے ہے جو بات چاہیے

خاموشی پر روشنی ڈالتے ہوئے 'زین (Zen) اور خاموشی کی زبان'، 'کبیر اور خاموشی کی زبان' وغیرہ عنوانات قائم کر کے اس نکتے کی مزید وضاحت کی ہے۔ ان ابواب سے اندازہ ہوتا ہے کہ مصنف کہاں کہاں غوطہ زن ہوئے ہیں اور ان کا مطالعہ کتنا وسیع ہے، نیز ان موضوعات کا انھوں نے کس ژرف نگاہی کے ساتھ احاطہ کیا ہے۔

آگے چل کر سبکِ ہندی کی اصطلاح کی تفسیر بیان کی ہے اور روسی اسکالر نتالیا پری گارنا کی تائید بھی کی ہے۔ شبلی وہ پہلے نقاد تھے جنھوں نے سبکِ ہندی کے خصائص پر روشنی ڈالی، بعد کے ادیبوں میں وارث کرمانی نے سبکِ ہندی کی 'پیچیدگی اور ذبازت' کو ہندستانی زندگی کی تکثیریت اور بوقلمونی کا نتیجہ قرار دیا۔

گوپی چند نارنگ کا خیال ہے کہ شعرائے فارسی سے غالب کے ذہنی رابطے بہت گہرے تھے۔ انھوں نے اپنے خطوط میں فارسی شعرا بالخصوص ہندوستان کے فارسی شعرا سے اپنی ذہنی ہم آہنگی کا ذکر کیا ہے۔ غالب، قتیل، نظیری، ظہوری، عرفی، طالب آملی، کلیم، صائب، اور سب سے زیادہ بیدل کے معترف ہیں۔ غالب کہتے ہیں :

آہنگ اسد میں نہیں جز نغمہ بیدل
عالم ہمہ افسانہ ما دارد و ما ہیچ

غالب بیدل کی نکتہ رسی، رمزیاتی طرز اور فکری گہرائی کے معترف ہیں۔ بیدل نے زمانے کے انقلابات، زندگی کے بدلتے ہوئے تیوروں اور وقت کے مراجعت نا آشنا مزاج کا اندازہ کرلیا تھا۔ محمد شاہ رنگیلے کے عہد تک آٹھ بادشاہوں کا زمانہ دیکھا تھا۔ عصری فکر کے خد و خال و محرکات اور شعری نظریات نے ان کے ذہن پر اپنا نقش ثبت کر دیا تھا۔ اردو کے دو بڑے فنکار اقبال اور غالب، بیدل سے اس لیے متاثر تھے کہ وہ زندگی کے نبض شناس اور انسانی امنگ و آرزو اور سعی و جستجو پر زور دیتے تھے۔ مصنف نے بتایا ہے کہ بیدل کی شعریات پہلودار اور صدشیوہ ہے۔

مصنف نے غالب کے اشعار کی تشریح میں نسخۂ حمیدیہ سے بھی محققانہ انداز میں بحث کی ہے۔ گوپی چند نارنگ محققِ بے بدل بھی ہیں اور عالی فکر نقاد بھی۔ ان کی یہ دہری ادبی شخصیت زیرنظر کتاب کے ہر باب سے جھلکتی ہے۔

''مارکسی جدلیات، متصوفانہ جدلیات اور غالب شعریات'' میں مصنف اس نتیجے پر پہنچتے ہیں کہ میر کے الفاظ میں ''ہر سخن اس کا اک مقام سے ہے۔'' یہ پورا باب فلسفیانہ افکار کے نتائج سے سجا ہوا ہے اور اس میں شونیتا، شعریات اور جدلیاتی وضع کی عالمانہ انداز میں تشریح کی گئی ہے۔ 'اکیسویں صدی کا منظرنامہ اور غالب شعریات' کا خلاصہ یہ ہے کہ غالب شعریات ''عہد حاضر کی کی تکثیریت اور عدم تیقن کے محاورے سے گہری مناسبت رکھتی ہے۔ غالب اپنے زمانے سے آگے تھے۔'' (ص 566) کتاب کے آخری حصے میں تمام جدلیاتی مباحث اور ان سے برآمد ہونے والے نتائج کو انتہائی چابک دستی سے سمیٹ دیا ہے۔ مصنف نے غیرمعمولی ادبی فہم وفراست اور تنقیدی ذکاوت کے ساتھ کتاب کا نام صرف ''غالب'' رکھا ہے تاکہ غالب کی شخصیت اور شعریات، آزاد خیالی اور جدلیاتی افتاد و نہاد کا بھرپور تجزیہ نئی تازگی کے ساتھ کیا جاسکے۔ کتاب کے آخر میں شخصیت، شوخی و ظرافت سے بھی جامع بحث کی گئی ہے۔

یہ کتاب غالبیات میں ایک گراں قدر اضافہ اور غالب کی افتاد و نہاد، شخصیت و شعریات اور معنی آفرینی و خیال بندی کی تفہیم کا ایک غیرمعمولی وسیلہ ہے۔ کہا جاسکتا ہے کہ ایسی کتابیں کہیں صدیوں میں لکھی جاتی ہیں۔ حالی، بجنوری اور شیخ محمد اکرام کے بعد اکیسویں صدی میں غالب تنقید کا یہ اگلا قدم ہے جس کا جتنا خیرمقدم کیا جائے کم ہے۔

مولا بخش

غالب تنقید میں تحیر کی جہات اور گوپی چند نارنگ

اسداللہ خاں موسوم بہ مرزا نوشہ معروف بہ غالب متخلص اکبرآبادی مولد و دہلوی مسکن فرجام کارنجفی دبیر الدولہ کو حالی پانی پتی کے بعد شارح اور محقق زیادہ، نقاد کم ملے۔ غالب کے ہر نقاد کے یہاں ایک خاص طرح کی[1] Anxiety of influence یعنی کچھ نیا کیونکر پیش کریں سے متعلق فکر مندی دامن گیر نظر آتی ہے، اس پر ستم یہ کہ ہیئتی ذہن رکھنے والے نقادوں سے ہی غالب کے متن کا سابقہ زیادہ رہا ہے۔ ستم بالائے ستم یہ کہ غالب کی شاعری نقادوں کے لیے اپنے علم کی تشہیر کا بہانہ بھی بنتی رہی ہے جبکہ غالب کی شعری کائنات ایک ایسے قاری کی جویا معلوم ہوتی ہے جو اسے اپنی عقل محض کی آنکھوں کے بجائے اس کے متن کو (Pranja) یعنی وجدان کے علاوہ بندھے ٹکے اخلاقی نظام سے پرے دھیان کی سیڑھیوں سے اندر اتر کر اور ڈوب کر اس کا مطالعہ کرے۔

دو رائے نہیں کہ غالب کا متن جن کائنات گیر دکھوں، آسماں گیر اداسیوں اور لامتناہی خموشیوں میں ماورائیت پسندی سے بچتے ہوئے انسان کو مرکز میں لانے کی سعی کرتا ہے اور ارضیت اساس شعور کو قاری کے ذہن و دل کا طور بنانا چاہتا ہے ایسے متن کی تعبیر ہر آنے والے زمانے میں چیلنج کا احساس نئے قارئین کو کرائے گی۔ سچ تو یہ ہے کہ غالب کے یہاں میر افسانہ صرف حیوان ظریف نہیں ہے۔ واقعہ یہ ہے کہ نہ وہ مکمل خوشی، نہ مکمل اداسی اور نہ فقط شوخی و ظرافت نہ محض گریہ وزاری کا عرصہ خلق کرتا ہے بلکہ زندگی کی ہر ہر قدر کو التوا اور امکانی وجود کے آماس زدہ تصور کے ذیل میں رکھتا چلا جاتا ہے۔ اس طرح غالب کا غزلیہ متن قدیم ہند کے فلسفوں مثلاً ادویت، مایا، جگت وچار، یوگ وشثشٹ، سنسار کی ستیتا، کاریہ کارن، انیکانت، سپت بھنگی اصول، سمادھی، آتمن، اناتمن، چھنڈک واد، گیان

میمانسا، اپوہ واد اور شونیتا یعنی فارسی ایرانی شعریات کے مقابلے کہیں زیادہ اپنی جڑوں سے آرکی ٹائپی لاشعوری رشتوں کا پتہ دیتا ہے اور ان کی ردتقلیب کرتے ہوئے انھیں متغیر معنی زندگی کی جدو جہد کی ادبی اور شعری سچائی میں کیوں کر تبدیل کرتے ہوئے تخلیقیت کا جشن جاریہ بن جاتا ہے،اس کی جانچ پرکھ پہلی بار غیر روایتی طرز استدلال کے ساتھ پروفیسر نارنگ نے کی ہے۔غالب تنقید کے ایوان عالیہ میں ہرچند کہ شیخ محمد اکرام، امتیاز علی عرشی، کالی داس گپتا رضا، عبد الرحمٰن بجنوری، نظم طبا طبائی، بیخود دہلوی، سہا مجددی، خورشید الاسلام، کلیم الدین احمد، احتشام حسین، آل احمد سرور، باقر مہدی، وارث کرمانی، نتالیا پری گارنا، واگیش شکل اور شمس الرحمٰن فاروقی کے علاوہ حمید احمد خاں، نثار احمد فاروقی، گیان چند جین، مالک رام اور یوسف حسین خاں (اور بھی نام لیے جاسکتے ہیں) محض اشارے کرتے نظر آتے ہیں لیکن اسے باضابطہ ایک تصور اور علمیاتی زمرے کے طور پر حرکیات نفی کے جدلیاتی نظام کے تحت پروفیسر نارنگ نے ہی پیش کیا ہے۔پروفیسر نارنگ نے اپنی کتاب ''غالب،معنی آفرینی، جدلیاتی وضع، شونیتا اور شعریات'' میں جس نوع کی تنقیدی جودت یعنی شاعری کی پرکھ اور پڑتال کی جیسی غیر روایتی مثالیں پیش کی ہیں وہ اردو میں کمیاب ہیں۔

یہ کتاب تعبیر غالب میں تحیر کا عرصہ خلق کرتی ہے کیونکہ حالی جو اس ضمن میں بنیاد کا پتھر ہیں، غالب کا کوئی مطالعہ بقول نارنگ ان کے ذکر کے بغیر ادھورا ہے جن کی تحسین کرتے ہوئے پروفیسر نارنگ بار بار ہر نقاد بہ شمول حالی سے یہ سوال کرتے ہیں کہ غالب غالب بنا کیسے؟ غالب کے اشعار میں پائی جانے والی نیرنگی و طرفگیِ خیال کی کنہ کیا ہے؟ اگر غالب کی غزل میں خیال اچھوتا یا انوکھا ہے تو پروفیسر نارنگ کی فکرمندی یہ ہے کہ وہ کیا چیز ہے جو خیال کو اچھوتا اور انوکھا بناتی ہے؟ ان کے اشعار میں جہان معنی آباد ہے تو کیسے؟ جدت مضامین اور خیال بندی کا تہ نشیں نظام کیا ہے؟ معنی آفرینی کا سرچشمہ کہاں ہے؟ پروفیسر نارنگ اپنے مطالعے کی رو سے اپنے قارئین کو یہ باور کراتے ہیں کہ ان سوالوں کے جوابات اب تک کی غالب تنقید میں ڈھونڈھنے کی کوشش نہیں کی گئی ہے۔گوپی چند نارنگ

اپنے اس کتاب کے دیباچے میں لکھتے ہیں:

''غالب تنقید نے اس جادو کے کارخانے یا سحر چشم یا کرشمہ و نازوخرام کی ایک ایک ادا کو گن ڈالا ہے لیکن اس کا کیا کیا جائے کہ بسیار شیوہ ہاست بتاں را کہ نام نیست۔ دیکھا جائے تو یہ احساس اگرچہ عام نہیں کہ غالب تنقید نامعلوم کا سفر ہے۔''(2)

یہ کتاب ان سوالوں کے جواب (جن کی طرف اوپر اشارہ کیا گیا) حیرت انگیز طور پر نئے سیاق میں غالب کے متن کی باریک بیں قرات میں تلاش کرتی ہے اور بتاتی ہے کہ اس کا راز غالب کے جدلیاتی ذہن اور بطور شعری طریق کار جدلیاتی وضع یعنی نفی کی نفی کے رویے یعنی شونیتا سے مماثل طور غالب شعریات میں لاشعوری طور پر جاری و ساری ہے۔ اس طرح پوشیدہ معنی آفرینی کا دفتر بے پایاں یہ کتاب کھولتی نظر آتی ہے جس کے ان گنت مقامات اس کتاب میں بطور ابواب (جن کی تعداد بارہ ہے) نظر آتے ہیں۔ قاری ایک مقام (باب سے) دوسرے مقام (باب) اور پھر تیسرے چوتھے اور اسی طرح بارہویں منزل پر آ کر ایک ایسے غالب کا عرفان حاصل کر لیتا ہے جو اب تک نظروں سے اوجھل تھا۔

اس کتاب کے شائع ہوتے ہی ادب کے کچھ ذہین قارئین نے اپنے ردعمل کا اظہار کیا۔ مثلاً اردو کے ممتاز فکشن نگار انتظار حسین، اردو کے مشہور شاعر افتخار عارف، اور اہم نقاد شافع قدوائی نے اس کتاب کی تحسین میں جو کچھ لکھا اسے سوائے اس کے کہ تحیر کا نام دیا جائے کوئی اور لفظ سجھائی نہیں دیتا۔ بقول انتظار حسین کتاب تعبیر غالب میں ایک نئی راہ کی حیثیت رکھتی ہے۔(3) افتخار عارف نے یہ انکشاف کیا ہے کہ اگر غالب پر لکھی گئی پانچ خاص کتابیں منتخب کی جائیں تو ان میں نارنگ کی کتاب سے صرف نظر کرنا ممکن نہیں ہوگا۔(4) پروفیسر شافع قدوائی نے (جو ہم عصر اردو تنقید میں اپنی گہری تنقیدی بصیرت کے لیے جانے جاتے ہیں نے انگریزی اخبار ہندو میں شائع شدہ تبصرہ بعنوان ''Ghalib Revisited'' میں مابعد جدیدیت سے متعلق جاری بحث کے حوالے سے گفتگو کرتے ہوئے اشارہ کیا کہ:

"The book offers a nuanced refreshing perspective on reading Ghalib and it is an invaluable gift for those who want to understand the intellectual and cultural creative mind of medieval of India, not told by the colonial historians."(5)

اس کتاب کی روح کو شافع قدوائی نے اپنے تبصرے میں کم سے کم لفظوں میں پیش کر دیا ہے اور پتہ کی بات یہ ہے کہ اب تک کے غالب مطالعات کوتازہ کرنے کے ساتھ ساتھ پروفیسر نارنگ نے اس کتاب کی صورت میں ان لوگوں کوایک نایاب تحفہ پیش کیا ہے جو لوگ ہندستانی دانشوری اور ثقافتی جوہر کو نو آبادیاتی مورخین کی نظر سے نہیں بلکہ ایک ہندستانی دانشور کی نظر سے سمجھنااور پرکھنا چاہتے ہیں۔نئ نسل کے اہم شاعر اور ناقد مشتاق صدف نے پروفیسر نارنگ کی کتاب کو الہامی تنقید کا ایک تحیرزانمونہ قرار دیاہے اور کہا ہے کہ''پروفیسر نارنگ نے غالب کوجس طرح سے سمجھا ہے اسے پڑھتے ہوئے قاری حیرت میں ڈوب جاتا ہے۔انھوں نے غالب کے تخلیقی تموج، داخلی واردات اور تجربہ واحساس کی پرتیں ابھار کر قاری کے سامنے رکھ دی ہیں۔''(6)

مذکورہ بالا اسکالروں کی رائے کے بعدآیئے اب باضابطہ اس کتاب کا ایک جائزہ لیا جائے اور یہ دیکھنے کی کوشش کی جائے کہ جس شاعر پر انگنت کتابیں لکھ دی گئیں ہوں اس پر اس عہد میں ایک کتاب لکھنے کی ضرورت پروفیسر نارنگ نے کیوں محسوس کی؟ پچھلے بیس پچیس برسوں سے اور بالخصوص چودہ پندرہ برسوں سے پروفیسر نارنگ کی کوئی تقریر غالب کے ذکر سے خالی نہیں رہی ہے۔بعض مصنفین ایسے ہوتے ہیں جن کا مطالعہ غزل کے شعر کی طرح شاید ممکن نہیں بلکہ وہ تقاضا کرتے ہیں کہ آپ ان کا مطالعہ بالاستعیاب کریں۔ اس قاری کے لیے کہ جسے پروفیسر نارنگ کی کتابوں کا مطالعہ بالاستیعاب کرنے کا موقع نہ ملا ہو مثلاً ان کی'ادبی تنقید اور اسلوبیات' اور اس کے بعد'ساختیات پس ساختیات اور مشرقی شعریات' سے واقفیت نہ ہواس کتاب کومکمل طور پر انگیخت کرنا ذرا مشکل ہے۔ ہندستانی فکرو فلسفہ کے قدیم سوتوں کی سراغ رسانی کا جو نظارہ اس کتاب میں دیکھنے کو ملتا ہے وہ کوئی پہلی بارنہیں ہے۔ اس سے قبل'اردو غزل اور ہندستانی ذہن وتہذیب' جیسی

گرانقدر کتاب میں پروفیسر نارنگ نے قبل ویدی اور ویدی دور کے فلسفوں نیز اپنشدوں اور بھگتی کال کے علاوہ عہد غالب تا آزادی کے شعرا کا جائزہ جس دقت نظری سے لیا ہے اور اردو غزل کے ڈانڈے جس طرح ہندستانی فکرو فلسفہ سے ملائے ہیں اسی ہندستانی ذہن کے آرکی ٹائپی نقش کو ازسرنو غالب کی متن سازی سے اس متحیر کر دینے والی کتاب میں باز تشکیلی مراحل سے گزارا گیا ہے لیکن اس بار سیدھے اس فلسفے کی پیش کش کے بجائے فلسفیانہ وجدان میں ڈھلے غالب کی جدلیاتی ذہنی ساخت کا تجزیہ کیا گیا ہے اور اسے متن کی باریک قرأت سے ثابت کیا ہے۔

لفظ 'جدلیات' اردو کے قارئین کے لیے نیا نہیں ہے۔اس لفظ کو ترقی پسند نقادوں نے اتنا استعمال کیا ہے کہ اب یہ لفظ اردو کے قارئین کے لیے اجنبی نہیں رہ گیا ہے لیکن اس لفظ کی اصل حقیقت سے واقفیت ابھی بھی عام نہیں ہے۔یاد کیجئے کہ جدیدیت کے دور میں جدلیاتی لفظ کی بحث کیونکر اٹھی تھی اور سمجھایا گیا تھا کہ جدلیاتی لفظ کے معنی یہ ہیں کہ لفظ پر استعارے کنائے اور ابہام کا پردہ ہوتا ہے۔پروفیسر نارنگ نے لفظ کی اس غلط تعبیر کو نشان زد کیا ہے۔

پروفیسر نارنگ نے یہ اشارہ کیا ہے کہ تشبیہ،استعارہ یا پیکر کے معنیاتی تفاعل کی نوعیت الگ ہوتی ہے اور جدلیات کی الگ۔''استعارہ،تشبیہ یا پیکر میں طرفین کے درمیان ضد یا تخالف کے پہلو ہوتے ہی نہیں جو جدلیات کی اہم خصوصیت ہے، اگر جدید شاعری کی وجۂ امتیاز تشبیہ، استعارہ یا پیکر کے حامل الفاظ تھے تو میر کی شعریات اس سے ممیّز کیونکر قرار پاتی ہے، جبکہ جدید شاعری کی شعریات یقیناً وہ نہیں تھی جو کلاسیکی غزل کی شعریات تھی۔'' (گوپی چند نارنگ : غالب، ص 478) سردست پروفیسر نارنگ کی مندرجہ ذیل عبارت مزید ملاحظہ فرمائیں :

> ''جدلیات عربی مادہ'جدل' سے ہے۔اردو میں بطور اصطلاح جدلیات کا چلن
> زیادہ قدیم نہیں ہے،بمعنی منطقی بحث و استدلال کا علم یا معمول جسے قضیے کی
> صداقت کو پرکھنے یا رد کے لیے بروئے کار لایا جائے جیسا کہ اوپر ہم نے سسلی

کے نوجوان کے معاملے میں دکھایا۔مغربی فلسفہ کی روایت میں جدلیات کی ترقی یونانی فلاسفہ کے بعد کانٹ اور ہیگل کی مرہونِ منت ہے،لیکن اس کی اصل شہرت مارکس اور اینجلز کے'جدلیاتی مادیت' کے اشتراکی نظریے کی بدولت ہوئی جو ذہن پر مادے کے نظریۂ تفوق اور ہیگل کی جدلیات کا امتزاج ہے جس میں متقابل قوتیں ایک اعلیٰ سطح پر یک جان ہوکر منقلب ہوجاتی ہیں۔ یہ اشتراکیت کا بنیادی فلسفہ ہے۔ اردو میں یہ اصطلاح مارکسی اثرات اور ترقی پسندی کے ساتھ ساتھ عام ہوئی۔لیکن دانش ہند میں جدلیاتی فکر کا رواج ویدوں اور اپنشدوں کے زمانے سے چلا آتا ہے جدلیات نفی کے بطور،جس میں قضیہ ردقضیہ ثابت کیاجاتا ہے کہ کائنات سوائے'مایا' کے کچھ بھی نہیں۔اس کی اصل'برہمہ'(ذات مطلق) ہے زبان یا ذہن جس کی تعریف متعین نہیں کر سکتے۔Negative Dialectics ادورنو کی مشہور کتاب کا بھی نام ہے جس میں کانٹ اورہیگل کی جدلیات کو چیلنج کیا گیا ہے (1966، انگریزی ترجمہ، 1973)۔[7]

اس سے پہلے کہ ان اقتباسات پر گفتگو کی جائے سسلی کے اس نوجوان کا واقعہ بھی ملاحظہ فرمائیں جس کا ذکر گوپی چند نارنگ نے مذکورہ بالا اقتباس میں کیا ہے۔

''سسلی کا ایک نوجوان سقراط کے پاس آیا اور کہنے لگا''سسلی میں تمام لوگ جھوٹ بولتے ہیں۔''سقراط نے پوچھا''تم سسلی سے آئے ہو؟''نوجوان نے کہا''ہاں''،''تو کیا تم جھوٹ بول رہے ہو؟''یعنی اگر تم سچے ہوتو تمہارا قضیہ غلط ہے اور اگر تمہارا قضیہ صحیح ہے تو تم غلط ہو۔عام زبان اور عقل محض دونوں منطق اساس ہیں۔یہ بحث توکر سکتے ہیں،فریق کو غلط ثابت کر سکتے ہیں،کائنات کی سریت کے رازداں نہیں ہو سکتے۔زندگی کی سریت معمولہ زبان وذہن کی ثنویت سے آگے کی چیز ہے جیسا کہ غالب کے یہاں اکثر ہوتا ہے۔''[8]

اس واقعے کے ذریعے یہ ثابت کرنے کی کوشش کی گئی ہے کہ اپنی روزمرہ زبان میں ہم منطقی طور پر کسی کو غلط یا صحیح تو ثابت کر سکتے ہیں جیسے سسلی کے نوجوان کا بیان تضاد سے

خالی نہیں تھا۔لہٰذا سقراط نے اسی جدلیات کے سہارے اسے غلط ثابت کر دیا اور یہ بھی کہا کہ اگر تم سچے ہو تو تمہارا معروضہ کہ سسلی میں تمام لوگ جھوٹ بولتے ہیں، غلط ہے۔اہم بات یہ کہی گئی ہے کہ کائنات کا راز ہم عام زبان میں جان ہی نہیں سکتے۔غالب بار بار اسی حقیقت سے اپنے قاری کو دو چار کرتے ہیں۔ چونکہ اس کتاب کی بحث کا بنیادی مرکزہ جدلیاتی وضع ،شونیتا اور شعریات ہے یعنی نفی کی حرکیات کیونکر غالب کے تقریباً ہر متن میں جاری وساری رہتی ہے اور اس کی وجہ سے ہی معنی کا چراغاں ہوتا ہے اور وہ ان کے متن کا جوہر بن جاتی ہے۔ اور پھر غالب کی تخلیقیت اس جدلیاتی وضع کو بھی کیسے کالعدم ثابت کرتے ہوئے عام زبان سے آگے چلی جاتی ہے، ان حقائق کی بازیافت کے لیے ضروری معلوم ہوتا ہے کہ لفظ 'جدلیات' پر ٹھہر کر غور کر لیا جائے۔

جدلیات از خود کسی فلسفہ کا نام نہیں سوچنے کا ایک طور ہے۔کسی بھی طرح کے تصور یا حقیقت یا قضیہ کو ثابت کرنے کے لیے یا اپنے دعوے کو ثابت کرنے کے لیے جس فنکاری کے ساتھ دلیل لائی جاتی ہے اسی انداز یا منطقی طریقے کو جدلیات سے موسوم کیا جاتا ہے۔ ہیگل کا خیال ہے کہ چونکہ ہر شئے بدل رہی ہے اور تبدیلی کا یہ عمل عموماً مخروطی ہوتا ہے دائروی نہیں نفی کی نفی کی ایک گردش جاری وساری رہتی ہے۔ پروفیسر نارنگ نے مذکورہ بالا عبارت میں اشارہ کیا ہے کہ ''دانش ہند میں جدلیاتی فکر کا رواج ویدوں اور اپنشدوں کے زمانے سے چلا آتا ہے''۔یعنی ہندستانی جدلیات میں وہ جو خدا میں یقین رکھتے ہیں اور وہ جو خدا میں یقین نہیں رکھتے، دونوں اپنے اپنے موقف کو اپنی اپنی جدلیات کی رو سے ثابت کرتے ہیں۔جیسے یہ خیال کہ پرش اور پرکرتی ہی کسی بھی شئے کو وجود میں لاتی ہے یا آفرینش کائنات کا ہندستانی جدلیاتی تصور، جس کے تین مدارج تسلیم کیے جاتے ہیں اس میں بھی اسی جدلیاتی طریق کار کی کارفرمائیاں دیکھی جا سکتی ہیں۔ ہیگل کی تھیس، اینٹی تھیس اور سن تھیس سے متعلق جدلیاتی تصور کی جڑیں بھی ہمیں یہیں نظر آتی ہیں۔جین درشن (انیکانت واد اور سپت بھنگی اصولوں کے ذریعے) اسی جدلیاتی طریق کار کی رو سے یہ ثابت کرنے میں کامیاب ہوتے ہیں کہ حقیقت کو سمجھنے کا ایک نقطۂ نظر ہو ہی نہیں

سکتا۔ یعنی حقیقت پیچیدہ ہے۔

پروفیسر نارنگ نے باب سوم کا عنوان ہی 'دانش ہند اور جدلیات نفی' رکھا ہے۔ اس باب کے پہلے جملے میں ہی انھوں نے یہ باور کرایا ہے کہ :

"ہندستانی فلسفہ کا کوئی تصور جدلیات نفی کے بغیر ممکن نہیں۔ جدلیات نفی (Negative Dialectics) قدیم ہندستانی فلسفے میں بنیادی منطقی رویہ کی حیثیت رکھتی ہے اور اہم کردار ادا کرتی ہے۔ ویسے دیکھا جائے تو فلسفے میں سب سے پیچیدہ مسئلہ نفی یعنی غیر موجودگی (Absence) کا ہے اور اس کی مدد سے نہ صرف منطق میں بلکہ وجودیات (Ontology)، علمیات (Epistemology) اور ما بعدالطبیعیات (Metaphsics) میں کئی طرح کے مسائل کا مطالعہ کیا جاتا ہے۔ منفیت کا ایک بنیادی تناقضہ (Paradox) یہ ہے کہ ایک منفی بیان مثبت حقیقت کو کیونکر قائم کر سکتا ہے۔ دیکھا جائے تو ہر بیان جب کسی نہ کسی حقیقت پر دلالت کرتا ہے تو منفی بیان بھی اس کلیے سے کیونکر مبرا ہو سکتا ہے۔

جب ہم کہتے ہیں :

کتاب میز پر ہے

تو ہم ایک حقیقت کا اثبات کرتے ہیں لیکن جب ہم کہتے ہیں :

کتاب میز پر نہیں ہے

تو یقیناً ہم غیر موجودگی کو کسی منفی شئے کے طور پر نہیں دیکھ رہے ہوتے۔"(9)

غالب کے شعروں میں جہاں ہاں یعنی اثبات کے پہلو آتے ہیں وہاں اکثر مراد نفی یعنی نہیں ہوتا ہے۔ یعنی غالب کے یہاں ہاں میں نہ کا پہلو اور نہ میں ہاں کا پہلو اکثر نکل آتا ہے۔ ہندستانی شعریات میں کبیر داس کا الٹا بانی برسے کمر بھیگے پانی مشہور ہے۔

پروفیسر نارنگ نے اشارہ کرتے ہوئے باب چہارم بعنوان 'بودھی فکر اور شونیتا' کے ذیلی باب 'کبیر اور خاموشی کی زبان' میں اشارہ کیا ہے :

"کبیر کے یہاں ایک خاص شعری وضع الٹ وانسیوں کے نام سے رائج رہی ہے جس کو کبیر کے ماہرین Upside-down Language کہہ کر نشان زد

کرتے ہیں۔یعنی ایسی زبان جس میں اشیا یا پیکر جدلیاتی طور پر الٹ جاتے ہیں۔دوسرے لفظوں میں shock effect یعنی صدماتی اثر پیدا کرنے یا ان دیکھے تجربے یا معنئ غریب میں شریک کرنے کے لیے عام زبان کو پلٹ کر اس کو استعمال کیا جاتا ہے...عام زبان سے ہٹی ہوئی زبان یا الٹے پیکروں یا بے جوڑ پیکروں کی اس زبان کو کبیر کے ماہرین نے Twilight language بھی کہا ہے۔ اندھیرے اجالے کی زبان، معکوس زبان، topsy-turvy language الٹی زبان یا غیر زبان یا معمائی زبان ایک ہی مسئلے کی مختلف جہتیں ہیں،یا عوامی شاعری میں خاموشی کی بے صدا زبان کی مختلف شکلیں ہیں۔''(10)

لیکن سوال یہ پیدا ہوتا ہے کہ یہ الٹ وانسی کیوں؟اس لیے کہ ہم سیدھی سادی زبان میں زندگی کے گہرے رازوں سے پردہ نہیں اٹھا سکتے۔کیونکہ اسی محاورہ تحریک کے ذریعے ہم دنیا اور حقیقت کی فطرت کے بارے میں جان سکتے ہیں کہ حقیقت سے متعلق کوئی بھی تصور کیونکر تضادات سے مبرا نہیں ہوتا۔آگے چل کر ہم خاموشی کی زبان اور عام زبان کی فطرت پر گفتگو کریں گے اور یہ دیکھیں گے کہ پروفیسر نارنگ نے ان مسئلوں کو غالب کے متون کے تناظر میں ہی نہیں بلکہ فارسی کے اساتذہ کے متون کی توضیح وتشریح کے ذریعے بھی اردو تنقید کے قاری کو پہلی بار سوچنے اور غور وفکر کرنے کے ایک نئے طور سے واقف کرایا ہے۔آپ نے مذکورہ بالا دو عبارتوں کو ملاحظہ فرمایا۔ان میں پروفیسر نارنگ یہ بتاتے ہیں کہ فلسفہ کا سب سے پیچیدہ مسئلہ غیر موجودگی کی تفہیم کا ہے۔ دراصل وجود کے اسرار کو کھولنے میں وجودی ناکام رہے لیکن صدیوں پہلے بودھی فکر وفلسفہ نے اس کی تفہیم میں غیر روایتی کردار ادا کیا جس کے ڈانڈے آج کی علمیات سے جا ملتے ہیں۔بودھی جدلیات نے جدلیات نفی کو سقراط کی طرح علمیات نہیں بنایا۔ نہ اسے فارمولے کے طور پر برتا۔اسے ایک فلسفیانہ طریقہ کار اور سوچنے کا طور مانتے ہوئے تجربی طریق کار میں تبدیل کر دیا اور باور کرایا کہ حقیقت کے بارے میں منطق عاجز ہے کیونکہ ثنویت سے اس کا کوئی جواب سامنے نہیں آسکتا۔اب سوال یہ پیدا ہوتا ہے کہ جدلیات کی یہ بحث پروفیسر نارنگ نے غالب کے مطالعے کے سلسلے میں کیوں اٹھائی ہیں؟اس پر غور کرنے سے پتہ یہ چلتا ہے کہ

دراصل جدلیات نفی فلسفیانہ طور (Dynamism) یعنی حرکیاتی نظام یا تقلیب معنی سے نیا خون حاصل کرتی ہے، پروفیسر نارنگ نے لکھا ہے:

> ''گویا جدلیات نفی معنیات کے معاملے میں حد درجہ حرکیاتی dynamic کردار ادا کرتی ہے اور یک گونہ حرکیات میں بدل جاتی ہے جو بجنسہٖ پرقوت ہے۔زبان ویسے ہی referential (حوالہ جاتی) نہیں differential (افتراقی) ہے اور 'افتراقیت' اور 'التوا' کا کھیل کھیلتی ہے، حرکیات نفی کے مس سے یہ تفاعل مزید خودنگر (self-reflexive) ہوجاتی ہے اور نہ صرف معنی فرسودہ (معمولہ، پیش پا افتادہ) بے دخل ہوجاتا ہے بلکہ معنی غریب و غیر متعین بھی ہوجاتا ہے یا عرف عام میں معنی کی طرفیں کھل جاتی ہیں۔غالب کی شعریات میں معنی جس طرح اکثر undetermined غیر معین رہتے ہیں،یاتمام و کمال ان کی تفہیم ممکن نہیں،ان کو سمجھنے کے لیے زیر بحث نکتہ(یعنی جدلیات نفی کے حرکیاتی کردار) کا نظر میں رہنا ضروری ہے۔''(11)

یہ مسئلہ اتنا آسان نہیں جتنا مغرب کے فلسفیوں نے سمجھا تھا۔آخر غالب کیا کہہ رہے ہیں ذرا غور کیجئے:

دل ناداں تجھے ہوا کیا ہے آخر اس درد کی دوا کیا ہے
میں بھی منھ میں زبان رکھتا ہوں کاش! پوچھو کہ ''مدعا کیا ہے
یہ پری چہرہ لوگ کیسے ہیں؟ غمزہ و عشوہ و ادا کیا ہے
سبزہ و گل کہاں سے آئے ہیں؟ ابر کیا چیز ہے ہوا کیا ہے

اس غزل پر پروفیسر نارنگ نے بحث کرتے ہوئے (دیکھیں ص 418) اشارہ کیا ہے کہ پوری غزل میں 'انکاراستفہامی' ہے۔سوال یہ بھی ہے کہ اس غزل میں ردیف کی تکرار سے کیا یہ بات کھل کر سامنے نہیں آجاتی کہ جن آنکھوں سے ہم اشیا کو دیکھتے ہیں جیسے غمزہ، عشوہ، نگاہ، چشم، سرمہ اور ان کے علاوہ سبزہ، گل اور ابر وغیرہ تو پھرغزل کا متکلم یا راوی یا میر افسانہ، ان کے بارے میں 'کیا ہے'؟ کا سوال کیوں اٹھارہا ہے؟ (یعنی ردیف کا کیا کمال اس غزل میں ہے (یہ ذہن میں رہے کہ ردیف کے سلسلے میں متعدد مقام پر

پروفیسر نارنگ نے بڑے ہی خیال آفریں سوال غالب کی غزلوں کے حوالے سے اٹھائے ہیں، ان پر آگے گفتگو کی جائے گی۔) سوال کیا جاسکتا ہے کہ کیا ہم کسی شئے کو مکمل طور پر جان سکتے ہیں؟ دوسرا سوال یہ کیا جاسکتا ہے کہ کیا کسی شئے کی اصلیت، مادیت یا اس کی حقیقت اٹل ہے؟ ناگارجن نے بدھ کے حوالے سے شئے اور ناظر کے درمیان کس نوع کا تعلق ہوتا ہے اس کو ایک طرف کرتے ہوئے یہ سوال اٹھایا ہے کہ جو آنکھ خود کو ہی نہیں دیکھ سکتی وہ کسی شئے کو کیا دیکھے گی؟ اسی طرح ہم غالب کی غزل کو معمولہ یعنی مروجہ فلسفیانہ طور کے رد کے طور پر بھی پڑھ سکتے ہیں اور اتنا ہی نہیں ان بظاہر آسان شعروں میں بھی تخلیقی زبان کا جو جادو ہے دراصل وہی ہمیں معنی کی ایک گہری دنیا میں لے جاتا ہے۔یہیں پر یہ بات سمجھ میں آجاتی ہے جیسا کہ پروفیسر نارنگ نے لکھا ہے کہ حرکیات نفی کے مس سے یہ تفاعل مزید خودنگر(self-reflexive) ہو جاتا ہے اور نہ صرف معنی فرسودہ (معمولہ، پیش پا افتادہ) بے دخل ہوجاتا ہے بلکہ معنی غریب و غیر متعین بھی ہوجاتا ہے یا عرف عام میں معنی کی طرفیں کھل جاتی ہیں۔'' پروفیسر نارنگ یہ کہہ رہے ہیں کہ زبان تو ویسے ہی جتنا کہتی ہے اتنا چھپا لیتی ہے۔تس پر خود زبان کے اندر کھدی ہوئی حرکیات نفی کے علائم تخلیقی جودت سے اور بھی دو آتشہ ہوکر معنی کا چراغاں کرتے ہیں اور اگر غالب کے یہاں زبان میں یہ صورتیں پیدا ہوجائیں تو معنی اکثر ان کے یہاں بقول نارنگ undetermind یعنی غیر معین ہی رہتے ہیں،جس کی تمام و کمال کے ساتھ تفہیم ممکن ہی نہیں۔مثال کے طور پر دیوان غالب کا پہلا شعر ہی مذکورہ بالا معروضے کے دعوے کی تصدیق کے طور پر پیش کیا جاسکتا ہے :

نقش فریادی ہے کس کی شوخیِ تحریر کا　　کاغذی ہے پیرہن ہر پیکر تصویر کا

کیا اب تک کے شارحین نے ان اشعار کے معنی کشید کر کے ہمارے سامنے رکھ دیے ہیں؟ کیا ہم ان کے بتائے گئے معنی سے مطمئن ہو چکے ہیں؟ قطعاً نہیں! خاص طور سے غالب کے مذکورہ شعر میں کہیں بھی نفی کی علامت نہیں ہے۔لیکن شعر کی تہہ نشیں ساخت میں نفی کی جدلیات کارگر ہے۔پہلے شعر کے آدھے مصرعے کو سوالیہ انداز میں پڑھا

جائے تو جواب ہاں یا نہ دونوں میں دیا جاسکتا ہے کیونکہ اس کا جواب شوخیِ تحریر کا ہے ہی نہیں یا پورا مصرع اگر ایک سوالیہ جملہ ہے تو کیا اس کا جواب ممکن ہے؟ اس صورت میں ایک اور گردش نفی کی دوسرے مصرعے کی وجہ سے قائم ہو گئی ہے، بس یہاں غالب نے ہمیں سوچنے کے لیے ایک اشارہ فراہم کر دیا ہے۔ ویسے تو شعر میں وہی پرانا مضمون ہے۔ لیکن اس مضمون کو غالب کی تخلیقیت نے کہاں سے کہاں پہنچا دیا ہے۔ پروفیسر نارنگ نے لکھا ہے :

> ''نفی کی حرکیت لامحدود ہے اور یہ فکر و فلسفہ کی ایک نہیں متعدد سطحوں پر کارگر ملتی ہے اور اس کی ان گنت صورتیں ہیں،علمیاتی اور معنیاتی طور پر بھی، نیز مابعدالطبیعیاتی و وجودی و تجریدی طور پر بھی۔ضروری نہیں کہ ہر جگہ اس کا اظہار کلمۂ نفی ہی سے ہو۔ واضح رہے کہ لفظ قائم ہی نفی پر ہے۔یعنی مضمر نفی کا بھی اپنا تفاعل ہے جو زبان کے در و بست میں جاری و ساری رہتا ہے۔کلمۂ نفی ہر زبان میں محدود ہیں: اردو/نہیں/نہ/نا/وغیرہ، یہ سب نہ سے ہیں۔اسی طرح یوروپی زبانوں میں لاحقہ -un یا -non وغیرہ۔ اکثر ہند یوروپی زبانوں میں کلمہ ہائے نفی زیادہ تر کسی نہ کسی انفی آواز سے علاقہ رکھتے ہیں۔دوسری زبانوں میں دوسرے طریقے ہوسکتے ہیں،مثال کے طور پر عربی 'لا' لیکن غور طلب یہ ہے کہ عربی 'لا' ہو یا فارسی 'بے' یا سنسکرت نہ یا سابقہ آ، یا اردو ہندی کا 'نہیں' 'نہ' 'نا' ان تمام تر کلمہ ہائے نفی کے اپنے کوئی معنی نہیں،یعنی ان میں کسی میں بھی کوئی شئے پن نہیں۔یہی معاملہ لفظ 'عدم' بطور لاحقہ کا ہے جو ہر چند کہ معنی کے حامل ہیں لیکن کسی دوسرے لفظ سے پہلے آکر اس کو پلٹ دیتے ہیں اور اس کی نفی بناتے ہیں۔جس طرح دوسرے لفظ کسی نہ کسی شئے سے علاقہ رکھتے ہیں،کلمۂ نفی بطور نفی کسی شئے سے علاقہ نہیں رکھتا۔تاہم جیسا کہ اوپر ہم نے دیکھا، جملہ میں آکر یہ شئے پن کا حامل ہوجاتا ہے۔'' (12)

پروفیسر نارنگ کی کتاب کا نام ''غالب : معنی آفرینی، جدلیاتی وضع، شونیتا اور شعریات'' ہے۔ لہٰذا جدلیاتی وضع پر گفتگو اسی لیے تفصیل سے ضروری ہے۔ سچ تو یہ ہے کہ

پروفیسر نارنگ نے دیوان غالب کے بیشتر اشعار کا تنقیدی مطالعہ کر کے تخلیقی ساخت کو نشان زد کر دیا ہے۔ یہاں ٹھہر کر اس نکتے پر غور کر لینا ضروری ہے کہ مشرقی جدلیات اور مغربی جدلیات میں کوئی فرق ہے یا نہیں۔ مشرقی جدلیات قول محال کے ساتھ ساتھ ایک طرح کی (Polemics) پر قائم ہوتی ہے اور یہی وہ کنجی ہے جو بدھ جدلیات میں کارگر ہے۔ جہاں قضایا کو صرف چیلنج کیا جاتا ہے رد نہیں کیا جاتا۔ ویدانت، اپنشد، اور دیگر ہندستانی فکرو فلسفہ کی جدلیات کو کھنگالتے ہوئے پروفیسر نارنگ نے بودھی جدلیات یعنی شونیتا کی جدلیات کو مرکزی معروضہ بنایا ہے اور ہندستان کی صدیوں کی فلسفیانہ روایت اور پھر فارسی زبان و ادب تا اردو زبان و ادب کی غزل گوئی کی شعریات کی کائنات کو راجا بلی کی طرح ایک ہی قدم میں ناپ لیا ہے۔

دراصل ایسا کیا ہے جس کی وجہ سے پروفیسر نارنگ نے اس کتاب کے سرنامے پہ شونیتا کو جگہ دی ہے؟ اس کی ایک وجہ غالباً یہ ہوسکتی ہے کہ شونیتا کا فلسفہ اس وقت کے سیاسی نظام کے خلاف پڑتا تھا۔ دکھ سے نجات حاصل کرنے کے لیے نفس کشی پر زور دیا جاتا تھا۔ بدھ نے نفس کشی اور نفس پرستی کے درمیان اعتدال کی راہ اختیار کرتے ہوئے تہذیب نفس پر زور دیا۔ پروفیسر نارنگ نے باب چہارم بعنوان 'بودھی فکر اور شونیتا' میں ان مباحث پر روشنی ڈالی ہے جو شونیتا کی توضیح وتشریح کے سلسلے کا باب ہے۔ اس بحث کی اطلاقی صورتیں باب یازدہم میں بعنوان ''جدلیاتی وضع، شونیتا اور شعریات'' میں پیش کی ہیں اور دیوان غالب کے ہیرے اور جواہر جیسے اشعار پروفیسر نارنگ کی تخلیقی قرات کی وجہ سے یہاں اپنے سارے سابقہ اور معمولہ معنی (جو اب تک کے شارحین نے ان اشعار کو پہنائے تھے) سے باہر آجاتے ہیں۔ دراصل کتاب اسی باب کے بعد ختم ہوجانی چاہیے تھی۔ روایتی نقاد اس کے بعد والے باب کو دیکھ کر چیں بہ جبیں ہوں گے۔ وہ اس لیے کہ ساری رامائن ختم ہونے کے بعد سیتا کا بیاہ کس سے ہوا جیسے سوال کے طور پر باب دوازدہم کا سامنے آنا واقعتاً حیرت میں ڈال سکتا ہے لیکن غور کرنے کے بعد معلوم ہوتا ہے کہ پروفیسر نارنگ نے ایسا کیوں کیا ہے؟ قاعدہ یہ رہا ہے کہ پہلے مصنف کی شخصیت اور سوانح

والا باب رکھا جاتا ہے پھر اس کے بعد مصنف یا شاعر کے سارے کارنامے کو اسی کے حوالے سے دیکھا جاتا ہے اگر شاعر ہے تو شعر میں سوانحی معنی تلاش کیے جاتے ہیں اور بس۔ یہاں معاملہ یکثر تخلیقی ہے، میکانکی نہیں، یہاں معمول کو غیر معمول میں بدل دیا گیا ہے۔ یہ باب ایک طرح سے مابعد نفسیاتی طرز مطالعہ کی روشن مثال ہے۔ یہاں شخصیت کا مطالعہ روایتی طور پر کرنے کے بجائے فنکارانہ شخصیت یعنی شخصیت کی زیریں سطح یعنی ذہن کو پڑھنے کی سعی کی گئی ہے اور یہ نتیجہ اخذ کیا گیا ہے کہ نہ صرف غالب کے اشعار میں جدلیات نفی کی گردش پائی جاتی ہے بلکہ غالب کے ذہن کی ساخت ہی جدلیاتی ہے جو زندگی کے واقعات میں بھی کارگر ہے۔اس باب میں انھوں نے غالب کی ظرافت اور جدلیاتی ذہنی افتادونہاد کے بارے میں ایک جگہ لکھا ہے :

> ''کسی کے یہاں اگر طنز ہے تو ساتھ ہی تلخی ہے؛ظرافت ہے تو ساتھ ہی تمسخر یا پھکڑ پن ہے۔ بے لوث حس مزاح جس سے غالب بہرہ مند ہے ایک نادر و نایاب چیز ہے جو غالب کی خاص اپنی خصوصیت ہے۔حالی نے بجا طور پر مرزا کو'حیوان ظریف' کہاہے۔مرزا کا مسئلہ نفع وضرر یا سود و زیاں کانہیں۔وہ اکثر ایک بے تعلق تماشائی کے طور پر سامنے آتے ہیں۔،،(13)

گویا کہ اس باب کا مقصد غالب کے متن کے ساتھ ساتھ غالب کی شخصیت، افتاد اور جدلیاتی ذہن کا مطالعہ ہے۔یعنی غالب کے اشعار میں ہی صرف جدلیاتی وضع نہیں ہے بلکہ ان کا اسلوب زیست بھی اسی سانچے میں ڈھلا ہوا ہے یعنی اس ذہن میں آزادگی و کشادگی کا طور جیسے گہرے طور پر کھدا ہوا ہے۔ایک اہم بات یہ بھی ہے کہ پروفیسر نارنگ نے کتاب میں نظریاتی بحث کے لیے صفحات عمداً کم رکھے ہیں۔یعنی جدلیات نفی اور شونیتا کی جدلیات کو واضح کرنے کے لیے انھوں نے فقط باب چہارم کو نظریاتی بحث کے لیے مختص کیا ہے بقیہ پوری کتاب اطلاقی تنقید اور باریک بیں قرات کی اعلیٰ سطحی حیران کن مثال ہے۔

باب چہارم میں پروفیسر نارنگ نے شونیتا کو سوچنے کا طور قرار دیا ہے نیز اسے

آزادی اور آگہی کا فلسفہ قرار دیا ہے،اس کے رشتے تصورات خاموشی اور(کشادگی)،زین اور خاموشی،کبیر اور خاموشی کی زبان کے حوالے سے اس فلسفے کی گرہیں کھولی ہیں اور جو لوگ اس فلسفے کی وسیع و عریض کائنات سے واقف ہیں وہ اس امر کی داد دیں گے کہ پروفیسر نارنگ نے کیونکر گاگر میں ساگر کو بھر دیا ہے۔ان کے اس ایجاز اور اختصار کے ساتھ فلسفہ کی ایک بڑی دنیا کو سمیٹ لینے کے ہنر کی جتنی بھی داد دی جائے کم ہے۔

بدھ سے پہلے کے سارے ہندستانی فلسفے یعنی ویدک درشن وغیرہ ماورائیت پسند ہیں۔ دوسرے لفظوں میں ایشور وادی ہیں جہاں ایشور بھی سگن اور نرگن میں بٹا ہوا ہے۔یہ سب کے سب جسم کے بجائے روح کو مرکز مانتے ہیں۔لیکن جین درشن کا انیکانت وادہمیں بدھ کے فلسفے کی تفہیم میں مدد کرتا نظر آتا ہے۔ جہاں پر یہ باور کرایا گیا ہے کہ حقیقت کو سمجھنے کا ایک نقطۂ نظر ہو ہی نہیں سکتا۔اسی طرح شانکھیہ درشن میں سبب مسبب کا نظریہ بھی ہمیں بدھ تک پہنچنے میں مدد کرتا ہے۔جس کی رو سے یہ بتایا گیا ہے کہ کسی سبب کی وجہ سے ہی کوئی کام ہوتا ہے۔یعنی بنا سبب کے کوئی کام ہوتا ہی نہیں جیسے دھاگے کے بنا کپڑے کا تصور کیا ہی نہیں جاسکتا۔یعنی دنیا کا کوئی بھی کام اس کے ہونے کی وجہ میں چھپا ہوا ہوتا ہے۔ جیسے تل میں تیل پہلے سے موجود ہوتا ہے۔اس کے برخلاف نیاے والے یہ کہتے ہیں کہ کوئی بھی کام اور اس کے نتیجے میں حاصل ہونے والی چیز اپنے ہونے سے پہلے اپنے سبب میں سچ نہیں تھی۔اس لیے سبب اور مسبب میں بھی فرق ہے۔مختصراً یہ کہا جاسکتا ہے کہ بودھ درشن میں یہ خلاصہ کیا گیا کہ دنیا میں ایسی کوئی بھی چیز نہیں ہے جس کے ہونے کی وجہ نہ ہو۔ثابت ہوا کہ وجود قائم بالغیر ہے۔اس رو سے دیکھنے پر بیشتر فلسفوں کی تحدید کی قلعی کھل جاتی ہے۔بودھی فلسفے میں آتما سے نہ انکار کیا گیا ہے نہ اس کا اثبات کیا گیا ہے۔ اسے اناتمن کا نام دیا گیا ہے۔ بودھ زندگی، موت، فلسفۂ حرکت و عمل، یہاں تک کہ نجات کو بھی مانتا ہے لیکن روح کا نہ انکار کرتا ہے نہ اقرار:

”راجا: آپ کس نام سے پکارے جاتے ہیں؟

ناگ سین: میں ناگ سین کے نام سے پکارا جاتا ہوں؟

راجا: ناگ سین کیا ہے؟ کیا کیش ناگ سین ہیں؟

ناگ سین: کیش کس پرکار سے ناگ سین ہوسکتے ہیں؟

راجا: نکھ، دانت، چمڑی، مانس، شریر ناگ سین ہیں؟

ناگ سین: نہیں راجن!

راجا: کیا ان پانچ اکندھوں کا سنیوگ ناگ سین ہے؟

ناگ سین: نہیں مہاراج!

راجا: ان سے پرتھک کوئی ناگ سین ہے؟

ناگ سین: نہیں مہاراج!'' (14)

مذکورہ بالا سوالات وجوابات ایک عجیب وغریب دنیا میں ہمیں لے جاتے ہیں اور ہم سوچنے لگ جاتے ہیں کہ آخر آدمی یا کسی شئے یا کسی بھی چیز کا وجود اور اس کے معنی کیا ہیں؟ آخر ناگ سین ہے کون؟ کیااس کا جواب ہمیں لاجواب ہوجانے یعنی سریت کی طرف لے جاتا ہے؟ غالب کہتے ہیں :

پوچھتے ہیں وہ کہ غالب کون ہے　　کوئی بتلاؤ کہ ہم بتلائیں کیا

Principle of casulity میں تو یہ کہا گیا ہے کہ جب کلی غائب ہوجاتی ہے تو پھول کھل اٹھتا ہے اور پھول غائب ہوجائے تو پیڑوں پر پھل لگ جاتے ہیں۔گویا کہ یہ ساری کی ساری صورتیں جو کسی وجود کی نظر آئیں دراصل التباس آمیز شکلیں ہیں :

ناگارجن یہ بتانے کی کوشش کرتا ہے کہ کوئی بھاؤ ہے ہی نہیں کہ جس کا ابھاؤ ہوسکے اس لیے دنیا اور نجات دونوں ایک ہی شئے کا نام ہے۔'' (بدری ناتھ، ص 335)

پروفیسر نارنگ نے غالب کے متن کو بعینہ شونیتا قرار نہیں دیا۔ یعنی جدلیاتی وضع ایک شونیتائی طور محض ہے جو معنی کی طرفیں کھول کر خود بھی کالعدم ہوجاتی ہے۔حقیقت یہ ہے کہ غالب عامیانہ یا مروجہ حقائق کی قلب ماہیت کرنے کے بعد ہی اپنی طرح کے سچ کو اجالتا ہے۔ یہی غالب شعریات معما کی کیفیت کو لے کر سامنے آجاتی ہے اور سوچ کی طرفیں کھول دیتی ہے۔

شونیتا کا ایک پہلو یہ بھی ہے کہ ہر چیز قائم بالغیر ہے یعنی جوہر سے خالی ہے۔سوال

کرنے والے سوال کرتے ہیں کہ کس جوہر سے خالی ہے؟یعنی اپنے ہونے کے جواز سے۔واضح رہے کہ یہاں شیئے یا وجود سے انکار نہیں ہے۔انکار اس سے ہے کہ کسی بھی شیئے کا اپنا کوئی جوہر نہیں ہے۔ پروفیسر نارنگ نے ذیل میں اس کا نچوڑ بڑی خوبصورتی سے پیش کر دیا ہے۔ملاحظہ فرمائیں :

> ''ناگارجن کا کہنا ہے کہ'تمام اشیاDependent Origination کی ہیں یعنی قائم بالغیر ہیں،کائنات میں کچھ بھی قائم بالذات نہیں ہے،اشیا علت و معلول کے رشتے کی وجہ سے ایک دوسرے پر منحصر ہیں،اس لیے آزادانہ وجود نہیں رکھتیں،یا اصل سے عاری ہیں۔یعنی ہر دکھائی دینے والی یا تصور کی جانے والی شئے جوہر (سوبھاؤ=اصل=Essence) سے خالی ہے یعنی شونیہ ہے۔ دیکھا جائے تو ان گنت اعداد کے ہجوم میں سب سے اہم عدد صفر ہے جو اندر سے خالی ہے۔ یہ اعداد کی سب سے بڑی قوت ہے اور تمام اعداد کا منبع و ماخذ ہے لیکن بالذات شونیہ ہے۔کائنات میں ہر شئے کسی اور شئے پر انحصار رکھتی ہے اوروہ دوسری شئے پھر کسی دوسرے شئے پر اوروہ شئے کسی اور شئے پر، اور یہ سلسلہ لامتناہی ہے، گویا کسی شئے میں خود اس کا اپناپن، سوبھاؤ (سوبھاؤ) یا لازمی ماہیت essential nature یا اصل یا جوہر نہیں۔ اس لیے ہر ہر شئے شونیہ ہے۔ اس صفت اصل الاصول پر مبنی جدلیاتی استردادی فلسفہ کی مدد سے کائنات کے قائم بالغیر یعنی غیر اصل ہونے کے جدلیاتی اصل الاصل کو سمجھنایا اس کی آگہی حاصل کرنا شونیتا ہے۔بودھی فکر کی رو سے یہی منتہائے دانش اورفلسفوں کا فلسفہ ہے۔''(15)

پروفیسر نارنگ کی سب سے بڑی خوبی ہے کہ وہ ادق سے ادق فلسفیانہ مسائل کو آسان زبان میں پیش کر دیتے ہیں۔ایک نکتہ یہ سامنے آیا ہے کہ جس طرح اعداد کی بھیڑ میں صفر بھی ہے جو اصلاً اندر سے خالی ہے۔ باوجودیکہ یہ اعداد کی سب سے بڑی قوت بھی ہے لیکن بالذات شونیہ ہے اور پروفیسر نارنگ نے یہ واضح کیا ہے کہ اس صفر پر مبنی جدلیاتی فلسفے کی مدد سے کائنات کے غیراصل ہونے کے جدلیاتی اسلوب کو سمجھنا اور اس کی آگاہی

حاصل کرنا ہی شونیتا کا دوسرا نام ہے۔اس سلسلے میں پروفیسر نارنگ نے کئی حوالے بھی پیش کیے ہیں۔خاص طور سے پروفیسر فرتھ،کنجنی راجا،رابرٹ میگلیو لا،ہیرولڈ کوورڈ وغیرہ۔ان جملہ اسکالروں نے ناگارجن اور دریدا کے رشتے کی نوعیت پر غیر روایتی گفتگو کی ہے صاحب نظر اس امر کی داد دیں گے کہ پروفیسر نارنگ نے ان مسائل اور فلسفوں کا سیاق جس طرح سے غالب کے سیاق میں دیکھا ہے اور جس طرح ان فلسفوں کو پانی کر دیا ہے اس کی مثالیں مغربی نقادوں کے یہاں بھی کم ملیں گی۔یہ بات میں اپنے شکستہ بستہ مطالعہ کی روشنی میں کہہ رہا ہوں۔Stcherbatszky نے شونیتا کا ترجمہ (Relativity) اضافیت کیا ہے۔ McCagney نے اس کو openness یعنی کھلا ڈلا، کشادہ کہا ہے لیکن ان ترجموں کو بھی ہم جامع و مانع قرار نہیں دے سکتے۔انگریزی میں شونیتا کے اس مفہوم کے لیے دریدا کا لفظ Differance بھی ناکافی ہے۔"(16) فیبیو نے garfields کے حوالے سے لکھا ہے کہ شونیہ دو دھاری تلوار ہے یہ دوسروں کو نہیں خود کو کاٹتی ہے۔اس نے ایک اور اہم بات کی طرف بھی اشارہ کیا ہے۔وہ لکھتا ہے :

> "The goal of sunyata is thus freedom from (reificationist) totalizing metaphysics and from strictly referential theory of meaning. (17)

یعنی یہاں پر صاف لفظوں میں بتایا گیا ہے کہ شونیتا کا مقصد سوسئیر اور دریدا کے ذریعے بتائے گئے حوالہ جاتی ثنویت شعار یا افتراقِ معنی سے ذہن کو آزاد کرنا ہے۔پروفیسر نارنگ نے اس بحث کے بعد غالب کے بہت سے اشعار سے بحث کی ہے۔یہاں ایک شعر درج کیا جاتا ہے :

ہے غیب غیب جس کو سمجھتے ہیں ہم شہود
ہے خواب میں ہنوز جو جاگے ہیں خواب میں

یہاں ٹھہر کر میں ذرا ایک بات واضح کرنا چاہوں گا کہ دریدا اور ناگارجن میں گہرا رشتہ ہی نہیں بلکہ سوسئیر اور دریدا بودھی فلسفہ کے خوشہ چیں معلوم ہوتے ہیں۔سچ تو یہ ہے کہ شونیتا کا فلسفہ دریدا کے تصور لسان کے مقابلے زیادہ انقلابی اور حرکیاتی ہے اور صدیوں

کی روایت اور سبک ہندی کی شعریات غالب اور بیدل یعنی ان دونوں عظیم شعرا کے ذہن کا لاشعوری حصہ بن گئی اور اس کی وضاحت وصراحت جس گہرائی سے پروفیسر نارنگ نے جس بلاغت کے ساتھ اردو میں پہلی بار کی ہے اور غالب کا مطالعہ جس گہرائی سے کیا ہے اس کی داد تہہ دل سے دینے کو جی چاہتا ہے۔غالب کو بہت سے ذہین نقادوں نے پڑھا لیکن پروفیسر نارنگ کے ذہن میں غالب کے اشعار میں وہ خوبی کہ جس کی وجہ سے غالب کے اشعار نیرنگ نظر بن جاتے ہیں بہت کچھ کہہ دینے کے باوجود بھی عدم تفہیم کے احساس کی اصل وجہ دریافت کرنے کی سعادت پروفیسر نارنگ کے حصے میں آئی۔

اسی باب میں خاموشی کی زبان کے بارے میں بڑی بلیغ گفتگو کی گئی ہے۔آگے بڑھنے سے پہلے ضروری معلوم ہوتا ہے کہ چند باتوں کی مزید وضاحت کی جائے۔مثلاً یہ کہ یہ کتاب ہماری اردو تنقید کی اس غلط فہمی کا سد باب کر دیتی ہے کہ اپنے ابتدائی دور میں غالب بیدل کی سریت سے اور پیچیدہ بیانی سے رشہ رکھتے تھےلیکن بعد میں انھوں نے خودکو بیدل کی اس شعری روایت سے الگ کر لیا۔ دوسری اہم بات غالب اور سبک ہندی کی روایت غالب اور بیدل کے رشتے کے حوالے سے بحث اس کتاب میں دو ابواب میں کی گئی ہے جو پڑھنے سے تعلق رکھتی ہے۔ سبک ہندی کی روایت اور زیر زمین تخلیقی جڑوں کے حوالے سے غیر روایتی تحقیق کے علاوہ سبک ہندی پر ہندستانی فکر و فلسفہ کے اثرات کی نشان دہی بھی کی گئی ہے۔ پانچ چھ سو سالوں پر مبنی یہ روایت وہ روایت ہے جس کی جائز وارث ہندوستان میں بقول نارنگ، اردو غزل ہے۔سچ تو یہ ہے کہ سبک ہندی کی اصطلاح سے محمد حسین آزاد،شبلی اور حالی واقف ہی نظر نہیں آتے۔کیونکہ یہ بعد کے ادوار کا معاملہ ہے۔سبھی جانتے ہیں کہ ایران کے بجائے ہندوستان میں فارسی شاعری نے جو وقار حاصل کیا اس زمانے کے ایران میں بھی وہ وقار فارسی شاعری کو حاصل نہ تھا۔اس کے باوجود اہل ایران ہند کے فارسی شعرا کو زیادہ اہمیت نہیں دیتے تھے اورانھوں نے ہی ہندوستان کے فارسی شعرا کے لیے سبک ہندی کی اصطلاح استعمال کی۔ وہ ہمیشہ ہندوستان کی فارسی کو بہ نظر استہزا دیکھتے تھے۔

پہلی بار پروفیسر نارنگ نے ہی اس کتاب میں کمتر گردانیے کے لیے اس بھید کو کھولا ہے کہ سبک ہندی کے شعرا بالخصوص غالب پر زمینی فکر وفلسفہ کی پرچھائیاں صاف طور پر محسوس کی جاسکتی ہیں جسے غالب کی معنی آفرینی کی دنیا میں انقلابی قسم کی تبدیلیاں رونما ہوئیں۔ گویا کہ اس کتاب میں پروفیسر نارنگ نے غالب اور بیدل کے رشتے کی وضاحت کے سلسلے میں حد درجہ تحقیقی اور علمی بصیرت کا ثبوت دیا ہے۔

اب جو سوال اہم ہے وہ یہ ہے کہ آخر سبک ہندی کی شعریات میں غزل بنانے کا اصول کیا تھا۔ خیال بندی سبک ہندی کی شعریات کا اہم حصہ رہا ہے۔ نیز یہ بھی کہ بیدل اور غالب کا رشتہ کتنا گہرا اور معنی خیز تھا:

نفی خود میکنم اثبات بروں می آید تا کجا رنگ تواں بافت بہارست اینجا

(میں اپنی نفی کرتا ہوں تو اثبات سامنے آتا ہے،ہم کہاں تک رنگ آفرینیاں کریں یہاں تو بہار ہی بہار ہے)

اس کے مقابل غالب کا شعر اتنا بلند نہیں ہے مگر یہ ظاہر ہے کہ کسی پیچ در پیچ طریقے پر بیدل کا اثر اس کے دماغ میں کام کر رہا تھا۔''

نفی سے کرتی ہے اثبات تراوش گویا دی ہے جائے دہن اس کو دم ایجاد نہیں(18)

اس سے زیادہ کھلا ثبوت دونوں کے درمیان کے رشتے کا اور کیا ہوسکتا ہے کہ از خود دونوں کے اشعار (متن) نفی کی جدلیات کو اثبات کی جان قرار دے رہے ہیں۔ بہر کیف پروفیسر نارنگ کی عبارت ملاحظہ فرمائیں اور محسوس کریں کہ سبک ہندی کی شعریات کیا تھی اور غالب نے اسے اپنی جدلیاتی تخلیقیت سے کیا سے کیا بنا دیا۔ پروفیسر نارنگ شبلی کی رائے کے بعد اس کا محاکمہ کرتے ہوئے لکھتے ہیں:

(1) بیت جس میں معنی آفرینی،خیال بندی اور مضمون سازی کا غلبہ ہو۔

(2) بیت جس میں شاعرانہ تمثیل اور دلیل کا کام دینے والا مجازیہ(استدلالیہ)استعمال کیا جائے یا بہ الفاظ دیگر تمثیل نگاری کی جائے۔

(3) بیت جس کی تعمیر مناسبت لفظی پر کی جائے۔

لیکن آگے چل کر ہم دیکھیں گے کہ کیا واقعی ان تینوں خصوصیات کا داخلی ساختیاتی نظام ایک دوسرے سے اتنا الگ الگ ہے جتنا بادی النظر میں دکھائی دیتا ہے،یا تخلیقی طور پر یہ باہمدگر مربوط ہیں اور ایک دوسرے پر منحصر ہے؟یا فرق بس کم و بیش ہی کا ہے۔مثلاً ایک بیت جس کے ذریعے خیال بندی یا مضمون سازی کے غلبہ کو ثابت کیا جائے،کیوں کرممکن ہے کہ اس میں منطق شعری،تمثیل یا استدلال شاعرانہ سے کام لینے والے مجازیہ یا محسوس و ماورائی خیالی پیکروں کاعمل دخل نہ ہو۔ اسی طرح وہ بیت جس میں معنی آفرینی،ادا بندی،مضمون آفرینی یا تمثیل سازی ہو،کیسے ممکن ہے کہ اس کی تعمیر میں مناسبت لفظی کا داخلی نظام کم یا زیادہ کارگر نہ ہو۔،،(19)

پروفیسر نارنگ دراصل شبلی کے مذکورہ بالا نکات (3 ,2 ,1) پر سوال اٹھاتے ہیں کہ جس شعر میں ادابندی، مضمون آفرینی یا تمثیل سازی ہو کیسے ممکن ہے کہ اس میں مناسبت لفظی نہ ہو۔ کیونکرممکن ہے کہ جس شعر میں خیال بندی ہو اس میں تمثیل یا استدلال نہ ہو نارنگ بتاتے ہیں کہ سبک ہندی کی شعریات کے تصورات کے ذریعے لفظی بازیگری اور مشاقی کا دفتر بھی سامنے آیا لیکن سبک ہندی کی شعریات پر زیر زمین تخلیقی شعریات کا یعنی جدلیاتی وضع کا یا تمثیل کی میکانکی ہیئتی صورت سے ہٹ کر شعر میں قول محال کے ذریعے کس طرح سے اس شعریات میں زندگی کا تازہ لہو یا معنی آفرینی کا تصور پیدا کیا گیا ہے، چونکہ غالب کی ذہنی افتاد ہی جدلیاتی تھی اس لیے انھوں نے اس شعریات کو اپنی تخلیقی کرشمہ کاری سے کہاں سے کہاں پہنچا دیا، مزید یہ کہ انھوں نے پیچیدہ بیانی اور قول محال کا تخلیقی سبق بیدل سے پڑھا تھا، دراصل انھیں عوامل نے ان کے اشعار میں طرفگیِ خیالات و جدت و ندرت مضامین کا وہ جوہر پیدا کردیا جس سے نیرنگیِ خیال کا طلسم زار کھل گیا۔ پروفیسر نارنگ نے ان امور کی نشان دہی جس طرح سے کی ہے اور جس طرح کی تنقیدی بصیرت کے ساتھ ساتھ تحقیقی بصیرت سے کام لیا ہے وہ اردو تنقید میں چیزے دیگر کی حیثیت رکھتی ہے گویا دیباچے میں انھوں نے جو کہا ہے کہ ''بہت کچھ غالب پر لکھے جانے کے باوجود بھی غالب کے متن میں بہت کچھ ایسا ہے جس کو ابھی تک کوئی نام نہیں دیا گیا ہے

لیکن سچ تو یہ ہے کہ پروفیسر نارنگ نے اس بہت کچھ میں سے تقریباً سبھی شعری خصائص کو نام عطا کرنے یا نشان زد کرنے میں کامیابی حاصل کر لی ہے۔جب زمانہ مزید اپنا طور بدلے گا تو بھلے ان کی اس عمارت پر کوئی مزید منزلیں بنا ڈالے اس بنیاد سے انکار نہیں کیا جاسکتا۔

آخر غالب کے اشعار سمجھ میں کیوں نہیں آتے تھے یا آتے ہیں؟ پروفیسر نارنگ نے اس کی مثال شروع بحث میں ہی دے دی ہے کہ ہمارے شارحین اس بڑھیا کی طرح ہیں جو اپنی کھوئی ہوئی چابیوں کو اپنے اندھیرے گھر میں ڈھونڈھنے کے بجائے چوک کی روشنی میں ڈھونڈھ رہے تھے یا ڈھونڈ رہے ہیں۔پروفیسر نارنگ اس رمز پر زور دیتے ہیں کہ غالب کو ہمیں اسی دھندھلکے میں تلاش کرنا چاہیے جہاں وہ ہے یعنی اس کی ذہنی افتاد و نہاد میں، جو جدلیاتی ہے۔ وہ غالب پر بیدل کے اثرات کی نشان دہی کرتے ہوئے غالب اور بیدل کی شاعری میں مماثلت اور فرق دونوں کی نشان دہی کرنے میں بھی کامیاب ہیں۔ذیل کی عبارت میں ملاحظہ فرمائیں:

> ’’متصوفانہ شاعری تو اس پورے عہد میں تھی اور خوب سمجھی جاتی تھی لیکن اگر لوگ بیدل کے روحانی کلامیہ کو نہ پاسکے تو اس لیے کہ اول تو کسی میں بیدل کی سی ذہنی وتخلیقی استعداد نہ تھی، دوسرے یہ کہ دانش ہند کے سرچشموں تک عام لوگوں کی رسائی نہ تھی۔بیدل کے یہاں وجود کا تصور ہی بدلا ہوا اور پیچیدہ ہے، یعنی برق جوالہ یا خط پرکار۔یہ اکائی سے زیادہ دائروی ہے۔جب علم اور غیر علم دونوں ایک ہی سلسلۂ جاریہ یا حلقۂ دام خیال ہیں تو وحدت بھی ’مبتد الاعداد‘ سے زیادہ ’صفر اصل الاصول‘ سے عبارت ہے، یعنی فلسفۂ شونیہ، جو یوگ وششٹھ کی قدیمی دانش کی بھی اساس ہے۔واگیش کا یہ وہ نکتہ ہے جو سبک ہندی بالخصوص بیدل کے بارے میں ہمارے تھیسس سے خاصی مطابقت رکھتا ہے۔واگیش شکل نے اپنے پراز معلومات مضمون میں یہ بھی انکشاف کیا ہے کہ ضروری نہیں کہ مثنوی ’عرفان‘ میں ہر مبحث یوگ وششٹھ سے آیا ہو، اس میں بہت کچھ ایسا بھی ہے جو دوسرے ذرائع سے شعوری یا لاشعوری طور پر آیا ہوگا۔لیکن اس میں کلام

نہیں کہ بعض تصورات ایسے ہیں جو سوائے دانش ہند کے کہیں اور نہیں پائے جاتے۔،،(20)

آپ نے غالب اور بیدل کے درمیان مماثلت کے پہلوؤں پر تو غور کر لیا لیکن نظر میں رہے کہ دونو ں کے شعری کلامیہ میں ایک خاص طرح کا فرق بھی پایا جاتا ہے۔ پروفیسر نارنگ لکھتے ہیں :

''البتہ بیدل کائنات کو صوفی کی ماورائی نظر سے دیکھتے ہیں جبکہ غالب دانش و آگہی کی برتری کو تسلیم کرتے ہیں اور ارضیت پر زور دیتے ہیں۔ ہر چند کہ انسان کی مرکزیت کا تصور وہ بیدل سے لیتے ہیں لیکن اسے انھوں نے غیر ماورائی اور ارضیت اساس بنا کر تمنا کی بیتابی، آرزومندی اور شوق کی بے پایانی سے کہاں سے کہاں پہنچا دیا۔،،(21)

مزید یہ کہ غالب پر فارسی پرستی کا ایسا الزام لگا ہے کہ کئی بار ان کی اردو کی اردوئیت پر بھی سوالیہ نشان لگایا جاتا رہا ہے راقم بھی اس ذیل میں کسی حد تک گنہگار ہے۔ (دیکھیں مضمون: مولا بخش، غالب اور اردوئیت)

ایسا نہیں کہ پروفیسر نارنگ کو یہ احساس نہیں ہے کہ غالب کی اردو کس نہج کی ہے کہ غالب چاہتے تو انھیں مضامین کو وہ میر کی سادگی والی زبان میں ادا کر سکتے تھے لیکن پروفیسر نارنگ نے اس لسانی انتخاب کا بھی جواز فراہم کر دیا ہے اور وہ چشم کشا ہے :

''ابتدائے عمر میں غالب فارسی مصادر، فارسی توابع فعل، فارسی حروف جار، فارسی لاحقوں، فارسی جمعوں اور بعض فارسی بندشوں کو یہ دیکھے بغیر کہ یہ اردو میں کھپ سکتی ہیں یا نہیں، جوں کا توں باندھ دیتے تھے۔ لیکن بعض صرفی ونحوی اجزا ایسے بھی ہیں جو اردو کے امتزاجی لسانی جینئیس سے میل نہیں کھاتے اور ان کا شمول دودھ میں شکر کی طرح نہیں بلکہ دودھ میں کنکر کی طرح ہے۔ زبانیں اپنے جینئیس اور مزاج کے مطابق اپنے فیصلے خود کرتی ہیں، اس میں قطعاً کوئی باہری زور زبردستی نہیں چلتی، چہ جائیکہ کوئی شاعر نابغۂ روزگار ہی کیوں نہ ہو۔ کچھ مستثنیات ضرور ہیں، جہاں اندر کی تخلیقی آگ اس نوعیت کی ہے کہ زبان پگھل

جاتی ہے اور معنیاتی آتش کدہ سے اظہار کا لاوا ایسے ابلتا ہے کہ سب کچھ زیرو زبر ہوجاتا ہے،لیکن ہمہ وقت ایسا نہیں ہوتا،اور زبان بالعموم ایسے تمام بیرونی صرفی ونحوی اجزاکو جو اس کے انجذابی جینیس کا حصہ بن سکتے،مسترد کر دیتی ہے یا پلٹ دیتی ہے۔ملاحظہ فرمایئے فارسی کے پورے کے پورے مصادر یا توابع فعل یا ان افعال سے بننے والے اسمائے صفت یا ترکیبیں یا بندشیں جو اردو کو راس نہیں آئیں، ان سب کو بعد میں خود غالب نے ترمیم کر کے بدل دیا۔''(22)

پھرانھوں نے اس الزام سے غالب کو بری اس لیے کیا ہے کہ ناقدین کی نگاہ غالب شعریات کے اصلی مزاج پر گئی ہی نہیں ہے۔ وہ یہ کہ غالب بظاہر سبک ہندی کی شعریات کے خوشہ چیں ہیں لیکن بذات خود سبک ہندی پر آخر کار ہندستانی فلسفہ وفکر کے جو اثرات ہیں کے رشتوں پر ان سے پہلے کے ناقدین نے غور ہی نہیں کیا ہے۔ یہ پروفیسر نارنگ ہیں جنھوں نے سبک ہندی کے ڈانڈے دانش ہند اور جدلیاتی حرکیات اور مٹی کے رشتوں سے جوڑکر اسے شواہد کی روشنی میں اشعار کے تجزیے اور تنقید کے حوالے سے اس مقدمے کو بھی اپنے طور پر ثابت کیا ہے :

لاگ ہو تو اس کو ہم سمجھیں لگاؤ　　جب نہ ہو کچھ بھی تو دھوکا کھائیں کیا

''مزے کی بات ہے کہ وہی غالب جو فارسیت کے غلو کے لیے مطعون ہیں، بھاشا کے دو دیسی لفظوں 'لاگ' اور 'لگاؤ' سے عجیب ہنر مندی کا کام لینے میں کارگر ہیں۔ کیا یہ حقیقت نہیں کہ شعر کا سارا مزہ ان دونوں معمولی دیسی لفظوں کے ربط و تضاد کو گردش میں لانے اور ان میں تخلیقی قطبیت ڈال کے ان کے معمولی پن کو غیر معمولی بنا دیتے ہیں میں ہے؟''(23)

''مسئلہ فقط اردو سے قطع نظر کرنے یا فارسیت میں حلول کرنے کا تھا ہی نہیں،یعنی نوعیت کے اعتبار سے مسئلہ فقط لسانی نہیں تھا،یہ اتنا شعر کے خارجی لباس کا نہیں جتنا شعری عمل کی داخلی روح یا اندرونی نظام کا تھا۔''(24)

جو یہ کہے کہ ریختہ کیونکے ہو رشک فارسی
گفتۂ غالب ایک بار پڑھ کے اسے سنا کہ یوں

پروفیسر نارنگ کے ایک ادنیٰ سے شارح اور نقاد ہونے کے ناتے میں نے یہ محسوس کیا کہ پروفیسر نارنگ کی ذہنی ساخت بھی جدلیاتی طریق کار میں رچی بسی ہے۔ وہ ابتدا تا حال عموماً اپنے تنقیدی متون میں حقیقت کے معمولہ تصور اور گھسی پٹی ڈگر سے ہٹ کر ہمیشہ پانسہ پلٹ دینے کے قائل رہے ہیں۔ ابتداً اسلوبیات کے میدان میں انھوں نے راستہ نظری بحث کے بجائے اطلاقی اسلوبیات والا اپنایا اور اسلوبیات کے اس راستے پر چلنے کے بجائے کہ جس پر حد درجہ معروضی ہونے کے نام پر حد درجہ میکانکی ہونے کا الزام لگایا گیا، اسے ترک کیا اور اسلوبی مطالعے کی معنویت کی تہہ تک پہنچنے اور اسلوب کو مجرد ہیئت نہ سمجھتے ہوئے غیرروایتی اسلوبیاتی مطالعات پیش کیے مگر ان کی ان اسلوبیاتی مطالعات خاص کا حصہ غالب نہ بن سکے تھے۔ دراصل تب سے اب تک ان کے ذہن میں غالب کا غیرروایتی مطالعہ پیش کرنے کا ذوق وشوق کنڈلی مار کر بیٹھا تھا۔

ایسا معلوم ہوتا ہے کہ پروفیسر نارنگ نے پچھلے کئی برسوں کی ریاضت، تھیوری کی بصیرتوں اور اس سے پہلے اسلوبیاتی درون کی مساوی گہرائیوں کو جیسے غالب کے متن کی تعبیر وتنقید کے لیے سنجو کر رکھا ہو جو مناسب وقت پر ظہور پذیر ہوگئی۔

پوری کتاب میں متعدد اہم تنقیدی نکات انتہائی معنی خیز، تجزیاتی حسن سے مزین نظر آتے ہیں جو پروفیسر نارنگ کا اختصاص رہے ہیں۔ پہلی بات تو یہ کہ انھوں نے غالب کے اشعار میں جابجا **افعال کے تخلیقی استعمال کا تجزیاتی مطالعہ** پیش کرتے ہوئے بھی غالب کی جدلیات نفی کی گردش کا ایک اہم حوالہ افعال کے تخلیقی استعمال کو بھی قرار دیا ہے۔ ذہین قاری یہ جانتا ہے کہ کسی زمانے میں اردو کے البیلے نقاد حسن عسکری نے اپنے مضمون ''قحط افعال'' میں غالب سے یہ شکایت کی تھی کہ غالب محاوروں اور افعال سے حد درجہ اجتناب کرتے ہیں اور عرش سے پرے کسی مکان کی تلاش میں رہتے ہیں۔ یعنی ماورائی ذہن رکھتے ہیں پروفیسر نارنگ نے غالب کے اشعار میں جابجا افعال کے تخلیقی استعمال کے تجزیے سے حسن عسکری کے اس قضیے کو بغیر نام لیے ایک طرح سے تمام کر دیا ہے۔ یعنی کہ غالب کا افعال کے تخلیقی برتاؤ کا انداز نظر ان کے حد درجہ اپنی زمین سے جڑے ہونے کا کھلا ثبوت

ہے۔اس کتاب کے 678 صفحات میں جہاں جہاں اسلوبیاتی تجزیے کی ضرورت محسوس ہوئی ہے عمیق طور پر یہ تمام و کمال نظر آتا ہے۔دوسرے یہ کہ انھوں نے کتاب میں خموشی کی زبان اور انسانوں سے بھری اس دنیا میں زبان کی موجودگی اوراس کی فطرت پر بھی غیر روایتی قسم کی بحث کی ہے۔ اردو کے کسی نقاد کے یہاں اس بلاغت کے ساتھ یہ بحث غالب کی تفہیم کے سلسلے میں یا کسی بھی دیگر شاعر کی تفہیم کے سلسلے میں نظرنہیں آتی۔غالب کے شعری متن میں موجود شونیتا مماثل طور کو سمجھنے اور سمجھانے کے لیے یہ بنیادی نکتہ ہے۔علاوہ ازیں اس بات کا بھی خلاصہ کیا گیا ہے کہ غالب کے متن میں شونیتامماثل طور یا جدلیات نفی کی گردش کی آج کے زمانے میں کیا اہمیت ہے۔یعنی اکیسویں صدی میں غالب کے اس شعری طریق کار کے ذریعے آج طرح طرح کی تعنیات میں گھرے انسان کو کس نوع کا سبق ملتا ہے یا تعنیات سے نجات کیسے مل سکتی ہے،آگے ان جملہ مذکورہ بالا معروضات کے حوالے سے اقتباسات پیش کیے جاتے ہیں جن میں پروفیسر نارنگ کی تنقید محض تنقید کے بجائے فوق تنقید (Meta Criticism) کے قالب میں ڈھلتی نظر آتی ہے اور اس سے بڑھ کر خود پروفیسر نارنگ کا جدلیاتی ذہن اور ان کے سینے میں تہذیبی وجدان کا نور باطنی لہریں لیتا نظر آتا ہے۔وہ اقتباس جو اب پیش کی جائیں گی ان کو پڑھتے ہوئے آپ کو اندازہ ہوگا کہ پروفیسر نارنگ نے اس کتاب میں ایسی تخلیقی نثر کا رجسٹر بنایا ہے جو تنقیدی نثر کی معروضی دنیا کو زیر و زبر کیے بغیر کس طرح تخلیقیت کا جادو جگاتی ہے۔

ملاحظہ فرمائیں:

ابن مریم ہوا کرے کوئی   میرے دکھ کی دوا کرے کوئی

''اردو اور بھاشا میں بہت سے سوالیہ لفظ اور ضمیریں'ک' سے شروع ہوتی ہیں،جیسے کوئی،کسی،کیا،کون،کن،کیوں،کب،کیسے وغیرہ۔جب ان میں سے کوئی لفظ ردیف کا حصہ ہوتو غزل کی داخلی وحدت میں استفہامیہ عنصر کا در آنا لازمی ہے اور اگر یہ مضارع کے ساتھ ہو،جیسے ہوا کرے کوئی،دوا کرے کوئی،جا کرے کوئی،تو توقع نفی کا تہ نشیں ہونا لابدی ہے جو اس بے مثال غزل کی نشتریت کی

خصوصیت خاصہ ہے۔یعنی اعجاز ابن مریم روایتاً بھلے ہی برحق ہو،میرا دکھ لادوا ہے،کون مسیحا اور کیسی مسیحائی،شعر کا لطف معمولہ مسیحائی کے رد میں ہے۔،،(25)

مزید دیکھیے :

اک نو بہار ناز کو تاکے ہے پھر نگاہ چہرہ فروغ مَے سے گلستاں کیے ہوئے

''نظم طباطبائی نے لکھا ہے کہ 'تاکے ہے' مرزا نے تاک اور مَے کی مناسبت سے کہہ دیا ہے، یہاں 'ڈھونڈھے ہے، کہنا چاہیے تھا۔حقیقت یہ ہے کہ جی ڈھونڈھتا ہے اس سے اگلے شعر میں موجود ہے اور ہر فعل کی اپنی کیفیت ہے۔تاک اور مئے کی نسبت معمولی نسبت ہے اور یہاں اس کا مقام بھی نہیں۔'تاکے ہے' میں جو بات ہے ڈھونڈھے ہے میں نہیں ہے۔غور طلب ہے کہ ہر امیج ایک فعل سے بندھا ہوا ہے جو نفی در نفی کا تموج پیدا کرتا ہے۔اس کلائمکس کے بعد آخری تین شعر اختتام کے ہیں جو تصور جاناں کی ٹھہری ہوئی پرسکون آرزومندی پر ختم ہوتے ہیں۔،،(26)

حضرت غالب کے اشعار میں کسی کو قحط افعال کا منظر نظر آتا ہے تو حضرت طباطبائی کو فعل 'تاکنا' غیر فصیح معلوم ہو رہا ہے۔ معلوم ہونا چاہیے کہ فصاحت کا راز یہ ہے کہ عامل صحیح اسم کے ساتھ صحیح فعل کا استعمال کرے۔ پروفیسر نارنگ نے اشارہ کیا ہے کہ ہر امیج ایک فعل سے بندھا ہوا ہے جو نفی در نفی کا تموج پیدا کرتا ہے۔غالب کے یہاں تخلیقی افعال کے استعمال کے اسلوبیاتی تجزیے کے ساتھ ساتھ پروفیسر نارنگ نے غالب کی غزلوں کی ردیفوں کا بھی غیر روایتی مطالعہ پیش کیا ہے اور اپنے قضایا جدلیاتی وضع کی گردش جوشونیتا کا جوہر ہے کی توضیح وتشریح میں مدد لی ہے :

ہم نے مانا کہ تغافل نہ کرو گے غالب خاک ہو جائیں گے ہم تم کو خبر ہوتے تک

''افسوس کہ ابھی غالب کی ردیفوں اور ان کی معنیاتی فضا بندی پر قاعدے کا کوئی کام نہیں ہوا ہے۔اس سے انکار نہیں کیا جاسکتا کہ ردیفوں میں اکثر و بیشتر حروف جار،افعال،امدادی افعال یا کثیر الاستعمال سہل وسادہ الفاظ آتے ہیں

جن میں طویل مصوتوں اور غنیت کی تکرار ہوتی ہے جو روانی و نغمگی اور کیفیت کی سماں بندی میں مدد دیتی ہے۔غالب کے یہاں معنی کی کرشمہ کاری کا ایک پہلو یہ بھی ہے کہ وہ سامنے کی ردیفوں سے اور معمولی افعال وحروف کی الٹ پھیر سے ایسے ایسے معنی نکالتے اورسماں بندی کرتے ہیں کہ دیکھتے بنتی ہے۔غزل کے ہر شعر کا مفہوم ہر چند کہ الگ ہوا کرتا ہے تاہم ہم نے مانا کو اگر مطلع کے معنیاتی تسلسل میں پڑھا جائے تو شعر کا لطف دوبالا ہوجاتا ہے۔ استمرار تو ہے ہی، یہاں مستقبل کی پرچھائیں بھی ہے۔مانا کہ عاشق کا سینہ امید سے بھرا ہوا ہے کہ محبوب کرم کرے گا ہی کرے گا۔تغافل نہ کرو گے میں ہر چند کہ نفی ہے لیکن اس کی تہ میں اثبات ہی اثبات ہے یعنی امکان ہے کہ کرم کروگے۔ تاہم تم کو خبر ہونے تک میں ایک لمبی مدت درکار ہے۔مزے کا ایک پہلو یہ بھی ہے کہ بظاہر خاک ہوجائیں گے ہم میں کچھ'ہونا' بتایا گیا ہے اور ہونا میں اثبات کا شائبہ ہے لیکن بطور محاورہ ختم ہوجانا مٹ جانا۔ظاہر ہے کہ حسن معنی توقع کے رد اور کشاکش میں ہے۔''(27)

مذکورہ بالا اقتباس سے دو نکات ابھر کر سامنے آجاتے ہیں کہ غزل کی شعریات(جس پر پروفیسر نارنگ نے اس کتاب میں مسلسل بحث کی ہے) کا تقاضا ہے کہ ہم غزلیہ شاعری کی تعبیر وتنقید کے وقت کی ردیفوں کو بھی نظر انداز نہ کریں۔دوسری اہم بات یہ کھل کر سامنے آئی ہے کہ یہ ردیف ہی ہے جو غزل میں معنیاتی تسلسل کو قائم رکھتی ہے اورجدلیاتی گردش کا کھیل تو اپنی جگہ پر ہے ہی۔اب ذرا مندرجہ ذیل عبارت میں غالب کے مشہور زمانہ شعر کی توضیح وتشریح کے ساتھ ساتھ تجزیہ اور تنقید کا یہ طور بھی ملاحظہ فرمایئے:

نہ تھا کچھ تو خدا تھا کچھ نہ ہوتا تو خدا ہوتا
ڈبویا مجھ کو ہونے نے نہ ہوتا میں تو کیا ہوتا

''عجیب وغریب شعر ہے۔یہ بھی ان اشعار میں ہے جن پر سہل ممتنع ہونے کا دھوکا ہوتا ہے۔شعر میں چار ٹکڑے ہیں، چاروں نفی اساس ہیں اور چاروں مل کر اس حرکیات کی تشکیل کرتے ہیں جو معنی کو پہلو در پہلو کھول دیتی ہے۔پہلا ٹکڑا

بیانیہ ہے کہ جب کچھ بھی نہیں تھا تو خدا تھا۔ دوسرے ٹکڑے میں اسی قول کو بالا قرار پلٹ دیا ہے کہ اگر کچھ نہ ہوتا تو خدا ہوتا۔ایک حقیقت سامنے آگئی جس سے انکار ممکن نہیں۔اب اسی مسئلہ کو پلٹ کر کہ اگر کچھ نہ ہوتا تو خدا ہوتا، غالب سوال اٹھاتے ہیں کہ نہ ہوتا میں تو کیا ہوتا؟ 'میں' کی نسبت 'کچھ' سے ہے۔جب طے ہے کہ کچھ نہ ہوتا تو خدا ہوتا، پس لازم آیا کہ میں نہ ہوتا تو خدا ہوتا۔یعنی 'کچھ' ہونے یا انسان ہونے کی مشکل سے بچ جاتا۔شعر میں 'ہونا' (to be) کی فعلیہ شکلیں پانچ بار آئی ہیں جس سے معمائی کیفیت پیدا ہوگئی ہے جو بجائے خود ابداع و نادرہ کاری کی کنہ ہے۔دیکھا جائے تو 'تھا' بھی 'ہوتا' ہی کی قبیل سے ہے (بطور ماضی)۔اس طرح پہلے چار بار اور پھر تین بار۔لطف کا ایک پہلو یہ ہے کہ پہلے مصرع میں 'ہوتا' 'کچھ' کے ساتھ اور دوسرے میں ہونا 'میں' یا 'مجھ' کے ساتھ آیا ہے۔ / کچھ نہ ہوتا / میں نہ ہوتا / مقابل ہے / خدا ہوتا / کے۔ پس لازم آیا کہ خدا کچھ نہ ہونے کا بدل ہے۔اتنا معلوم ہے کہ بالکل کچھ نہ ہونا شونیہ ہے۔منطقی طور پر انسانی ذہن زیادہ سے زیادہ شونیہ تک ہی جاسکتا ہے۔ (اور یہی عین آگہی اور احساس آزادی ہے۔)''(28)

غالب کا مذکورہ بالا شعر اگرچہ بظاہر منطق کے کھیل پر مبنی نظر آتا ہے مگر اس کا اسیر نہیں ہے۔یہاں قول محال اور معمائی انداز اپنی حدوں کو چھو رہا ہے۔منطق تو کسی نہ کسی فیصلے پر پہنچا دیتی ہے یہاں تو غالب نے یہ کہہ کر کہ اگر میں انسان نہیں ہوتا تو کیا ہوتا؟ معنی کو لٹو کی طرح گھما دیا ہے۔پروفیسر نارنگ کی اس کتاب کی قرات کے مذکورہ بالا انداز نظر جس کی طرف مختصراً آپ کی توجہ مبذول کی گئی ہے اس کے پیش نظر ہم کہہ سکتے ہیں کہ اپنی تازگی و عمیق نظر کی بدولت یہ کتاب غالب پر ایک زندہ متحرک اور رجحان ساز کتاب ہی نہیں بلکہ گرنتھ بن جاتی ہے۔مزید دیکھئے:

ہر چند ہر اک شئے میں تو ہے   پر تجھ سی کوئی شئے نہیں ہے
ہاں کھائیو مت فریب ہستی   ہر چند کہیں کہ ہے نہیں ہے
ہستی ہے نہ کچھ عدم ہے غالب   آخر تو کیا ہے اے نہیں ہے

''یہ شعر ان اشعار میں ہیں جو نسخۂ حمیدیہ کے آخر میں بڑھائے گئے، گویا چوبیس برس کے کچھ ہی بعد لکھے گئے ہوں گے۔ یہ عمر اور حقیقت ہستی پر غور وخوض کی یہ نہج غالب کی افتاد ذہنی اور فکری بالیدگی کو دیکھتے ہوئے خاصا تعجب خیز ہے کہ عرفی و فیضی اور نظیری وظہوری سے بیدل تک مابعد الطبیعیاتی فکر کی جو روایت تھی اس میں مصدر ہستی، کائنات اور انسان کی ماہیت اور جملہ مظاہر کے باہمی رشتوں پر غور و خوض کرنا بمنزلہ ایک تھیم کے تھا، غالب نے نو عمری میں اس روایت سے استفادہ بھی کیا، اس کو نبھایا بھی اور اسی کم عمری کے زمانے میں اس کو subvert بھی کیا، یعنی اس کی تقلیب بھی کی اور تنسیخ بھی، تقلیب و تنسیخ کے اس عمل میں ان کو سب سے زیادہ مدد جدلیات نفی کے تفاعل سے ملی جس کا لاشعوری فیضان ان کو سبک ہندی کی تمثیل نگاری اور خیال بندی سے پہنچا تھا، اور خود ان کی فطری اپج اور افتاد و نہاد نے سونے پر سہاگے کا کام کیا ہوگا۔ یہاں مقتبس اشعار میں پہلا شعر بظاہر سرسری ہے لیکن دوسرا اور تیسرا شعر غیر معمولی ہیں اور غالب کی خاص سہل ممتنع سحر بیانی اور منطق شعری کے غماز ہیں۔ پہلے فقط ہستی کی بات تھی۔ اب ہستی وعدم دونوں کو subvert کیا ہے یعنی دونوں پر خط تنسیخ کھینچا ہے/ہستی ہے نہ کچھ عدم ہے غالب/ہستی اور عدم ایک دوسرے کا الٹ ہیں، عرف عام میں اگر ہستی نہیں ہے تو عدم ہے اور اگر عدم نہیں ہے تو ہستی ہے۔ ہستی و عدم ایک binary ثنویت ہے جس کے دونوں عناصر ربط ونفی کے نظام میں بندھے ہوئے ہیں۔ زبان کے اصل الاصول کی رو سے ایک کا رد دوسرے کا قبول ہے، یعنی لفظ یا تصور قائم ہی افتراقیت سے ہوتا ہے، لیکن غالب دونوں کی نفی کرتے ہیں، نہ یہ نہ وہ، گویا غالب زبان و معنی کی ایک یکسر نئی گرامر خلق کر رہے ہیں۔ جس میں ثنویت یا افتراقیت ہی کالعدم ہو جاتی ہے۔ یعنی جب یہ بھی نہیں اور وہ بھی نہیں تو پھر کیا؟ لہٰذا معنی کا کوئی پیکر قائم ہی نہیں ہوتا۔ یہ زبان کی سرحد ادراک سے بھی پرے جھانکنا ہے یا خاموشی کی زبان جس کو میکانکیت کی مدد سے بیان نہیں کر سکتے۔ غالب کی جرأت فکری اور جرأت انکار اکثر زبان کی حدود سے آگے جاتی ہے۔ یہ شونیہ ہی نہیں، لائے

اعظم یعنی مہاشونیہ مماثل ہے۔اگلا مصرع اس سے بھی بھیانک ہے/آخر تو کیا ہے اے نہیں ہے/متکلم یعنی میرافسانہ کا شق ہوکر دولخت ہوجانا،یعنی ذات اور ذات کا 'غیر'۔ذات یا اس کے غیر سے کلام کرنا غزل کی پہلے سے چلی آرہی شعریات میں نیا نہیں، لیکن اس کی شاید ہی کوئی مثال ہو کہ ذات کے core کو استفہامیہ/آخر تو کیا ہے/کے بعد/'اے نہیں ہے'/کہہ کر مخاطب کیا ہو، یعنی وہ جو 'نہیں' ہے وہ 'ہے' بھی۔گویا ''نہیں+ہے'' (لائے اعظم = مہاشونیہ) کو بطور علم پکارا گیا ہو، یعنی اے فلاں...اے نہیں!اور ہونا فعل بھی ہے، یعنی اے فلاں جو'نہیں' بھی ہے اور'ہے' بھی!اتنا ہی نہیں، شروع کا حصہ طلسم کدہ ذات میں حیرت نفی کا نقیب بن کر آیا ہے۔یعنی اے نہیں (اے فلاں) جونہیں ہے، آخر تو کیا ہے؟ غورطلب ہے کہ جو چیز ہے ہی نہیں، یعنی جس کا وجود ہی شونیہ یعنی 'لا' ہے، اسی 'نہیں' سے پوچھا جارہا ہے کہ آخر تو کیا ہے؟ جب روایتی ہستی وعدم دونوں رد ہوگئے تو ذات بھی رد ہوگئی۔جب ذات بھی رد ہوگئی تو (یعنی نفی درنفی درنفی یا نفی لامتناہی) تو پھر اس کی ماہیت کیا معنی۔ اس نوع کی فلسفیانہ فکر نہ روایتی وجودی تصوف کی مابعد الطبیعیاتت کا حصہ ہے نہ روایتی ویدانت کا۔ سبک ہندی کی روایت کوئی معمولی روایت نہیں۔اس میں بہت وسعت اور گیرائی ہے۔کیونکہ ہندوستان میں آنے کے بعد تصوف میں بھی مختلف النوع ابعاد پیدا ہوئے، صوفی سنتوں نے بھی فلسفیانہ فکر کی کیا کیا تھاہ لی ہے لیکن غالب کے یہاں اس نوع کا جو جدلیاتی تموج اورتخلیق کاری اور نزاکت فکری ہے وہ اپنی نظیر آپ ہے۔سوائے غیر مذہبی بودھی فکر کے کوئی دوسری نظیر ایسی نہیں جہاں اس نوع کی جدلیت اساس تہ در تہ انکاری فکر ملتی ہو۔'' (29)

تجزیے کی ایسی حیرت انگیز مثالیں اور غالب کی قرات کا یہ انوکھا طورپوری کتاب میں جس آب و تاب کے ساتھ نظر آتا ہے اس سے پڑھنے والا ایک داخلی تبدیلی سے گزرتا ہے۔ مصنف کی سانسیں اس کتاب میں ایک رفتار سے چلتی ہوئی محسوس کی جاسکتی ہیں۔ اسلوب کی صلابت اور نثر نگاری کی درخشندگی، ایک ایک لفظ سوچ سمجھ کر استعمال کرنے کا محتاط رویہ(استدلال کے ساتھ معقول اور متاثر کن لہجہ،وضاحت وصراحت کو(جو نثر نگاری

کے آرٹ کا جوہر ہے) پروفیسر نارنگ نے اپنی اس کتاب میں جس باریکی سے ان خصائص کو اپنایا ہے اس پر تفصیل سے گفتگو ممکن نہیں۔ مذکورہ بالا عبارت کی قرات اس امر سے ہمیں پوری طرح واقف کرادیتی ہے کہ غالب کے یہاں جدلیاتی طور کس طرح کے تخلیقی رویے اور معنی آفریں شعری عمل کا ناگزیر حصہ ہے۔ بیدل، غالب اور قدیمی فلسفے کیونکر انسانی زندگی کے لیے سانس کی طرح ضروری شئے زبان کو بھی تعینات کے ہی ذیل میں رکھ کر اس سے برأت کا جتن کرتے ہیں یا اسی زبان کے اندر رہتے ہوئے اسے غیر معمولہ تصور یا حقیقت کی کنہ کا احساس دلانے کے لیے اسی زبان کو تخلیقی خراد پر چڑھا کر اسے چھیلتے ہوئے اپنے سریت آلود تخلیقی تجربے کا احساس دلانے کے لیے شبد جال سے نکلنے کی ترغیب دیتے ہیں۔ایسے مقامات پر غالب اور بیدل کے رشتے کی معنویت کا منصفانہ احساس بھی ہوجاتا ہے۔

پہلے یہ تو معلوم ہو کہ تخلیقی زبان کیا کرسکتی ہے اور کیا نہیں کرسکتی۔اس کا جیسا احساس جتنا بیدل اور غالب کوتھا حیران کن ہے۔ بیدل، شیخ ناصر علی کو کہتے ہیں کہ لفظ کے معنی لفظ ہی ہے جبکہ خیال کی طاقت بے حد و حساب ہے۔ یعنی معنی جدلیاتی ہے۔اسی کتاب میں ایک جگہ بیدل کے ایک شعر میں معنی اور وقت کو ایک ہی شئے قرار دیا گیا ہے کہ دونوں کو قرار نہیں۔ نیز یہ بھی کہ غالب اور بیدل دونوں معنی کی اس کیفیت کو شرار کاشتن یا شرار نوشتن (چراغان معنی) سے تعبیر کرتے ہیں۔ پروفیسر نارنگ نے غالب کے متن پر بڑی ہی باریک گفتگو زبان کے حوالے سے بھی کی ہے اور کئی تہوں کو کھولا ہے اور متن پر یہ ساری بحث at random نہیں بلکہ تاریخی ترتیب یعنی غالب کے تخلیقی گراف کو نظر میں رکھ کر کی گئی ہے۔ ان کے ہر دور کے کلام پر نگاہ رکھی گئی ہے۔اس کی ایک صورت ملاحظہ فرمائیں:

زبان اہل زباں میں ہے مرگ خاموشی   یہ بات بزم میں روشن ہوئی زبانی شمع

”زبان، اہل زبان، زبانی، بات، خاموشی، بزم، شمع، روشن، مرگ ہر ہر پیکر خیالی میں نسبت باہمدگر ہے اور شعر مناسبتوں میں گندھا ہوا ہے۔زبان اور خاموشی جس طرح ایک دوسرے کی تکمیل کرتے ہیں مرگ اور روشنی بھی ایک دوسرے

کے معنی کی تکمیل کرتے ہیں۔ یہ سب خیالی پیکر ایک دوسرے کا حصہ ہیں۔شمع کی لوشمع کی زبان ہے۔روشن ہونا شمع کے لحاظ سے ہے کہ شمع بزم میں روشنی پھیلاتی ہے۔ یہاں روشن ہوئی یہ مفہوم معلوم ہوتا ہے یعنی یہ بات شمع کی زبانی معلوم ہوئی کہ شمع کی زبان یا اس کی لو کا خاموش ہوجانا اس کی موت ہے۔حرکیات نفی کی دبازت اس میں ہے کہ آثار موت کہانی کا اختتام نہیں کیونکہ بجھ جانے کے باوجود خاموشی وہ سب کچھ کہہ رہی ہے جو شمع اپنی زبان سے کہہ رہی تھی جس کا اس شعر میں ذکر ہے۔''(30)

از خود گزشتگی میں خموشی پہ حرف ہے
موج غبار سرمہ ہوئی ہے صدا مجھے

''غالب کے یہاں زبان کے تناظر میں خموشی،اور غبار سرمہ کا خیالی پیکر بار بار ابھرتا ہے۔سرمہ کھاجانے سے آواز بیٹھ جاتی ہے اور صدا سنائی نہیں دیتی۔اس اعتبار سے موج غبار سرمہ خموشی کا خیالی پیکر ہے۔لیکن خموشی زبان ومعنی کا سر چشمہ بھی ہے۔خود گزشتگی یعنی خود فراموشی عشق کا لازمہ ہے،یعنی میں اس منزل میں ہوں جہاں سے مجھے جو کچھ کہنا ہے خموشی ہی کی زبان سے کہنا ہے۔''(31)

آگے پروفیسر نارنگ زبان کی نارسائیوں اوراس کو سب کچھ سمجھ لینے کے طور کی قلعی کھولتے نظر آتے ہیں:

''یہ دنیا ایسی جگہ ہے جہاں زبانیں ہی زبانیں ہیں،جہاں زبانیں ہی زبانیں ہوں وہاں کوئی زبان نہیں ہوتی۔ایک دعویٰ کرتا ہے کہ بھگوان فقط سنسکرت جانتا ہے۔ غیر ذات سنسکرت کو ہاتھ لگائے تو کانوں میں سیسہ ڈلوا دیتے تھے...خدا بھی ایک دوسرے کی زبان نہیں سمجھتے۔یعنی کوئی زبان اصل زبان نہیں ہے۔ ایسے میں طلسم کدۂ کائنات فقط ایک زبان سے کھلتا ہے،یعنی خاموشی کی زبان سے اور انسان اسی زبان کو بھول گیا ہے۔''(32)

اردو میں غالب پر لکھی گئی یہ معنی آفریں کتاب موجودہ دنیا کے کرائسس، دہشت گردی، صارفیت ہر چیز کے بکاؤ ہونے یا خرید وفروخت کے کلچر، احیا پرستی،فرقہ واریت،

ایٹمی خطرات، آلودگی، سیاست کا چور بازار میں تبدیل ہوجانا جیسے مسائل سے جوجھتے ہوئے انسانیت کے زخموں پر ایک مرہم اور شرف انسانیت کی بازیافت کی بھی ایک کوشش ہے۔ پروفیسر نارنگ نے جس طرح سے اجارہ پرستی کا حوالہ دیا ہے نیز اس خدا کے نام پر خداؤں کو بانٹ لینے کی جو روش انسان میں پائی جاتی ہے ان جملہ مسائل سے نجات کا واحد ذریعہ شرف انسانی اور تکثیریت کے احترام کو قرار دیا ہے تو گویا وہ غالب کی مرکزی معنویت پر اصرار کر رہے ہیں جو بے لوث ارضیت پر زور دیتی ہے اور انسان کے چھوٹے اور پایاب ہونے کے خلاف آواز اٹھاتی ہے۔

فلسفے کے تجزیاتی طور سے پروفیسر نارنگ کا ذہن بہت پہلے سے مانوس ہے۔ آپ پروفیسر نارنگ کی جملہ تنقیدی کاوشیں پڑھیں تو پائیں گے کہ بودھی فکر و فلسفہ سے متعلق کوئی نہ کوئی نکتہ اکثر اپنے تنقیدی متون میں اٹھاتے رہے ہیں۔ان سبھی مثالوں سے قطع نظر منٹو پر لکھا گیا ان کا مضمون بعنوان ''منٹو کی نئی پڑھت، ممتا اور خالی سنسان ٹرین'' پڑھیں۔ عنوان میں ہی لفظ خالی (ویسے تو لفظ خالی اردو کے محاورے میں گھس پٹ گیا ہے اور ہر کس و ناکس کے استعمال میں ہے لیکن پروفیسر نارنگ نے اپنے مضمون کے عنوان میں اس لفظ کو عامیانہ معنی میں استعمال کیا ہی نہیں ہے) یعنی خالی=شونیہ ہے۔ اس مضمون سے ماخوذ مندرجہ ذیل عبارت پڑھیں :

> ''یہاں بہت سوں کو'بو' کا ذکر بے محل لگے گا، کیونکہ یہاں نہ تو کوئی کسبی ہے، نہ ہی نجات کا کوئی پہلو ہے۔ دیکھا جائے تو گناہ اور ثواب اور سزا و جزا کا بھی کوئی مسئلہ نہیں۔ اوپر منٹو کے بعض افسانوں کے مختلف کرداروں اور ان کے مختلف رویوں کا ذکر کیا گیا جن کو 'آواز' کہا گیا۔ گھاٹن عورت پوری کہانی میں شاید ایک لفظ بھی نہیں بولتی، فقط جب بارش میں شرابور چولی کی گانٹھ اس سے نہیں کھلتی تو وہ منھ ہی منھ میں مراٹھی میں بڑابڑاتی ہے۔ پوری کہانی میں سوائے اس ایک لفظ کے خاموشی اور سناٹا ہے اور یہ خاموشی اور سناٹا اور گھاٹن کا خاموش وجود وہ 'آواز' ہے جو کہانی میں گہری معنویت قائم کرتی ہے۔اس کہانی کو موسموں کے آنے جانے، بارش کی بوندوں کے گرنے اور دھرتی کی پیاسی کوکھ کے بھیگنے، یا

پرش اور پراکرتی کے ملاپ کی تعبیر کے طور پر بھی پڑھا جاسکتا ہے اور اس میں عجیب سریت اور وارفتگی ہے۔.........اس کہانی کو جنسی تلذذ کی کہانی کے طور پر پڑھنا منٹو کی توہین کرتا ہے۔ پوری کہانی میں گھاٹن کا تصور جسمانی کم اور ارتفاعی زیادہ ہے۔،،(33)

مذکورہ بالا عبارت میں گھاٹن لڑکی کا کچھ نہ بولنا بے لفظی کی حالت میں نظر آنا ہی اس متن میں معنی کی گہری تہوں کو پیدا کرتا ہے۔ دراصل پروفیسر نارنگ کے خموشی سے متعلق نکات کی معنویت تب سمجھ میں آتی ہے جب ہم خموشی کی جہتوں پر غور کرتے ہیں۔ دراصل یہ تخلیقی زبان کا جوہر ہے اس حوالے سے مولانا رومی کو بھی پڑھا جاسکتا ہے۔

دیکھا جائے تو خموشی کی زبان ایک سماجی ساخت بھی ہے۔نماز کے درمیان خموشی، جنازے میں خموشی واقعتاً خموشی نہیں ہے بلکہ خدا سے ہم کلام ہونا ہے۔خموشی کو خدا کی پہلی زبان قرار دیا گیا ہے۔اسی لیے جب ہم بدھ کی خموشی یا مون کے اسرار کا مطالعہ کرتے ہیں تو یہ گرہ اور کھل کر سامنے آجاتی ہے۔ یہاں یہ جان لینے کی ضرورت ہے کہ حقیقت اور خموشی کے درمیان ایک گہرا رشتہ ہے۔ بودھی روایت میں خموشی، معنویت اور آزادی سے بھرپور ہے۔

یہی وجہ ہے کہ وہ بیدل ہوں یا غالب یا غالب پر کام کرنے والے پروفیسر نارنگ، سوچنے کے اس طور اور شرف انسانی کے جوہر کو ہم عصر صورتحال اوران کے زوال کے خلاف احتجاج کا ایک قرینہ قرار دیتے ہیں۔اس سے یہ بات کھل کر سامنے آجاتی ہے کہ پروفیسر نارنگ نے اپنی جڑوں کی طرف یعنی ماضی میں غوطہ کیوں لگایا ہے؟ اور غالب کے متن سے موتیوں کو باہر لانے پر کیوں مجبور ہوئے ہیں؟ ہم خواہ مخواہ کے اِگو میں ہمیشہ مبتلا رہتے ہیں جبکہ ہر شئے اندر سے خالی ہے تو یہ اِگو بھی ایک بھرم ہے،اس کا وجود ہی نہیں۔ہم زبان کے نام پر انسانوں کی زبان کاٹنے لگتے ہیں۔ مذہب کے نام پر قتل عام کرتے ہیں۔ جلی ہوئی لاشوں کا انبار لگاتے ہیں۔ کتاب کے اخیر میں پروفیسر نارنگ نے 'اکیسویں صدی کا منظرنامہ اور غالب شعریات' میں لکھا ہے کہ:

''نئی علمیات اور شعریات سب سے زیادہ زورمعنیاتی تکثیریت،تجسس اور بوقلمونی پر دیتی ہے اور غالب کی جدلیاتی تخلیقیت کا آزادگی و کشادگی پر زور دینا

اور طرفوں کو کھلا رکھنا گویا مابعد جدید ذہن سے خاص نسبت رکھتا ہے۔''(34)

اور ساتھ ہی انھوں نے اپنے غیر روایتی مطالعے کی سعی پر بھی آج کے تناظر میں روشنی کچھ اس طرح ڈالی ہے :

'' آج کے منظرنامہ پر نازی ازم کی بدنام زمانہ خونریزی کے بعد Zionism صیہونیت اوراس نوع کے تمام نسلی اور فرقہ وارانہ رجحانات، فاشزم،نسل پرستی اور علاقائیت کی بدترین شکلیں ہیں جو حقانیت کی اپنی اپنی اجارہ داری،عصبیت اور برتری کے نام پر لاکھوں کروڑوں بے گناہوں اور معصوموں کا خون بہانے کو جائز سمجھتی ہیں۔... اس منظرنامہ میں غالب کے جدلیاتی ڈسکورس کی معنویت، اس کی بے لوثی وسیع المشربی اور آزادگی و کشادگی کی اہمیت اور بھی بڑھ جاتی ہے۔''(35)

آج ہم سب اس آزادی اور شرف انسانی کی بحالی کی ضرورت کو محسوس کر رہے ہیں جسے صدیوں پہلے بیدل اور غالب نے انسانیت کا جوہر قرار دیا تھا۔آج الفاظ بے معنی بے رس شور میں بدل چکے ہیں۔ جذبات، خلوص، وفا، ایثار یعنی لگاؤ سے عاری الفاظ کا ایک شور بے ہنگم ہمارے چاروں طرف ماحول کو لرزہ براندام کر رہا ہے کہ آج کی دنیا خارج محض کی دنیا بن چکی ہے۔اس نے داخلی دنیا کی قیمت پر خارج کی چکاچوندھ کو خرید لیا ہے۔ ایسے میں انسانیت کے شرف کو حاشیے سے مرکز میں لانے کا عمل کیا بیدل، غالب اور ہمارے زمینی فلسفہ اور تہذیبی وجدان کا کلامیہ نہیں؟ پروفیسر نارنگ کی اس زندہ کتاب نے ہمیں یہ سمجھایا ہے کہ باہر کی دنیا چاہے جتنی بھی اہم کیوں نہ نظر آئے زندگی کا جوہر یا اصلی ہیرا بے لوثی میں ہے۔

پروفیسر نارنگ نے غالب کی نئی باریک بین قرات سے تمام حقائق کو گہری معلومات کی روشنی میں ہزاروں سال پر مبنی ہندستانی دانشوری کی تحقیق اور چھان پھٹک کے بعد سب کے سامنے رکھا ہے۔ سبک ہندی اور بیدل ہی غالب کی غیر روایتی شعریات کا Fountain Head ہیں نیز حقیقت سے متعلق یا معنی سے متعلق شعریات کا منبع جدلیاتی فکر ہے جہاں حقیقت کے ہر رخ کو نظر میں رکھنے کا کشادہ رویہ ملتا ہے۔دراصل غالب نے اسے

آزادگی، کشادگی اور تکثیریت کے سروں میں ایسا ڈھالا ہے کہ جس کی نظیر نہیں ملتی۔ یہ نظر جو کھلے پن اور شمولیت نیز تخلیقیت کے جشن جاریہ کا نور بکھیر رہی ہے، اسی نور کی دنیا میں پروفیسر نارنگ نے اپنے قارئین کو اپنے جادوئی قلم سے کھینچ لیا ہے اور بتایا ہے کہ ہم غالب کے متن کو اپنے باطنی وجدان اور زندہ تخلیقی احساس کی آنکھوں سے ہی پڑھ سکتے ہیں اور آگہی اور مسرت کی ایک ایسی دنیا میں جا سکتے ہیں جس کی تشکیل بیدل اور غالب نے کی ہے۔ لیکن اس انتہائی مشکل بازیافت کا ناقابل فراموش کارنامہ اردو کے ایک جید نقاد اور دانشور گوپی چند نارنگ نے کیا ہے جس سے ایک نیا غالب سب کے سامنے آگیا ہے۔

مصادر

(1) Harold Bloom, The Anxiety of influence, 1973

(2) گوپی چند نارنگ، 'غالب: معنی آفرینی، جدلیاتی وضع، شونیتا اور شعریات'، ساہتیہ اکادمی، 2013، ص 13، 14

(3) انتظار حسین، غالب: معنی آفرینی، جدلیاتی وضع، شونیتا اور شعریات، پاکستانی ایڈیشن کا دیباچہ

(4) مکتوب، افتخار عارف، بنام: اشفاق حسین، مورخہ 8 جولائی 2013

(5) (August-2, 2013) The Hindu, Friday Review, by Shafe Kidwai on Ghalib Revisited

(6) عہد نامہ، رانچی، مدیر: ڈاکٹر سرور ساجد، جلد 16، 17، شمارہ 36، 37، اکتوبر 2013 تا مارچ 2014، مضمون: الہامی تخلیق کی خیال افروز تفہیم، مشتاق صدف، ص 46

(7) گوپی چند نارنگ، 'غالب: معنی آفرینی، جدلیاتی وضع، شونیتا اور شعریات'، ساہتیہ اکادمی، 2013، ص 474

(8) ایضاً، ص 468

(9) ایضاً، گوپی چند نارنگ، غالب، ص 73

(10) ایضاً، ص 113

(11) ایضاً، ص 77

(12) گوپی چند نارنگ،'غالب :معنی آفرینی، جدلیاتی وضع ،شونیتا اورشعریات'، ساہتیہ اکادمی، 2013، ص 83

(13) ایضاً،ص 626

(14) ڈاکٹر بدری ناتھ سنگھ، بھارتیہ درشن،اسٹوڈنٹ فرینڈ اینڈ کمپنی،ہندو وشوودیالیہ مارگ، وارانسی، 1973، چترتھ سنسکرن،ص 260

(15) گوپی چند نارنگ،'غالب :معنی آفرینی، جدلیاتی وضع ،شونیتا اورشعریات'، ساہتیہ اکادمی، 2013، ص 91

(16) Fabio Gironi Journal of Indian Philosophy and Religion vol.15(2012), ص 15، دیکھیں

www.academia.edu

(17) ایضاً،ص 36

(18) گوپی چند نارنگ،'غالب :معنی آفرینی، جدلیاتی وضع ،شونیتا اورشعریات'، ساہتیہ اکادمی، 2013، ص 196

(19) گوپی چند نارنگ،'غالب :معنی آفرینی، جدلیاتی وضع ،شونیتا اورشعریات'، ساہتیہ اکادمی، 2013، ص 136,137

(20) گوپی چند نارنگ، غالب، ایضاً،ص 228,229

(21) گوپی چند نارنگ، غالب، ایضاً،ص 200

(22) گوپی چند نارنگ، غالب،ص 267

(23) گوپی چند نارنگ، غالب،ص 41

(24) گوپی چند نارنگ، غالب،ص 258

(25) گوپی چند نارنگ، غالب،ص 423

(26) گوپی چند نارنگ، غالب،ص 347

(27) گوپی چند نارنگ، غالب،ص 366

(28) گوپی چند نارنگ، غالب،ص 416 ,415

(29) گوپی چند نارنگ، غالب،ص 515 تا 518

(30) گوپی چند نارنگ، غالب،ص 315

(31) گوپی چند نارنگ، غالب،ص 327,328

(32) گوپی چند نارنگ، غالب،ص 465,466

(33) گوپی چند نارنگ،فکشن شعریات، ایجوکشنل پبلشنگ ہاؤس، 2009،ص 88 ,87

(34) گوپی چند نارنگ، غالب،ص 566

(35) گوپی چند نارنگ، غالب،ص 25

مشتاق صدف

الہامی تخلیق کی خیال افروز تفہیم
غالب: معنی آفرینی، جدلیاتی وضع، شونیتا اور شعریات

عہد ساز شاعر غالب پر عہد ساز نقاد گوپی چند نارنگ کی کتاب 'غالب: معنی آفرینی، جدلیاتی وضع، شونیتا اور شعریات' ایک عہد ساز کتاب ہے۔ حالی کی 'یادگارِ غالب' کے بعد ایسی چشم کشا اور خیال افروز کتاب پہلے کبھی نہیں لکھی گئی۔ غالب کے تعلق سے جتنی بھی تحریریں اب تک ہمارے سامنے آئی ہیں ان سب میں منفرد اور یگانہ تحریر گوپی چند نارنگ کی ہے۔ انھوں نے غالب شناسی اور غالب فہمی کے ساتھ غالب سے متعلق متعدد غلط فہمیوں کو اپنی باریک بیں فکر و نظر اور مجتہدانہ فہم و فراست سے اجاگر کیا ہے۔ غالب شعریات کے بہت سے مباحث کو subvert کیا ہے اور نئے سوال قائم کیے ہیں۔ غالب کی رنگا رنگ اور بو قلموں شاعری کی تمام جہتوں اور سطحوں کو سمیٹنا کبھی آسان کام نہیں سمجھا گیا، لیکن اس مشکل ترین کام کو بھی گوپی چند نارنگ نے آسان کر دکھایا ہے۔ انھوں نے اپنے تجزیاتی اور اشاریاتی مطالعے سے بہت سی لاینحل گتھیوں کو سلجھایا ہے۔ یہی وجہ ہے کہ غالب کے بعض متون چاک کی طرح گردش میں آکر اپنی نئی تعبیر پیش کرنے لگتے ہیں۔

یہ گوپی چند نارنگ کی جادوئی تخلیقی فہم اور مدلل تنقید کا نتیجہ ہے کہ غالب پہلی بار اپنے متناقضانہ اور جدلیاتی حرکیات کے کرشمے کے ساتھ ہمارے سامنے نمودار ہوتے ہیں اور زندگی کے بھید بھرے سنگیت کو اپنی آزادیِ کلی اور کشادگیِ قلب و نظر سے بیان کرتے نظر آتے ہیں۔

گوپی چند نارنگ کی یہ کتاب غالب شناسی کی نئی گزرگاہوں کو روشن کرتی ہے۔ فکر و نظر کے نئے نئے در وا کرتی ہے۔ کلام غالب کی قرات کو نئی وسعت بخشتی ہے۔ ان کی معنی آفرینی کو نئی معنویت عطا کرتی ہے اور جدلیاتی ڈسکورس کی نئی طرفوں کو کھولتی بھی ہے۔ اسی

طرح غالب کی ریڈیکل آزادگی و کشادگی اور خیال بندی کی تہہ در تہہ معنویت کو نئی آنچ دیتی ہے۔ غالب کی مشکل پسندی اور دقیقہ سنجی کو آسان بناتی ہے۔ نیز متنِ غالب کی نئی تعبیرات پیش کرتی ہے۔ یہی نہیں بلکہ ہندوستان کے فلسفیانہ تہذیبی وجدان اور اس کی قدیمی تہذیبی جڑوں پر ہونے والے مباحث کو تقویت پہنچاتی ہے۔ بیدل جیسے عہد ساز شاعر کی سریت اور اس کی بے صدا گفتگو کے ساتھ دانش ہند وفکر و فلسفہ سے ان کی گہری وابستگی کو بھی روشن کرتی ہے اور جس سے غالب شعریات کی معنیاتی تکثیریت اور رنگارنگی اجاگر ہوتی ہے۔ بات یہیں پر ختم نہیں ہوتی بلکہ پروفیسر نارنگ کی یہ کتاب خواجہ الطاف حسین حالی، عبدالرحمٰن بجنوری، مالک رام، مسعود حسن رضوی ادیب، قاضی عبدالودود، حمید احمد خان، فرمان فتح پوری، نذیر احمد، نظم طباطبائی، حسرت موہانی، بیخود دہلوی، سہا مجددی، نیاز فتح پوری، شیخ محمد اکرام، مفتی محمد انوارالحق، عبدالطیف، اختر رائے پوری، خورشید الاسلام، پری گارنا، مجنوں گورکھپوری، یوسف حسین خاں، سلیم احمد، رالف رسل، نثار احمد فاروقی، کالی داس گپتا رضا، وارث کرمانی، کلیم الدین احمد، آل احمد سرور، ظ انصاری، باقر مہدی اور شمس الرحمٰن فاروقی جیسے اہم غالب شناسوں کے غالب کو ایک نئے غالب کی شکل دے کر ہمارے روبرو پیش کرتی ہے۔

پروفیسر نارنگ نے اس کتاب میں غالب کے متن پر ایسی باریک بیں نظر ڈالی ہے اور ایسے ایسے فکر انگیز سوالات قائم کیے ہیں کہ غالب کی تخلیقی سگنفائر کی معنویت ہی بدل جاتی ہے اور جس غالب کو اب تک دیکھنے کی کوشش ہی نہیں کی گئی اس غالب تک انھوں نے رسائی حاصل کی ہے۔ گویا نئے غالب پرانے غالب سے اس قدر مختلف ہیں کہ ایسا لگتا ہے جیسے اصل غالب وہ نہیں جو آج تک سمجھے گئے بلکہ اصل غالب تو وہ ہیں جس کی دریافت پروفیسر نارنگ نے کی ہے۔ یہی غالب ہمارے مابعد جدید ذہن و مزاج سے مطابقت رکھتے ہیں۔ اس کتاب میں غالب کی شعری گرامر پر ایسی فکر انگیز بحث کی گئی ہے کہ غالب کی مجتہدانہ فکر کی آزادی ہر طرح کی جکڑ بندی، ادعائیت اور جبر کی زنجیروں کو توڑتی دکھائی دیتی ہے۔ نئے غالب اور پرانے غالب کے فرق کو یہاں سمجھنا ہوگا تبھی ہم

اصل غالب کو اچھی طرح سمجھ سکیں گے اور دیکھ سکیں گے۔

کتنے طرح کے غالب:

- کلاسکیت پرستوں کے غالب
- رومانیت پرستوں کے غالب
- ترقی پسندوں کے غالب
- جدیدیت پسندوں کے غالب

ابھی تک مذکورہ شکلوں میں ہی غالب نظر آئے تھے لیکن جس غالب کی تلاش پروفیسر نارنگ نے کی ہے، دراصل وہ کسی مخصوص نظریہ سے وابستہ غالب نہیں بلکہ ہم سب کے غالب ہیں۔ یہ غالب کسی مخصوص فکر و فلسفہ میں محدود رہنے والے غالب نہیں، اور نہ ہی یہ غالب کلیت پسند، جبر پسند اور ادعائیت پسند ہی ہیں بلکہ یہ تو گرمیِ نشاطِ تصور سے نغمہ سنج ہونے والے غالب ہیں، آزادی و وارفتگی سے گہری وابستگی رکھنے والے غالب ہیں، یہ تحسین آمیز، تعمیر پسند اور تازہ کار غالب ہیں۔ معنیاتی تکثیریت اور رنگا رنگی کے قائل غالب ہیں۔ جدلیاتی افتاد و نہاد آسا غالب ہیں، نئے چیلنجز اور نئی مبارزت کے مقابل کھڑے رہنے والے غالب ہیں۔ اس غالب کو پروفیسر نارنگ نے نہ صرف دانش ہند و فکر و فلسفہ سے بیدل کے گہرے لگاؤ پر اپنی تفہیم سے ڈھونڈھ نکالا ہے بلکہ سبک ہندی کی شعریات پر اپنی گہری تنقیدی فکر و نظر سے دریافت کی ہے۔ ہندوستان کے مقامی، تہذیبی وجدان اور قدیم جدلیاتی فکر و فلسفہ پر اپنے مدلل تجزیے سے روشنی میں لایا ہے۔ نسخۂ حمیدیہ، نسخۂ غالب بخطِ غالب اور متداول دیوان کے متون کے معروضی مطالعہ سے ہمارے روبرو پیش کیا ہے۔ اس غالب کو انھوں نے اکیسویں صدی کے مختلف النوع چیلنجز کے تناظر میں پیش کیا ہے۔ اس غالب کو جو فقیروں کا بھیس بنا کر تماشائے اہل کرم دیکھتا تھا، اس کا ذکر تو ہم نے بارہا سنا تھا لیکن اسے کبھی دیکھا نہیں تھا، اسے پوری طرح سمجھا نہیں تھا لیکن پروفیسر نارنگ نے اس غالب سے ہمیں ملوایا ہے۔ چند جملوں میں یہ کہا جا سکتا ہے کہ پروفیسر گوپی چند نارنگ نے پہلی بار عندلیب گلشن نا آفریدہ شاعر سے ہماری ملاقات

کروائی ہے۔ پہلی بار مابعد جدید ذہن و مزاج سے ہم آہنگ غالب سے روشناس کروایا ہے اور پہلی بار ہی نئی جدلیاتی فکر کے حامل غالب اور نشاطِ زیست کے قائل غالب سے روبرو کرایا ہے۔ یہی نہیں بلکہ انھوں نے دنیائے ادب میں پہلی بار ہی تغیر و تبدل، انحراف، اجتہاد اور آزادی و کشادگی کے حامی غالب کو ہمارے سامنے لایا ہے۔ بلکہ پہلی بار ہی مقتدارت، آمریت اور تنگ نظری اور تحدید کے خلاف برسر پیکار اصل غالب کی تلاش کی ہے۔ کلاسیکی نواز غالب، رومان پرور غالب، ترقی پسند غالب اور جدیدیت پسند غالب تو مل جاتے ہیں لیکن پروفیسر نارنگ جس غالب کی جستجو میں کامیاب ہوئے ہیں دراصل یہ وہ غالب ہیں جس کی دوسری کوئی نظیر نہیں ملتی۔ پرانے غالب کی تعبیریں اپنے اپنے حساب سے لوگوں نے پیش کی تھیں لیکن پروفیسر نارنگ نے غالب کی جو تعبیریں وضع کی ہیں وہ پوری انسانیت اور کائنات سے ہم آمیز معلوم ہوتی ہیں۔

دراصل اس کتاب سے دو نئی ادبی شخصیتوں کا انکشاف ہوتا ہے۔ ایک نئے غالب اور دوسرے خود نئے گوپی چند نارنگ۔ اگر ہماری ملاقات نئے غالب سے ہوتی ہے تو نئے گوپی چند نارنگ سے بھی ہوتی ہے۔ اب تک ہم نے ایک ممتاز تھیوری ساز، فکشن ساز، محقق، نقاد اور ماہر لسانیات نارنگ کو دیکھا تھا، غالب شناس نارنگ کو اس سے پہلے ہم نے نہیں دیکھا۔ آج بجنوری زندہ ہوتے اور گوپی چند نارنگ کی یہ کتاب ان کی نظر سے گزرتی تو انھیں یہ کہنا پڑتا کہ الہامی تخلیق پر خیال افروز تفہیم کا سہرا گوپی چند نارنگ کے سر جاتا ہے۔ یعنی 'دیوان غالب' اگر الہامی تخلیق ہے تو 'غالب : معنی آفرینی، جدلیاتی وضع، شونیتا اور شعریات' اس کی خیال افروز تفہیم ہے۔

غالب تنقید پر مختلف تحریروں کے مطالعے سے معلوم ہوتا ہے کہ غالب کے تعلق سے کوئی ایسا پہلو نہیں بچا جس پر کام کرنے سے رہ گیا ہو۔ تحقیق و تنقید کے شہسواروں نے 'غالب کی حسن کاری'، 'دقیقہ سنجی'، 'دور رسی'، 'حسن و نشاط'، 'کیف و سرور'، 'نیرنگِ نظر'، 'فکری طلسمات'، 'جمالیاتی کشش'، 'سحرِ چشم' گویا ہر پہلو پر لکھا جا چکا ہے۔ غالب کی طرفگیِ خیالات اور جدت و ندرتِ مضامین کو غالب تنقید بار بار دہراتی رہی ہے۔ ان کی شاعری میں

'مضمون آفرینی'، 'خیال بندی'، 'تمثیل نگاری'، 'استعارہ سازی و تشبیہ کاری'، 'نکتہ رسی'، 'تیز نگاہی'، 'نادرہ کاری'، 'بذلہ سنجی و شوخی و ظرافت' اور 'جدت اسلوب' پر ہمیشہ گفتگو ہوتی رہی ہے۔ غالب کی ایک ایک شعری ادا حیطۂ تحریر میں آ چکی ہے۔ تبھی تو غالب ہر رنگ میں دکھائی دیتے ہیں۔ ہر وہ رنگ جسے ہم آسانی سے محسوس کر لیتے ہیں۔ لیکن ان کی اصل شناخت یہ ہے کہ وہ معلوم رنگ میں بھی نامعلوم رنگ کے شاعر نظر آتے ہیں اور اس رنگ سے پروفیسر نارنگ نے ہمیں متعارف کروایا ہے۔

پروفیسر نارنگ نے غالب تنقید کی اصل حقیقت اور غالب شعریات کی جدلیات کو ایک لوک کہانی کا سہارا لے کر بڑے خوبصورت انداز میں ہمیں سمجھایا ہے۔ وہ لکھتے ہیں :

> ''ایک پرانی لوک کہانی ہے کہ ایک بڑھیا رات کے وقت چوک پر کچھ ڈھونڈھ رہی تھی۔ کسی نے پوچھا اماں کیا ڈھونڈھ رہی ہو۔ کہنے لگی گھر کی چابیاں کھوگئی ہیں ان کو ڈھونڈھ رہی ہوں۔ اس نے کہا، چابیاں کہاں کھوئی ہیں۔ بڑھیا نے کہا گھر میں لیکن وہاں اندھیرا ہے کچھ سُجھائی نہیں دیتا، یہاں روشنی میں ڈھونڈھ رہی ہوں۔ غالب تنقید کا سارا معاملہ یہی ہے۔ بالعموم غالب کو ہم وہاں ڈھونڈھتے ہیں جہاں روشنی ہے، جہاں سب معلوم ہے۔ غالب شعریات میں سب کچھ روشنی میں ہو ایسا نہیں ہے۔'' (ص 14)

غالب کے تعلق سے سب سے عمدہ کتاب 'یادگار غالب' کو سمجھا جاتا ہے۔ کیونکہ غالب کی شاعرانہ خصوصیات کی ہر خصوصیت اسی راہ سے منور ہوتی ہے۔ لیکن اس ایک سچ کے آنے میں (جس کی وضاحت پروفیسر نارنگ نے کی ہے) غالب کو ایک صدی انتظار کرنا پڑا کہ ان کا رشتہ ہندستانی جڑوں سے بہت گہرا ہے۔ اب یہ کہنا زیادہ مناسب ہے کہ پروفیسر نارنگ کی کتاب سے فکر وفہم کے بہت سارے چراغ روشن ہوتے ہیں۔ کیونکہ ان کی یہ تصنیف نہ صرف دوسرے غالب شناسوں سے بلکہ حالی کے کام سے بھی منفرد ہے۔ 'یادگار غالب' پر گفتگو کرتے ہوئے پروفیسر نارنگ نے حالی کے کام سے اپنے کام کو مختلف قرار دیا ہے اور اس کی انفرادیت کو کچھ اس طرح سے بیان کیا ہے۔ وہ لکھتے ہیں:

> ''یادگار میں غالب پر تنقید قائم کرتے ہوئے حالی نے بجاطور پر سب سے زیادہ

زور 'طرفگیِ خیالات' اور 'جدت و ندرتِ مضامین' پر دیا ہے جسے ایک زمانے نے تسلیم کیا ہے اور جسے بعد کی غالب تنقید برابر دہراتی آئی ہے۔ حالی نے مرزا کے اشعار سے بحث کرتے ہوئے کہیں مضمون آفرینی کی داد دی ہے، کہیں خیال بندی کی، کہیں تمثیل نگاری کی، کہیں نزاکتِ خیالی و طرفگیِ بیان کی، کہیں استعارہ سازی و تشبیہ کاری کی، کہیں نکتہ رسی، تیز نگاہی، بذلہ سنجی و شوخی و ظرافت کی، تو کہیں ندرت و جدت و اسلوب و ادا کی۔ بیشک یہ سب شعری لوازم، نیز ان جیسے دیگر کئی لوازم غالب کی معنی آفرینی و حسن کاری کی شعری گرامر کے ارکانِ اساسی قرار دیے جاسکتے ہیں۔ یہ سب بہت خوب ہے۔ مگر اس پر نظر رکھتے ہوئے اور حالی کی آرا سے استنباط کرتے ہوئے ہماری سعی و جستجو اس سے ذرا ہٹ کر ہے اور ہماری کوشش یہ رہی ہے کہ ان رسومیاتِ شعری کے پسِ پشت کیا کوئی اضطراری و لاشعوری حرکی تخلیقی عنصر یا افتادِ ذہنی ایسی بھی ہے، یا دوسرے لفظوں میں کوئی ناگزیر شعری یا بدیعی منطق ایسی بھی ہے جو غالب کی نادرہ کاری یا طرفگیِ خیال کی تخلیقیت میں تہ نشیں طور پر اکثر و بیشتر کارگر رہتی ہے اور غالب کے جملہ تخلیقی شعری عمل کی شیرازہ بندی کرتی ہے۔ حالی یہ تو کہتے ہیں کہ خیال نیا اور اچھوتا ہے، لیکن یہ نہیں بتاتے کہ غالب کے یہاں خیال نیا اور اچھوتا کیسے بنتا ہے، یا غالب کے یہاں پہلے سے چلے آرہے مضمون سے نیا اور اچھوتا مضمون (مضمون آفرینی) یا معمولہ خیال سے یکسر نیا خیال (خیال بندی) یا اس کا کوئی اچھوتا، ان دیکھا، انوکھا، نرالا، طلسماتی پہلو کیسے پیدا ہوتا ہے جو معنی کے عرصہ کو برقیا دیتا ہے یا نئے معنی کی وہ چکاچوند پیدا کرتا ہے جسے عرفِ عام میں سابقہ تنقید 'طرفگیِ خیال' یا 'ندرت و جدت مضامین' سے منسوب کرتی آئی ہے۔

غالب کی غیر معمولی تخلیقی اپج کی داد دیتے ہوئے حالی اس کے لاشعوری رشتوں کی طرف اشارہ تو کرتے ہیں، لیکن وہ اس بھید کو زیادہ کھولنا نہیں چاہتے کہ غالب کا ذہن اس طور پر ہی کارگر کیوں ہوتا ہے، یعنی وہ کیا اضطراری کیفیت یا لاشعوری افتادِ ذہنی ہے جو شاعر کے ارادے اور اختیار سے ورا ہے۔''

(ص 16-15)

دراصل پروفیسر گوپی چند نارنگ نے ان تمام پہلوؤں کا احاطہ کیا ہے جسے حالی نے تشنہ چھوڑ دیا تھا۔

حالی نے بیدل کو نظر انداز کیا۔ شبلی نے بھی بیدل کو کوئی اہمیت نہیں دی اور شعر العجم میں ان کا ذکر تک نہیں کیا۔ آزاد نے بھی انھیں خاطر میں نہیں لایا۔ ان شخصیتوں نے اگر بیدل کا ذکر کیا بھی تو منفی انداز میں ۔ بلکہ ان تینوں افراد نے بیدل کو کبھی نہیں گردانا جبکہ غالب کے یہاں بیدل کی تجریدیت اور پیچیدہ خیال ان کے لاشعور کا حصہ ہے۔ اور یہ ان کا متناقضانہ رویہ ہے۔ غالب کی شاعری کی بہت سی گتھیاں ایسی ہیں جن کو ابھی تک ہماری غالب تنقید سلجھانے میں ناکام رہی ہے لیکن پروفیسر نارنگ نے بہت ساری ان دیکھی گتھیوں کو فقط سلجھایا ہی نہیں، سنوارا بھی ہے۔ پروفیسر نارنگ اس کی وضاحت کچھ اس طرح سے کرتے ہیں:

''حالی جس شعریاتی انقلاب کا ذکر کرتے ہیں جو فارسی غزل میں ہندوستان میں ظہور پذیر ہوا، وہاں حالی بیدل کا نام نہیں لیتے، کیونکہ بیدل اس وقت تک بوجوہ نہ صرف پیش منظر میں نہیں تھے بلکہ مطعون تھے۔ شبلی نے بھی شعر العجم سے بیدل کو باہر رکھا تھا۔ حالی ہوں، شبلی یا آزاد جہاں جہاں انھوں نے بیدل کا ذکر کیا ہے، بطور تحسین نہیں ہے، ہرچندکہ یہ تینوں تاریخ نویسی اور تحسین کاری میں اپنے اپنے طور پر سبکِ ہندی کے شعریاتی ارتقا اور بلوغ کا دفاع کررہے تھے۔ خود غالب کا بہار ایجادیِ بیدل پر جان چھڑکنا اور پھر بیدل سے اپنی برأت کا اعلان کرنا، اور اس سب کے باوجود بیدل کی تجریدیت اور پیچیدہ خیالی سے زندگی بھر پیچھا نہ چھڑا سکنا کہ وہ ان کے لاشعوری imprint کا حصہ تھی، یہ سب اچھا خاصا متناقضانہ ہے۔ شعوری و لاشعوری اثرات کا پراسرار کھیل کیا کیا نفسیاتی گرہیں اور پیچیدگیاں پیدا کرتا اور نیرنگِ نظر دکھاتا ہے، غالب کی شخصیت اور تخلیقی عمل میں ایسے کئی بے رحم عناصر متقاطعانہ طور پر crisscross کرتے ہیں جن گتھیوں کو ہنوز پوری طرح نہیں کھولا گیا۔ اس ضمن میں بہت سے عناصر بظاہر معمائی معلوم ہوتے ہیں لیکن غالب کی جدلیاتی ذہنی ساخت، افتاد و نہاد،

اور بیدل و سبک ہندی کی لاشعوری جڑوں پر نظر رکھی جائے تو کچھ سوال اتنے لاینحل نہیں رہتے اور کچھ گرہیں غور و تامل سے دیر سویر کھلنے لگتی ہیں۔"

(ص 17)

گوپی چند نارنگ نے اپنی کتاب میں بیدل شناسی اور سبکِ ہندی کی شعریاتی جہات پر جو روشنی ڈالی ہے اس سے غالب کی فکر و تخلیق کے جوہر خاص جدلیاتی حرکیات کا پتہ چلتا ہے۔ دراصل جدلیاتی فکر ہی غالب کی پوری شاعری میں تہہ نشیں دکھائی دیتی ہے۔ اس جدلیاتی ذہنی ساخت کے بغیر غالب کے "چراغانِ معنی" اور "طرفگی بدیع گوئی" کا کوئی بھی تفاعل ناممکن ہے۔

پروفیسر نارنگ نے غالب کی شاعری میں بے صدا خاموشی کی زبان کا سہارا لے کر ذہن و شعور سے ماورا خیالات کو اجاگر کیا ہے۔ غالب کا تخلیقی تجربہ اس قدر گہرا ہے کہ عام زبان سے اس کی ترسیل ناممکن ہو جاتی ہے۔ اس کتاب کی خوبی یہ بھی ہے کہ کلام غالب میں جہاں ہمارے بعض نقادوں اور شارحین کو فقط سراب نظر آتا ہے وہاں پروفیسر نارنگ کی خیال افروز نئی تفہیم سے ایک سرچشمہ پھوٹتا دکھائی دیتا ہے۔ خاطر نشان ہو ان کا یہ اقتباس، جس سے ان کی تخلیقی زبان اور ذہن و شعور کے گہرے سمندر کا احساس بھی ہوتا ہے :

"غالب کئی بار اس مقام پر ملتے ہیں جہاں عام زبان میں گفتگو کرنا محال ہے، یا جہاں آبگینہ تندی صہبا سے پگھلنے لگتا ہے۔ عام زبان تعینات و ثنویت کی شکار ہے۔ غالب اپنے ارضی احساسات و کیفیات کی واردات میں اس سے ماورا ہونا چاہتے ہیں، یعنی state of no mind بالخصوص نسخۂ حمیدیہ میں بہت سا کلام ایسا ہے اور بعد میں بھی جو کسی ایسے تجربہ کی تہہ لیتا ہے جو ذہن و شعور سے آگے کی بات ہے۔ عام زبان روزمرہ تجربے کی ترسیل پر بھی پوری طرح قادر نہیں ہوسکتی تو ذہن و شعور سے آگے کی بات کا تو سوال ہی پیدا نہیں ہوتا۔ یہ غرابت یا (عرفِ عام میں) بے معنویت یا بے صدا خاموشی کی زبان ہے۔ غالب اکثر و بیشتر تخلیقی تجربہ کے استغراق کی اس وادی میں ملتے ہیں جہاں آسمان پر ابر کا ایک ٹکڑا بھی دکھائی نہیں دیتا اور پورا آکاش باطن کی جھیل میں

جھانکنے لگتا ہے۔ جہاں سے فہمِ عامّہ کا تکلم قریب قریب ناممکن ہوجاتا ہے، یا جہاں عام زبان کے پر جلنے لگتے ہیں۔ سوچنے کا مقام ہے کہ کیا غالب کی شاعری بے صدا خاموشی کی بے لوث زبان کی بحالی کی شاعری نہیں؟ کیا آج کا انسان فاشسٹی تعینات کے تحکمانہ غلبہ یا صارفیت یا افادہ پرستی کی یلغار میں خاموشی کی زبان کو بھول نہیں گیا ہے۔ انسانیت کی ازلی معصومیت اور بے لوثی کی زبان گویا کہیں کھوگئی ہے۔ غالب کی شاعری اس خاموشی کی زبان یا شرفِ انسانی یا معصومیت کی ازلی زبان کی بحالی کی سعی کا درجہ رکھتی ہے۔''

(ص 19-18)

اپنی مذکورہ تحریر سے پروفیسر نارنگ نے غالب کی زبان اور تخلیقی تجربہ کی بات کی ہے جس میں غالب کو ان کے ذہن وشعور سے آگے اور ان کے ارضی احساسات و کیفیات سے ماورا ہوکر سوچا جا سکتا ہے اور وہ اس لیے کہ ان کا تخلیقی تجربہ عام نہیں ہے۔ غالب کے بعض ایسے بھی اشعار ہیں جن کو ہمارے نقادوں نے مٹی سمجھ کر چھونے کی کوشش نہیں کی لیکن پروفیسر نارنگ نے اس مٹی کو چھوکر اسے سونا بنا دیا ہے۔ انھوں نے کلام غالب سے ایسے ایسے معانی نکالے ہیں اور ایسے ایسے نتائج اخذ کیے ہیں کہ کسی بھی قاری کو حیرانی ہو سکتی ہے۔ جس خاموشی کی زبان کو آج کے انسان نے فراموش کر دیا ہے اس کو انھوں نے طاقت گویائی عطا کی ہے۔ نیز بے صدا خاموشی کی زبان کو زندہ کر دیا ہے۔

پروفیسر نارنگ نے اپنی اس تصنیف میں ''جدلیاتی گردش'' کو غالب کی شاعری کا ایک جوہر خاص بتایا ہے۔ اور اس کا سراغ 'سبک ہندی' سے لگایا ہے۔ بیدل کی سریت میں بھی اس کا عکس ہونے کا اظہار کیا ہے۔ اور اس کے لاشعوری سوتے کی تلاش کرنے کے لیے 'سبک ہندی کی روایت اور زیر زمین تخلیقی جڑیں' اور 'بیدل، غالب، عرفان اور دانش ہند' کے عنوانات سے دو الگ سے ابواب قائم کیے ہیں اور جن میں سلوک وتصوف اور بیدل، سخن اور okD; کے ذیلی عنوانات بھی ہیں۔ انھوں نے اس کتاب میں جدلیاتی نفی کے فکر و فلسفہ کے غیر ماورائی اور غیر وجودی شکل کو بودھ فکر و فلسفہ سے جوڑا ہے اور بودھی فکر (شونیتا) کی وضاحت کچھ اس طرح سے کی ہے کہ ذہن و دل میں ایک الگ تصویر

ابھرنے لگتی ہے۔ وہ لکھتے ہیں:

''یوں تو جدلیاتِ نفی کے فکر و فلسفہ کا قدیم ترین سرا اپنشدوں تک پہنچتا ہے لیکن یہ ماورائی فکر ہے جو بعد کے وجودی اور متصوفانہ پیرایوں میں بھی روپ بدل بدل کر منتقل ہوتی رہی ہے۔ اس کی یکسر بے لوث، منزہ، غیرماورائی اور غیروجودی شکل فقط بودھی فکر و فلسفہ میں ملتی ہے جس کے اثرات چینی جاپانی روایت تک چلے گئے ہیں۔ ان کا سب سے بڑا سرچشمۂ فیضان بودھی فکر (= شُونیہ تا) ہے جو بجنسہٖ نہ تو مذہبی ہے نہ ماورائی ہے نہ یہ کوئی گیان دھیان یا مسلک یا عقیدہ ہے۔ یہ فقط فکر کا ایک پیرایہ یا سوچنے کا طور ہے، ہر ہر موقف، ہر مظہر، ہر عقیدہ، ہر تصور کو رد در رد کرنے کا، یا اس کو پلٹ کر اس کے عقب میں دیکھنے کا۔ چونکہ دکھائی دینے والی حقیقت فقط اتنی یا وہی نہیں ہے جو وہ نظر آتی ہے۔ کائنات ایک متناقضہ ہے جس میں ہر ہر شئے اپنے غیر سے قائم ہورہی ہے، اور ہر شئے چونکہ قائم بالغیر ہے، اس لیے اصلیت سے عاری یعنی شونیہ ہے۔ گویا (شُونیہ تا) شونیتا بطور فکری طریق کا سب سے بڑا کام تعینات یا تصورات کی کثافت کو کاٹنا اور آلودگی کے زنگ کو دور کرنا ہے تاکہ تحدید کی دھند چھٹ جائے، طرفیں کھل جائیں اور آزادی و آگہی کا احساس گہرا ہو جو زندگی اور انسانیت کا سب سے بڑا شرف ہے۔ گویا بطور فکری طریق کار یہ 'صیقلِ آئینۂ' کے لگ بھگ مترادف ہے جو عبارت ہے آہنی آئینہ پر بار بار لکیر لگانے سے کہ زنگ یا کثافت کٹ جائے اور آئینۂ قلب چمکنے لگے تاکہ حقیقت کی جلوہ نمائی ہو۔ مگر روایتاً یہ طور ماورائی ہے جبکہ غالب کی فکر غیرماورائی اور ارضیت اساس ہے۔ غالب کا منتہا عرفان نہیں انسان ہے۔ شونیتا غیرماورائی اور اس حد تک بے لوث، منزہ اور علمیاتی ہے کہ یہ بطور سان کے ہے، سان کا کام دھار لگانا ہے کاٹنا نہیں۔ شونیتا تعینات کے رد در رد یا یہ دکھانے کے بعد کہ ہر شئے متناقضانہ ہے، خود بھی کالعدم ہوجاتی ہے۔'' (ص 20-19)

یہ گوپی چند نارنگ ہی ہیں جنھوں نے 'شونیتا' کو بڑی آسانی سے ہمیں سمجھا دیا ہے ورنہ 'شونیتا' کو سمجھنا اتنا آسان کبھی نہیں رہا۔ ذیل کی ایک مثال سے انھوں نے 'شونیتا' کی

باریکیوں کو بڑی خوبصورتی سے سمجھانے کی سعی کی ہے۔ وہ رقم طراز ہیں :

''فرض کیجیے ایک شخص نے چوری کی ہے۔ ایک دوسرا شخص جس نے چور کو چوری کرتے نہیں دیکھا، وہاں سے گزرتا ہے اور کہتا ہے کہ ''چور یہی شخص ہے'' اس لیے کہ وہ اُس شخص کو ناپسند کرتا ہے۔ پھر ایک اور شخص آتا ہے جس نے واقعتاً پہلے شخص کو چوری کرتے ہوئے دیکھا ہے، وہ کہتا ہے کہ ''چور یہی شخص ہے۔'' دیکھا جائے تو پہلے اور دوسرے نے چوری کی واردات کے بارے میں ایک ہی بات کہی ہے کہ ''چور یہی شخص ہے'' لیکن دونوں کی سچائی میں جو فرق ہے، وہ بنیادی نوعیت کا ہے۔ یعنی ایک شخص جھوٹ بول رہا ہے اور ظاہر کر رہا ہے کہ وہ سچ بول رہا ہے، اور دوسرا شخص سچ بول رہا ہے کیونکہ اس نے چور کو چوری کرتے ہوئے دیکھا ہے۔ کسی سچ کو قائم کرنے میں یہی فرق سب سے بنیادی فرق ہے۔ اگر ہم اس فرق کو نگاہ میں رکھیں جو پہلے اور دوسرے شخص میں ہے تو ہم شونیتا (آگہی) اور اودیا (عدم آگہی) میں گرفتار عام آدمی کے فرق کو اچھی طرح سمجھ سکتے ہیں۔'' (ص 89-87)

گوپی چند نارنگ نے اپنے گہرے مطالعے سے یہ ثابت کیا ہے کہ غالب کے کلام میں جو جدلیاتی نفی ہر جگہ موجود ہے اس کی نظیر کسی دوسری اور قدیمی شاعری میں دیکھنے کو نہیں ملتی۔ انھوں نے غالب کے ذہنی اور تخلیقی عمل کی تمام تہہ نشیں جہتوں، سطحوں اور پہلوؤں پر سے پردہ اٹھایا ہے اور اس کا تجزیہ پیش کیا ہے۔ نیز ان کی شوخی وظرافت میں بھی ان کے جدلیاتی ذہن کی کارکردگی کو ثابت کیا ہے۔

انھوں نے اپنی کتاب میں غالب کے متن شعر کی قرأت اور معنیاتی تجزیہ پر بھی اصرار کیا ہے۔ نسخۂ بھوپال بخطِ غالب پر پہلے گفتگو کی گئی ہے جس میں غالب کی انیس برس کی عمر کا کلام شامل ہے۔ انھوں نے غالب کی اس عمر کے کلام میں جدلیاتی حرکیات کے سُر کو کھنگالا ہے جس سے یہ بات ثابت ہو جاتی ہے کہ غالب کے یہاں تغیر 19 برس کی عمر میں ہی آ گیا تھا نہ کہ 25 برس کی عمر میں جیسا کہ عام طور پر کہا اور سمجھا جاتا ہے۔

گوپی چند نارنگ نے دانش ہند وفکر وفلسفہ سے بیدل کی گہری وابستگی، عرفان اور

دانش ہند، 'اوراقِ پژمردہ'، 'واردات اور دل گداختہ'، 'واردات قلبی اور عشق ارضی'، 'دل گداختہ اور جدلیاتی نشان' کے ساتھ 'روایتِ اول بخطِ غالب اور جدلیاتی افتاد'، روایتِ دوم مشمولہ نسخۂ حمیدیہ، متداول دیوان، معنی آفرینی اور جدلیاتی افتاد جیسے اہم پہلوؤں پر معروضی گفتگو سے غالب کے انفراد و امتیاز کو بیان کیا ہے۔ انھوں نے غالب کی 'جدلیاتی وضع'، 'شونیتا' اور 'شعریات' (جن سے بہت کم لوگوں کو واقفیت تھی) کے تعلق سے اپنے گہرے ضیا بار مطالعے کو نچوڑ کر رکھ دیا ہے۔ یہی نہیں بلکہ انھوں نے 'اکیسویں صدی کا منظرنامہ اور غالب شعریات' پر بحث کرتے ہوئے یہ ثابت بھی کیا ہے کہ غالب اجارہ داری، تنگ نظری اور مقتدرات کے منکر ہیں اور تلاش و جستجو، تجسس اور تغیر کے راہنما ہیں۔ آزادگی و کشادگی اور انبساط و خوشی کے وہ داعی بھی ہیں۔

دراصل غالب کی جدلیاتی فکر ہی ہمیں اپنی طرف متوجہ کرتی ہے اگرچہ اس کی طرف اب تک کسی کی نگاہیں نہیں گئی تھیں۔ پروفیسر نارنگ نے غالب کی 'شخصیت، شوخی و ظرافت، آزاد خیالی اور جدلیاتی افتاد و مزاج' پر گفتگو کرتے ہوئے غالب کو ان کے معاصرین سے بالکل منفرد اور یکتا شاعر قرار دیا ہے۔ اس تعلق سے یہ اقتباس دیکھیے:

> ''غالب نہ صرف پابستگیِ رسوم و قیود کو رد کرتے ہیں، وہ ہر اس عقیدہ، مسلک اور گروہ کے بھی خلاف ہیں جو صداقت کی کنجیاں اپنے پاس رکھتا ہے اور اپنی اور فقط اپنی حقانیت پر اصرار کرتا ہے۔ غالب نے ملتوں کے مٹنے اور اجزاے ایماں ہونے پر اصرار کیا تھا تو ان کی آواز اپنے وقت سے بہت آگے تھی۔ غالب نے اپنی نئی شعری گرامر اور اپنے تخلیقی سگنیفائر سے نہ صرف سابقہ تصورات پر ضرب لگائی، بلکہ انسان، خدا، کائنات، نشاط و غم، جنت و جہنم، سزا و جزا، گناہ و ثواب کے بارے میں بھی پہلے سے چلے آرہے تمام تعینات کو منقلب کردیا۔ یہ ایک انقلاب آفریں قدم تھا۔ غالب کے معاصرین اس کارنامہ کو سمجھ نہ سکتے تھے۔ غالب کا راستہ ریڈیکل کشادگی اور آزادی کا راستہ تھا۔ یہ تحدید، تنگ نظری اور ادعائیت کا راستہ نہیں تھا کہ سچائی کسی ایک نظامِ فکر، کسی ایک مسلک یا ایک عقیدے کی جاگیر نہیں، سچائی کی راہ سب کے لیے کھلی ہے۔''(ص 26-25)

درحقیقت گوپی چند نارنگ نے جب اپنا خون پانی کیا ہوگا، اپنی روح کو مطالعے کی خوشبو سے پاکیزگی عطا کی ہوگی، سیم و زر سے ڈھلی ہوئی اپنی زبان میں فکر و فلسفہ کی آمیزش کی ہوگی تب جا کر یہ کتاب لکھی ہوگی۔ حالی کی تصنیف 'یادگارِ غالب' کو غالب شناسی کا نقطۂ آغاز قرار دیا جاتا ہے لیکن سچ بات تو یہ ہے کہ پروفیسر نارنگ کی اس بنیادی تنقیدی و تحقیقی کتاب کے مطالعے کے بغیر غالب کی شخصیت اور شاعری سے ہماری واقفیت واجبی سی رہتی۔ یہ ایک ایسی کتاب ہے جو ادبی تنقید و تحقیق اور افہام و تفہیم کے میدان میں ہر عہد کی ادبی نسل کی رہنمائی کرتی رہے گی۔ پروفیسر نارنگ جن کی مشرق و مغرب کی ادبیات پر گہری نظر ہے، یہ کتاب ان کی دس بارہ برسوں کی محنت شاقہ اور عرق ریزی کا ثمرہ ہے اور جو غالب شناسی کا ایک نیا سنگ میل ہے۔

ہمارے بعض غالب شناسوں نے غالب کے یہاں عشق پر عدم اعتماد اور عدم انسانیت کا اظہار کیا ہے مگر پروفیسر نارنگ نے اپنی کتاب کے مقدمہ میں ہی ''غالب کی انسانیت کی ازلی معصومیت اور بے لوثی کی زبان پر بھرپور'' روشنی ڈالی ہے اور ان کی شاعری کو ''خاموشی کی زبان یا شرفِ انسانی یا معصومیت کی ازلی زبان'' سے تعبیر کیا ہے۔ پروفیسر نارنگ نے 'واردات قلبی اور عشق ارضی' کے عنوان سے لکھی گئی اپنی تحریر میں پری گارنا کا ایک اقتباس جو غالب کے کلام میں نورانی اور کربناک جذبۂ عشق کے حوالے سے ہے، نقل کیا ہے، ملاحظہ کیجیے:

> ''غالب کا کلام شدید نورانی اور کربناک جذبۂ عشق کے پیکرِ خیالی سے منور ہے۔ عشق کے مضمون سے ان کا ابتدائی اردو کلام بھرا ہوا ہے اور بعد کے اردو اور فارسی کلام میں بھی اس کی نوائے دردناک صاف سنائی دیتی ہے۔''
>
> (ص 278-277)

پروفیسر نارنگ نے ایک نہیں بلکہ غالب کے متعدد عشقیہ اشعار نقل کیے ہیں جن سے غالب کے یہاں عشق پر بھرپور اعتماد کا اندازہ لگایا جا سکتا ہے۔ چند اشعار ملاحظہ کیجیے:

''عشق مجھ کو نہیں وحشت ہی سہی
میری وحشت تیری شہرت ہی سہی

قطع کیجے نہ تعلق ہم سے
کچھ نہیں ہے تو عداوت ہی سہی
ہم کوئی ترکِ وفا کرتے ہیں
نہ سہی عشق مصیبت ہی سہی
یار سے چھیڑ چلی جائے اسد
گر نہیں وصل تو حسرت ہی سہی

———

یادِ روزے کہ نفس در گرہِ یارب تھا
نالۂ دل بہ کمر دامنِ قطعِ شب تھا
آخرِ کار گرفتارِ سرِ زلف ہوا
دلِ دیوانہ کہ وارستۂ ہر مذہب تھا

———

وارستہ اس سے ہیں کہ محبت ہی کیوں نہ ہو
کیجے ہمارے ساتھ عداوت ہی کیوں نہ ہو"

(ص 83-282)

غالب وہ نہیں ہیں جیسا سمجھا گیا یا سمجھانے کی سعی کی گئی ہے۔ غالب ایسے بھی نہیں ہیں کہ وہ ناسخ، بیدل وغیرہ کے اثرات کو قبول کریں اور ختم ہو جائیں۔ غالب تو غالب ہیں۔ وہ آمریت اور بلند آہنگی کے تمام حصار کو توڑتے ہیں اور اپنی شاعری سے انھیں بے دخل کر دیتے ہیں۔ غالب فکر و نظر کی آزادی کو روشن کرتے ہیں۔ غالب ہمیشہ آزادی، بوقلمونی، رنگارنگی اور تکثیریت کی بات کرتے ہیں۔ غالب صدیوں سے زندہ ہیں اور اپنے فکر و فلسفہ، معنی آفرینی، جدلیاتی حرکیات اور شعریات کے خصائص کی وجہ سے صدیوں زندہ رہیں گے اور اس غالب کی اصل شناخت گوپی چند نارنگ نے کی ہے۔

غالب کے یہاں جو 'مضمون آفرینی'، 'معنی آفرینی'، 'خیال بندی'، 'تمثیل نگاری'،

'نزاکت بیان'، 'استعارہ سازی و تشبیہ سازی'، 'نکتہ رسی و تیز نگاہی'، 'بذلہ سنجی'، 'ندرت اسلوب'، 'حسن کاری'، 'جدلیاتی گردش'، 'نادرہ کاری'، 'فکری افتاد و نہاد'، 'تکثیریت'، 'متناقضانہ اور جدلیاتی حرکیات' وغیرہ کا کرشمہ ہے وہ میر ہوں یا ناسخ یا پھر کوئی اور شاعر، کسی کے یہاں یہ خوبیاں دیکھنے کو نہیں ملتیں۔ مذکورہ خصوصیات اور امتیازات کو ہی پروفیسر نارنگ نے اپنی تحریروں میں واضح کیا ہے۔ دلیلوں سے اپنی بات تو کہی جا سکتی ہے لیکن لوگوں کے دلوں میں اسے اس وقت تک اتارا نہیں جا سکتا جب تک کہ دلیلیں قابل قبول نہ ہوں۔ سوالات اٹھائے جا سکتے ہیں، لیکن فکر انگیز سوالات اٹھانے کے لیے گہری نظر چاہیے۔ تنقیدی نظر تو کسی کی ہو سکتی ہے لیکن نئی اور منفرد تنقیدی نظر کسی کسی میں ہوا کرتی ہے۔ گفتگو تو کوئی بھی کر سکتا ہے لیکن اچھی گفتگو کے لیے علم کا گہرا سمندر ہونا چاہیے۔ دلائل کی بنیاد پر تجزیہ تو کوئی بھی کر سکتا ہے لیکن معروضی تجزیہ اور حیرت انگیز نتائج وہی شخص برآمد کر سکتا ہے جو کوئی خاص وژن اور خاص فہم و دانش رکھتا ہو۔ کسی بھی موضوع پر کوئی بھی شخص بحث کر سکتا ہے لیکن نئی بحث کے لیے فکر و دانش کا نور اس کے سینے میں ہونا چاہیے۔ اور گوپی چند نارنگ میں یہ سب خوبیاں موجود ہیں۔

اردو کے کئی نقادوں نے غالب سے دوسرے اہم شعرا کا تقابلی مطالعہ کیا اور یہ ثابت کرنے کی کوشش کی کہ غالب سے بڑے شاعر ناسخ ہیں، داغ اور میر ہیں اور کئی معنوں میں میر غالب پر بھاری پڑتے ہیں۔ دراصل اس نوع کی تنقید سے غالب کا تو کچھ نہیں بگڑا البتہ دوسرے شعرا کا قد ضرور گھٹ گیا کیونکہ کوئی بھی شاعر تقابلی مطالعہ سے بڑا نہیں ہوتا بلکہ وہ اپنی شعریات، اپنے موضوعات اور اپنے منفرد انداز بیان کے ساتھ تہذیبی وجدان و ملکی فکر و فلسفہ سے ہوتا ہے۔ غالب اس میدان کے شہسوار ہیں۔ ان کا نظیر کوئی اور ہو ہی نہیں سکتا۔ پروفیسر نارنگ نے اپنی اس کتاب میں غالب سے نہ تو کسی شاعر کا تقابلی مطالعہ کیا ہے اور نہ ہی کسی شاعر کو کمتر گردانا ہے بلکہ غالب کو ان کے شعری امتیازات کی روشنی میں دیکھنے کی کوشش کی ہے۔

غالب اردو اور فارسی کے شاعر ہی نہیں تھے بلکہ وہ ایک نئے اسلوب کے بھی بانی

تھے۔ انھوں نے جہاں جدید اردو شاعری کے عمدہ نمونے پیش کیے وہاں جدید اردو نثر کی بھی پرورش کی۔ گوپی چند نارنگ کی مذکورہ کتاب میں جو تخلیقی وتنقیدی زبان استعمال کی گئی ہے وہ فصیح بھی ہے دل نشیں اور دل آویز بھی۔ یہ فقط انہی کا کمال ہوسکتا ہے۔

غالب کے بہت سے مایہ ناز اشعار ایسے ہیں جن پر ان کے شارحین ایک دو جملوں سے زیادہ نہیں لکھ سکے۔ انھیں یہ علم ہی نہیں کہ غالب کا ایک ایک شعر توجہ کا طالب ہے۔ انھیں یہ بھی معلوم نہیں کہ کن شعروں میں جدلیاتی گردش ہے اور کن اشعار میں معنی کی کرشمہ سازی جدلیات نفی سے برقیائی ہوئی ہے۔ اسی طرح بودھی فکر اور جدلیاتی نظریہ کو غالب کے حوالے سے پرکھنے کا کام کسی نے نہیں کیا۔ بڑے بڑے غالب شناس، بڑے بڑے شارحین اور بڑے بڑے نقاد، کسی نے بھی اپنی تحریروں میں غالب کے کلام کے حوالے سے بودھی فکر اور جدلیاتی نظریہ پر مدلل بحث نہیں کی۔ لیکن پروفیسر نارنگ نے اس پر نہ صرف بحث کی ہے بلکہ بحث سے نئی بات بھی نکالی ہے۔

شونیتا جو منتہائے دانش ہے، اس کے بغیر حقیقت سے آگہی ممکن ہی نہیں۔ اور نہ ہی دنیا کی سچائی تک ہماری رسائی آسان ہوسکتی ہے۔ پروفیسر نارنگ نے شونیتا کو آگہی اور اودیا کو عدم آگہی کہا ہے۔ انھوں نے اسے اتنا سہل انداز میں سمجھایا ہے کہ شونیتا اور اودیا دونوں سے ہم پوری طرح واقف ہو جاتے ہیں۔ شونیتا کتنی طاقت ور شئے ہے کہ تمام تر مابعدالطبعیاتی سوالوں کا جواب دیتی ہے۔ حقیقت کی آگہی کی منتہا جو ناقابل بیان ہے اسے 'بے زبانی کی زبان' سے ہی بیان کیا جا سکتا ہے۔ شونیتا غالب کی شاعری کا جوہر ہے اور شونیہ اصل بھی نہیں ہے اور غیر اصل بھی نہیں۔ شونیہ ہاں بھی نہیں اور نہیں بھی نہیں ہے۔ یعنی ہاں نہیں ہے اور نہیں ہاں نہیں ہے۔ وجود بھی نہیں اور عدم وجود بھی نہیں۔ گوپی چند نارنگ نے پہلی بار یہ ثابت کیا ہے کہ غالب کی شعریات بودھی فکر (شونیتا) کے جدلیاتی جوہر کے مماثل ہے اور جدلیاتی جوہر کا سب سے قدیم ترین سرچشمہ بودھی فکر ہے جو بیدل سے ہوتی ہوئی غالب تک پہنچتی ہے۔ شونیتا کوئی نظریہ نہیں، مذہب شونیتا کا مسئلہ نہیں، شونیتا اصل سے عاری ہے۔ شونیتا کے مطابق کوئی بھی شئے اپنی اصل نہیں رکھتی تو پھر غیر اصل بھی

نہیں رکھتی۔ شونیتا وجود و لاوجود کو سرے سے خارج کرتی ہے۔ پروفیسر نارنگ نے 'بودھی فکر اور شونیتا'، 'بودھی فکر برہمن واد کے خلاف'، 'ناگارجن اور شونیتا'، 'ویدانت اور شونیتا کا فرق'، 'شونیتا فقط سوچنے کا طور ہے، نظریہ نہیں'، 'شونیتا اور نراجیت'، 'شونیتا بطور آزادی و آگہی'، 'شونیتا اور دریدا'، 'شونیتا خود کو بھی کالعدم کر دیتی ہے'، 'شونیتا، خاموشی اور زبان'، 'زین اور خاموشی کی زبان'، 'کبیر اور خاموشی کی زبان' جیسے عنوانات قائم کر کے شونیتا کی بھرپور وضاحت کی ہے۔ پروفیسر نارنگ نے غالب کے 19 برس سے کم عمر کے اشعار میں بھی بودھی فکر (شونیتا) کی پرچھائیوں کو تلاش کیا ہے۔ انھوں نے نسخۂ حمیدیہ کے اشعار بھی اس ضمن میں نقل کیے ہیں۔ غالب کے یہاں کسی بھی نوع کے مسلک، نظریہ، معمولہ تصور، سکہ بند خیال وغیرہ غلامی کی زنجیریں معلوم ہوتی ہیں۔ اصل معاملہ تو ان تمام چیزوں سے آزادی کا ہے۔ یعنی مانوس اور معمولہ تصور کو رد کرنے سے ہی اصل چیز حاصل ہوتی ہے۔ شونیتا کبھی یہ نہیں کہتی کہ یہ فلاں چیز ہے، یہ فلاں اور وہ فلاں چیز ہے جبکہ یہ تو آزادی مطلق کا احساس ہے۔ اور یہ کبھی کبھی آزادیِ مطلق کے احساس کے سبب خود بھی کالعدم ہو جاتی ہے۔ چند اشعار جنھیں پروفیسر نارنگ نے نقل کیے ہیں، دیکھیے جو غالب کے یہاں بودھی فکر (شونیتا) کے جوہر کو واضح کرتے ہیں۔ مثلاً:

"کاشانۂ ہستی کہ برانداختنی ہے یاں سوختنی اور وہاں ساختنی ہے
اے بے ثمراں حاصلِ تکلیف دمیدن گردن بہ تماشائے گل افراختنی ہے
ہے سادگیِ ذہن تمنائے تماشا جائے کہ اسد رنگِ چمن باختنی ہے

———

جب کہ تجھ بن نہیں کوئی موجود پھر یہ ہنگامہ اے خدا کیا ہے
یہ پری چہرہ لوگ کیسے ہیں غمزہ و عشوہ و ادا کیا ہے"

(ص 106)

خاموشی اور زبان میں خاموشی افضل ہے کیونکہ زبان سچائیوں کو ڈھک دیتی ہے۔ پوشیدہ کر دیتی اور حقیقت کو آلودہ بھی کر دیتی ہے لیکن خاموشی زبان کی طرح ثنویت کی

شکار نہیں ہوتی، اس لیے غالب کو زبان نہیں خاموشی زیادہ پسند ہے۔ شونیتا کے لحاظ سے بھی خاموشی زبان سے زیادہ طاقتور ہے۔ ہم خاموشی کو اتھاہ گہرائی کا نام بھی دے سکتے ہیں۔ ہم شونیتا کو لامحدود معانی کے امکانات سے بھی تعبیر کر سکتے ہیں۔ صدا جو سنائی دیتی ہے وہ محدود ہے اور جو سنائی نہیں دیتی وہ لامحدود۔ شونیتا بھی لامحدود ہے اس لیے کہ یہ بے اصل ہے۔ غالب کے یہاں بہت سے ایسے اشعار ہیں جن میں خاموشی سے معنی کی نئی نئی کونپلیں پھوٹتی دکھائی دیتی ہیں۔ اس ضمن میں بھی پروفیسر نارنگ نے کچھ شعروں کے حوالے دے کر 'شونیتا'، 'خاموشی' اور 'زبان' سے غالب کے لامحدود رشتوں کو اجاگر کیا ہے۔ یہ چند اشعار دیکھیے :

"آ گہی دامِ شنیدن جس قدر چاہے بچھائے
مدعا عنقا ہے اپنے عالمِ تقریر کا

———

بسانِ سبزہ رگِ خواب ہے زباں ایجاد
کرے ہے خامشی احوالِ بیخوداں پیدا

———

ازخود گزشتگی میں خموشی پہ حرف ہے
موجِ غبارِ سرمہ ہوئی ہے صدا مجھے

———

خموشیوں میں تماشا ادا نکلتی ہے
نگاہ دل سے ترے سرمہ سا نکلتی ہے
بہار شوخ و چمن تنگ و رنگِ گل دلچسپ
نسیم باغ سے پا در حنا نکلتی ہے

———

ہوں ہیولائے دوعالم صورتِ تقریر اسد
فکر نے سونپی خموشی کی گریبانی مجھے

گر خامُشی سے فائدہ اخفاے حال ہے
خوش ہوں کہ میری بات سمجھنی محال ہے

نشوونما ہے اصل سے غالب فروع کو
خاموشی ہی سے نکلے ہے جو بات چاہیے

خدایا چشم تا دل درد ہے افسونِ آگاہی
نگہ حیرت سوادِ خوابِ بے تعبیر بہتر ہے''

(ص 108-107)

غالب کے یہاں اس قسم کے اشعار سے حقیقت کی آگہی کو سمجھنے کی مصنف کی دلچسپی ظاہر ہوتی ہے۔ کبیر، ناگارجن، شنکر اچاریہ، ہائیڈگر اور بیدل وغیرہ کی مثالیں بھی اسی سمت میں دی گئی ہیں۔

گوپی چند نارنگ نے جدلیاتی جوہر کے حوالے سے اپنی گفتگو میں علم و دانش کے ڈھیر سارے ہیرے جواہرات بھر دیے ہیں۔ غالب کی شاعری میں جدلیاتی حرکیات کی باتیں ایسی لگتی ہیں جیسے یہ بات ہمارے دل میں برسوں سے تھی لیکن جس کا انکشاف پہلے کبھی نہیں کیا گیا اور جس کی طرف ہماری توجہ نہیں گئی۔ خاموشی کا اظہار اور اظہار میں خاموشی کی ترنگ گوپی چند نارنگ کی تنقیدی زبان کی قوت ہے۔ ایسا لگتا ہے کہ اگر انھوں نے جدلیاتی فکر کے حوالے سے غالب کا ذکر نہ کیا ہوتا تو ہم ایک ڈیڑھ صدی بعد بھی غالب کے اس تصور سے محروم رہ جاتے۔

گوپی چند نارنگ نے تجزیاتی طور پر غالب کے ذہن کی جدلیاتی وضع کی گرہیں کھولی ہیں۔ اس پہلو سے ایسی چشم کشا بحث پہلے کسی غالب شناس کے یہاں دیکھنے کو نہیں ملتی۔ کسی ترقی پسند نقاد نے بھی غالب کی شاعری میں جدلیاتی حرکیات کو اس طور نہ سمجھا نہ لکھا۔ ہمارے کچھ اہم غالب شناسوں نے تو غالب کے یہاں فارسیت اور تجریدی مضامین کی

تلاش میں ہی اپنی عمریں گزار دیں۔ اور اگر انھوں نے غالب کی استعارہ سازی، ان کی تہہ داری، بات بات پر ان کا استفسار، ان کے تخیل کی بے انتہا بلندی، زندگی کے ہر موقعے پر ان کے کسی نہ کسی شعر کا برمحل ثابت ہونا وغیرہ جیسے اہم خصائص کی بات تسلیم بھی کی تو وہ بھی دبے لفظوں میں۔ اور ان کی نظریں غالب کی جدلیاتی وضع اور شونیتا پر نہیں گئیں۔ دراصل بات وسعت نظر کی ہے۔ وسعت مطالعہ اور تیز نگاہی کی ہے۔ دانشور وہ ہوتا ہے جو ہر 'ہاں' سے 'نہیں' اور 'نہیں' سے 'ہاں' کا کوئی نہ کوئی پہلو ڈھونڈ لیتا ہے اور وہ عامیانہ یا پیش پا افتادہ تنقیدی رویے سے خود کو الگ کر لیتا ہے۔ اس خوبی سے پروفیسر نارنگ مالامال ہیں۔ وہ جدلیاتی وضع کو غالب کی خاص ذہنی وضع قرار دیتے ہوئے لکھتے ہیں:

> ''جدلیاتی تفاعل غالب کی تخلیقیت اور ان کے سوچنے کے طور اور تشکیل شعر کے عمل میں رچا بسا ہے اور موج تہ نشیں کی طرح معنیاتی و ملفوظی نظام میں جاری و ساری ہے۔ غالب کی کوئی تفہیم اس سے صرف نظر کر کے موضوعی تو ہوسکتی ہے منصفانہ نہیں۔ ابتدائی دونوں نسخوں اور متداول دیوان میں قدم قدم پر اس کے نشانات footprints ملتے ہیں جن کی نشاندہی ہم منزل بہ منزل تکرار کی قیمت پر بھی کرتے آئے ہیں۔ ہم نے دیکھا کہ بہت سے اعلیٰ اشعار میں جو برقِ تخلیقی رومعنی کا چراغاں کرتی ہے اس کا گہرا رشتہ غالب کے ذہن کی اسی جدلیاتی وضع اور حرکیات نفی سے ہے، چونکہ اس کے نشانات ابتدائے عمر یعنی پندرہ برس کے کلام ہی سے ملنے لگتے ہیں، یہ کہنا غلط نہ ہوگا کہ یہ غالب کی سائیکی، ان کی افتاد و نہاد اور ان کے لاشعوری تخلیقی عمل کا ناگزیر حصہ ہے اور جدلیات نفی کا یہ تفاعل غالب کے ذہن و مزاج میں بطور جوہر کے جاگزیں ہے۔ گویا غالب کی خیال بندی اور معنی آفرینی میں جہاں دوسرے شعری لوازم و وسائل بروئے کار آتے ہیں، جدلیاتی وضع کا دستور تخلیقی اعتبار سے دستور خاص ہے۔ چنانچہ اس سے صرف نظر کر کے ان کے چراغانِ معنی اور طرفگی و بدیع گوئی کی کوئی توجیہہ مکمل ہو ہی نہیں سکتی۔'' (ص 455)

مذکورہ اقتباس کو پڑھ کر غالب کو سمجھنا بہت آسان ہو جاتا ہے۔ دراصل ان نکات کو

اس سے پہلے کسی نے بیان نہیں کیا؟ اور وہ اس لیے کہ کوئی بات الگ ہٹ کر کہنے والی شخصیتیں کم ہی پیدا ہوتی ہیں۔ یہاں یہ کہنا غلط نہ ہوگا کہ غالب کے اول اہم پیامبر حالی تھے تو ہمارے عہد میں اہم پیامبر گوپی چند نارنگ ہیں۔ غالب کی خیال افروز تفہیم کا نزول گوپی چند نارنگ پر دس بارہ برس پہلے شروع ہوا تھا جو 2013 میں مکمل ہوا۔ دیوانِ غالب کے نزول کا اصل زمانہ وہ ہے جب غالب 19 برس کے تھے اور اس پر خیال افروز تفہیم کا نزول پروفیسر نارنگ پر اس وقت شروع ہوا جب وہ 72 برس کے آس پاس تھے۔ لیکن یہ مکمل ہوا جب وہ 82 برس کے ہو گئے۔ غور طلب بات یہ بھی ہے کہ مرزا اسداللہ خاں غالب کے کلام کے متعدد شارحین و ماہرین ایسے ہیں جنھوں نے غالب کے اردو کلام کی اپنے اپنے طور پر شرح کی ہے۔ ان شارحین کی غالب فہمی میں اپنی الگ حیثیت رہی ہے۔ کسی بھی شارح کو کسی شارح سے کوئی شکایت نہیں رہی کیونکہ سب نے کلام غالب سے لطف اندوزی کا راستہ اختیار کیا۔ حالی، حسرت موہانی، نظم طباطبائی، سہا مجددی، بیخود، آسی، شوکت میرٹھی، آغا محمد باقر وغیرہ نے کلام غالب کی شرح بیان کی ہے۔ ان مختلف شرحوں کی چھان بین ہوتی رہی ہے لیکن کسی بھی شارح کی اہمیت کبھی کم نہ ہوئی اور نہ ہی کسی شرح سے دوسری شرحوں کی مقبولیت میں کوئی کمی آئی۔ مجموعی طور پر کچھ شرحیں ملتی جلتی بھی ہیں اور کچھ شرحیں بالکل مختلف بھی ہیں۔ کچھ شارحین کسی خیال پر پوری طرح متفق ہیں تو کچھ شارحین کسی خیال سے اختلاف بھی رکھتے ہیں لیکن مولانا حالی کی شرح کو آج بھی مقدم سمجھا جاتا ہے اور گوپی چند نارنگ نے اپنی کتاب میں جس طرح بہت سے اشعار کے مخفی معنی آشکار کیے ہیں، یہ ان کی ایک نئی جستجو ہے۔ اس تعلق سے وہ خود لکھتے ہیں:

> ''ہمارا مقصد اردو کلام غالب کی نئی شرح فراہم کرنا نہیں ہے۔ یہ شارحین کا کام ہے۔ ہم جملہ شارحین و ماہرین کے کام کی قدر کرتے ہیں۔ لیکن ہمارا سفر الگ نوعیت کا ہے اور ہماری سعی و جستجو کی جہت دوسری ہے۔ یہ کسی کے رد یا تخالف میں بھی نہیں ہے۔ بلکہ اس اعتبار سے ہم جملہ ماہرین اور شارحین کے ممنون ہیں کہ اگر ان کے کارناموں اور دقیقہ سنجیوں کی بدولت غالب ڈسکورس یہاں تک نہ پہنچا ہوتا جہاں وہ اس وقت ہے تو ہمارے لیے اس دقت طلب راہ میں

قدم اٹھانا آسان نہ تھا۔ تاہم ماہرین نے غالب کے بارے میں سب گتھیوں کو حل کرلیا ہو ایسا بھی نہیں ہے۔ غالب کے تخلیقی سفر، ذہن و زندگی اور فکر وفن کے بہت سے گوشے ایسے ہیں اور بہت سے پیچیدہ سوال اس نوعیت کے ہیں کہ ان کے جواب ہنوز فراہم نہیں کیے جاسکے، غالب کے گنجینۂ معنی کے طلسم کے بھی کئی در ایسے ہیں جو ہنوز وانہیں ہوئے۔ متن کی قوت زماں کے محور پر قاری کے تفاعل کے ساتھ مل کر معنی پروری کررہی ہے اور کرتی رہے گی۔''

(ص 300)

میری نظر میں گوپی چند نارنگ غالب کے شارح نہیں بلکہ ایک سچے پارکھ ہیں۔ انھوں نے کلام غالب کی شرح نہیں تفہیم نو کی ہے۔ شرح سے یہ توقع بھی نہیں کی جاسکتی کہ اس سے کوئی نیا تھیسس قائم ہوگا۔ ابھی تک جتنی بھی شرحیں ہمارے سامنے آئی ہیں ان سے کوئی نیا تھیسس قائم نہیں ہوسکا ہے۔ گوپی چند نارنگ نے نئی جدلیاتی تفہیم و تجزیہ سے غالب کے متن کے سربستہ راز کو اپنے تنقیدی طلسمات سے افشا کیا ہے اور جہاں تک ممکن ہوسکا ہے متن کے داخلی اور خارجی ساختوں کی پہچان کی ہے۔ انھوں نے تفہیم غالب کی راہ میں ہر جگہ معنیاتی امکانات اور انکشافات کو اجاگر کیا ہے۔ نیز غالب کے خام، پیچیدہ، ناقص، غیر ضروری اور بعید از فہم اشعار پر خصوصی توجہ دی ہے اور ان کی معنویت کو مزید نکھارا ہے۔ غالب کے منسوخ کلام اور منتخب کلام دونوں کے درمیان بحث کر کے کچھ اہم پہلوؤں کا سراغ لگایا ہے۔ اور جہانِ معنی کے ان چھوئے جزیرے اور معمولہ معانی کے بجائے غیر معمولہ معانی کی تلاش کی ہے۔ غالب کے اس ایک مشہور شعر کو دیکھیے کہ کس طرح اس کی نئی تفہیم کی گئی ہے۔ ان کی تفہیم نو سے ہماری آنکھیں حیران و ششدر ہو جاتی ہیں اور جس سے غالب کے تخلیقی تموج، داخلی واردات اور تجربہ و احساس کی پرتیں ابھر کر ہمارے سامنے آتی ہیں۔ وہ لکھتے ہیں:

''آگہی دامِ شنیدن جس قدر چاہے بچھائے
مُدّعا عنقا ہے اپنے عالمِ تقریر کا

یہ شعر غزل سرِ دیوان کا ہے یعنی 'نقش فریادی ہے کس کی ...'۔ نسخۂ بھوپال بخطِ

غالب یعنی روایت اوّل (مشمولہ حمیدیہ) کا آغاز بھی اسی غزل سے ہوتا ہے اور زیرنظر اہم شعر بھی اسی غیرمعمولی غزل کا حصہ ہے جو حاشیہ 'ق' پر بڑھایا گیا۔ ہرچند کہ کالیداس گپتا رضا نے 'نشنیدن' والے شعر کو 15 برس کی ذیل میں رکھا ہے لیکن شعر زیربحث 'آگہی دام شنیدن...' یقیناً نشنیدن والے شعر سے پہلے کا ہے اور شروع جوانی کے زمانے کا ہے جب غالب پر چاروں طرف سے یلغار تھی کہ وہ ناقابل فہم اور مہمل شعر کہتے ہیں۔ وہ رواجِ عام سے بیحد نفرت تو کرتے ہی تھے، اصل مسئلہ یہ تھا کہ اُن کا ذہن حقیقت کو جس طرح انگیز کرتا تھا اور جس طرح سے تشکیل شعر کرتا تھا وہ عام روش سے بہت کچھ الگ تھا۔ ان کے جہانِ معنی میں شروع ہی سے ایک تموج تھا وہ معنی کے جس گلشنِ ناآفریدہ کی بات کرنا چاہتے تھے، سامنے کی روایتی زبان اس کی تاب نہ لاسکتی تھی۔ اس راز کو غالب نے کچھ تو اپنی ذہنی اپج سے اور کچھ سبکِ ہندی بالخصوص خیال بند بیدل کے اثر سے شروع ہی میں پالیا تھا کہ معنی فقط اتنا نہیں جتنا آنکھوں کے سامنے ہے۔ یعنی معمولہ معنی جس کی ترجمانی روایتی زبان یا رواجِ عام کرتا ہے، وہی کل معنی نہیں۔ روایتی رسمی زبان معنی پر پردے ڈال دیتی ہے اور جہانِ معنی کے اَن چھوئے خطے یا اَن دیکھے جزیرے نظر ہی نہیں آتے۔ غالب نے شروع ہی سے روایتی طرز اظہار سے بہ شدت عمداً گریز کیا، اگرچہ انھیں بہت کچھ سننا اور سہنا پڑا لیکن خداداد ذہانت اور طباعی سے اس نکتہ کو انھوں نے پالیا تھا کہ معمولہ معانی رسمی یا حاضر معانی ہیں اور حاضر معانی نادر یا نایاب یا انوکھے معانی نہیں ہوسکتے۔ معانی جتنے حاضر ہیں یا رواج عام سے سامنے ہیں، اتنے غیاب میں بھی ہیں اور ان کی پرتیں یا سوچ کا عمل بھی فقط اتنا نہیں جو فہم عام کا عمل ہے۔ فہم عام کا عمل میکانکی یا منطقی عمل ہے اور تخلیقی عمل میکانکی عمل نہیں۔ سامنے کی زبان میکانکی طور پر سوچتی اور دیکھتی ہے اور فقط عام قاری کے لیے قابل قبول ہوسکتی ہے۔ لیکن پُرتموج متخیلہ یا داخلی واردات یا تجربہ و احساس کی وہ پرتیں جو اندھیرے یا تجرید یا غیاب میں ہیں، زبان کے روایتی منطقی اظہار اور رواج عام سے باہر ہیں۔ چنانچہ جب تک فہم عام کی پامال راہ سے انحراف نہ کیا جائے گا یا روایتی منطقی زبان کے بندھے ٹکے طور طریقوں کو پاش پاش نہ کیا

جائے گا، جدتِ ادا یا طرفگیِ خیال کا حق ادا نہیں کیا جاسکتا۔ اس کا ایک طریقہ سامنے کے معنی، روایتی متن یا معمولہ معنی کو پلٹنا تھا۔ یہ اس وقت تک ممکن نہیں تھا جب تک زبان کے رسمی ڈھانچے کو توڑا نہ جائے اور عرف عام کی روایتی منطق کو رد نہ کیا جائے۔ جہانِ معنی بطور دریا کے ہے جس کا پاٹ بے حد و حساب ہے۔ ہم ایک کنارے پر ہیں جہاں سے دوسرا کنارا دکھائی نہیں دیتا۔ دکھائی نہ دینا اس کا ثبوت نہیں کہ دریا کا دوسرا کنارا نہیں ہے۔ دریا کا صرف ایک کنارا ہو یہ بھی ممکن نہیں۔ وہ کنارا جس پر ہم ہیں رسمی زبان کا کنارا ہے اور وہ کنارا جو غیاب میں ہے اس تک رسائی کے لیے رسمی زبان کے قید و بند سے رہائی پانا ضروری ہے۔ رہائی پانے کا عمل زبان کی افتراقیت کی تہہ میں اترنے کا عمل ہے۔ مگر زبان کا جبر بھی اپنی جگہ ہے۔ فکروخیال پر بھی اسی کا پہرہ ہے اور اظہار پر بھی اسی کا پہرہ ہے۔ اس کے جبر کو توڑنا یا اس کے خول سے باہر نکلنا آسان بھی نہیں۔ اس سے یکسر باہر نکلنے سے عرصۂ اہمال میں داخل ہونے کا خطرہ بھی ہے جو غالب بار بار مول لیتے ہیں۔ شعر کتنا بھی یا زبان کتنی بھی خودمرتکز ہو اس کو قاری سے کچھ تو کہنا ہے۔ یعنی اسلوب و اظہار اَن دیکھے معنی کی تشکیل بھی کرے یا ندرت وطرفگی کا حق بھی ادا کرے اور قاری سے یکسر بے نیاز بھی نہ ہو، اس کے لیے راستہ فقط ایک ہی تھا کہ زبان کی رسمی زمین پر ہی اسے غیر رسمی بنانے کی سعی کی جائے۔'' (ص 304-303)

اس طرح کے بے شمار اشعار ایسے ہیں جن کی نئی پرتوں کو انھوں نے اجاگر کیا ہے۔ غالب نے اپنی شاعری میں سب سے زیادہ لفظ جو استعمال کیا ہے، اس میں ایک لفظ آئینہ بھی ہے۔ جسے انھوں نے مجرداً بھی برتا ہے۔ اور مختلف النوع انوکھی تراکیب کے ساتھ بھی استعمال کیا ہے۔ غالب نے اپنے ابتدائی کلام میں بیدل کی زیادہ تر پیروی کی ہے اس لیے انھوں نے فارسی کے زیرِ اثر اردو میں بھی لفظ 'آئینہ' کو مختلف جہات سے آشنا کیا ہے۔

شان الحق حقی نے لفظ 'آئینہ' کی تراکیب کی ایک فہرست تیار کی ہے۔ اور وہ یہ ہے:

''آئینہ دار، آئینہ داری، آئینہ خانہ، آئینہ بندی، آئینہ ساماں، آئینہ ایجاد، آئینہ تعمیر، آئینہ کیفیت، آئینہ ساز، آئینہ پردار، آئینہ کار، دل آئینہ، زانوئے آئینہ، بزم

آئینہ تصویر، موم آئینہ، آئینۂ دل، کشور آئینہ، تپش آئینہ، چشمۂ آئینہ، رخ آئینہ، پست آئینہ، حیرت آئینہ، گداز آئینہ، گرمی آئینہ، خاکستر آئینہ، درِ آئینہ، دامنِ آئینہ، جلوۂ آئینہ۔ آئینۂ دل، آئینۂ چشم، آئینۂ ناز، آئینۂ مثال، آئینۂ تصویر، آئینۂ خور (بطور تشبیہ)، آئینۂ دیوار، آئینۂ زانو (جسے زانو پر رکھ کر سنگھار کیا جاتا تھا)، آئینۂ دست طبیب، آئینۂ گل
(گل کی تشبیہ آئینہ کے ساتھ)، آئینۂ سنگ، آئینۂ باد بہاری، آئینۂ انتظار (چشم وا سے استعارہ)، آئینۂ تصویر نما۔''

(غالب، جدید تناظرات، اسلوب احمد انصاری، ص 118)

اسی طرح لفظ 'آئینہ' کے تعلق سے آل احمد سرور لکھتے ہیں:

''غالب کے کلام میں ایک ایسا آئینہ خانہ ملتا ہے جس کے جلوؤں سے ذہنوں میں فکر ونظر کے چراغ جل اٹھتے ہیں اور دلوں میں انسانیت کے عظمت کا نقش اور گہرا ہو جاتا ہے۔''

(دیوانِ غالب، امتیاز علی عرشی، پیش لفظ آل احمد سرور)

سرور نے غالب کی پوری شاعری کو آئینہ خانہ سے تعبیر کیا ہے۔ اب آئیے یہ دیکھیں کہ گوپی چند نارنگ نے غالب کے کلام میں آئینہ کو کس طور سمجھا ہے۔ دراصل جس نکتہ کی انھوں نے نشاندہی کی ہے وہ معمولہ معنی نہیں بلکہ غیر معمولہ ہے۔ وہ لکھتے ہیں:

''آئینہ سبک ہندی کے اساسی استعاروں میں سے ہے اور بیدل کی طرح غالب بھی آئینہ سے جلوہ وجود اور نیرنگی کائنات کے ایسے ایسے پہلو نکالتے ہیں کہ باید وشاید۔ آئینۂ قلب کے صیقل کا اکثر اشارہ ملتا ہے جو ہر طرح کے زنگ کو کاٹتا ہے اور صفائے قلب میں حزن ونشاط، رنج و راحت، محرومی وفراوانی ہر کیفیت جلوہ ریز ہوتی ہے اور گزراں ہے۔ آئینہ ہر کیفیت کو منعکس کرتا ہے اور خود بے لوث رہتا ہے جیسے جھیل کی ٹھہری ہوئی سطحِ آب کے اوپر سے پرندہ پر پھیلائے ہوئے گزرتا ہے، جھیل اس کو عکس ریز کرتی ہے، پرندہ کو خبر نہیں کہ جھیل اسے عکس ریز کررہی ہے، جھیل (آئینہ) کو بھی خبر نہیں کہ پرندہ اڑ رہا ہے لیکن اڑان کے ساتھ ساتھ پرندہ جھیل پر سے غائب ہوجاتا ہے، اس

گزران کی بھی نہ پرندے کو خبر ہے نہ جھیل کو، لیکن جب تک اڑان جھیل کے اوپر ہے جھیل کی سطحِ آب آئینہ قلب کی طرح اس کو منعکس کرتی ہے، نیرنگ اعتبار کی طرح یہ تعلق بھی ہے اور لاتعلقی بھی۔ یہ وجود بھی ہے اور عدمِ وجود بھی، یہ خالی پن بھی ہے اور بھراپُرا پن بھی۔ صوفیا کے آئینۂ قلب کی طرح زین بودھوں نے شونیم کو سمجھانے کے لیے اکثر آئینہ قلب یا جھیل کی سطحِ آب کی بے لوثی اور لاتعلقی کی مثال دی ہے۔'' (ص 495)

گوپی چند نارنگ نے طوطی اور آئینہ کا ذکر بھی سبک ہندی کے حوالے سے کیا ہے۔ طوطی اور آئینہ کا ذکر سبک ہندی کی شاعری میں مختلف انداز سے آیا ہے۔ اس مضمون کو شعرا نے بارہا استعمال کیا ہے۔ سچ تو یہ ہے کہ طوطی اور آئینہ غالب کا بہت پسندیدہ موضوع ہے۔ فقط ایک شعر بطور مثال دیکھیے :

از مہر تا بہ ذرہ دل و دل ہے آئینہ
طوطی کو شش جہت سے مقابل ہے آئینہ

مرزا غالب کے اردو کلام میں 125 اشعار ایسے بھی ہیں جن میں لفظ 'مژگاں' کا استعمال ہوا ہے۔ مژگاں والے اشعار کو ہمارے بہت سے غالب شناسوں نے پرکھا ہے اور اپنی فہم کی کسوٹی پر کسا ہے۔ کسی نے اس نوع کے شعروں کو شاعرانہ نزاکت و لطافت قرار دیا ہے تو کسی نے جمالیاتی حسن کے انوکھے پیکر سے تعبیر کیا ہے۔ کسی نے جگر کے تمام خون کو مژگانِ یار کی امانت تو کسی نے آنسوؤں سے پلکوں کی دعوت دینا بتایا ہے۔ اسی طرح کسی نے مژگاں کو آنکھوں کا چلمن تو کسی نے معشوق کی پلکوں کو کانٹے سے تشبیہ دیتے ہوئے لکھا ہے کہ یہ پلکیں دل کو اس وقت چبھتی ہیں جب معشوق نظریں اٹھا کر دیکھتا تک نہیں۔ کسی نے مژگاں کو نظروں کا تیر کہا ہے۔ کسی نے پلکوں کے مسلسل جھپکنے کو آنکھوں پر ندامت کے طمانچے رسید کرنے سے تعبیر کیا ہے۔ یہ سب کے سب معمولہ محض ہیں۔ ان دیکھے، اَن چھوئے اور اَن سنے معنی کسی نے بیان نہیں کیے۔ غالب کا یہ ایک مشہور شعر ہے جس میں لفظ 'مژگاں' استعمال ہوا ہے۔ اس شعر کو بھی معمولہ و موصولہ معنی سے ہی ہم نے اب تک سمجھا ہے۔ شعر یہ ہے:

صد جلوہ روبرو ہے جو مژگاں اٹھایئے
طاقت کہاں کہ دید کا احساں اٹھایئے

مطلب یہ کہ ہمارے رو برو بے شمار فطرت کے نظارے اور جلوے ہیں۔ غالب ان جلوؤں اور نظاروں کو دیکھنے کی معشوق سے خواہش ظاہر کرتے ہیں لیکن وہ یہ بھی کہتے ہیں کہ ان میں اتنی طاقت کہاں کہ وہ دیکھنے کے بوجھ کے احسان کو برداشت کرسکیں۔ غالب کے ایک مستند شارح آغا محمد باقر اس شعر کی تشریح کچھ اس طرح کرتے ہیں:

> ''اگر ہم آنکھ اٹھا کر دیکھیں تو محبوب حقیقی کے سیکڑوں جلوے نظر آتے ہیں مگر ہم میں اتنی تاب و طاقت نہیں کہ نظارہ کا احسان اٹھائیں اور اس کے جلوؤں سے لطف اندوز ہوں۔ کمال استغنا ہے کہ آنکھوں کا احسان بھی نہیں اٹھانا چاہیے۔''

(بیانِ غالب شرح دیوان غالب، آغا محمد باقر، ص 274)

کم و بیش تمام شارحین اور غالب شناسوں نے اس طرح کے اشعار میں اصل کی صورت میں ہی معنی کی جہتیں تلاش کی ہیں لیکن پروفیسر نارنگ کی آنکھیں کچھ اور دیکھتی ہیں۔ وہ بالکل معمولہ و موصولہ معنی پر توجہ نہیں دیتے بلکہ معنی کی جن جہتوں اور گرہوں کو انھوں نے کھولا ہے وہ فقط انھیں کی جستجو ہوسکتی ہے۔ انھوں نے مذکورہ شعر کی تفہیم نو کچھ ان لفظوں میں کی ہے۔ ملاحظہ کیجیے:

> ''پہلا مصرع کہ صد جلوہ روبرو ہے جو مژگاں اٹھایئے، دعوتِ نظارہ ہے کہ حسن ارضی یا حسنِ کائنات جلووں سے شرابور ہے شرط آنکھیں کھولنا ہے۔ زندگی ان جلووں سے معمور ہے جو حقیقت سے پردہ اٹھاتے ہیں۔ دوسرا مصرع نفی اساس ہے کہ اس کے لیے دید کا احسان اٹھانا پڑتا ہے اور اس کی توفیق نہیں۔ ردیف 'اٹھانا' میں مژگاں اٹھایئے بطور دعوت ہے۔ احسان اٹھایئے، طاقت کہاں' ہے کے تناظر میں نفیِ کلی ہے کہ طاقت ہی نہیں کہ دید کا احسان اٹھایا جائے۔ دید ذات کا حصہ ہے۔ غالب نے اٹھایئے کی معمولی گردش سے دید کے خیالی پیکر کو 'غیر' بنادیا اور غیر کا احسان اٹھانا غیرتِ نفس کے خلاف ہے۔ یوں شعر کی معنویت کی کئی راہیں کھل گئیں، جن کا لطف اس بصیرت افروز نکتہ میں ہے کہ

جلوہ بجنسہٖ کچھ بھی نہیں جب تک دیکھنے والی نظر نہ ہو، اور نظر خود ثنویت شکار یعنی بمنزلہ 'غیر' کے ہے۔'' (ص 510)

گوپی چند نارنگ نے سبک ہندی اور بیدل شعریات کے ساتھ دانش ہند اور غالب شعریات پر مدلل بحث کی ہے اور ضروری جہات و نکات کو پیش کیا ہے۔ متن غالب کی سلسلہ وار قرأت سے بھی رجوع کیا ہے۔ جدلیاتی فکر اور شخصیت و آزادگی کے مباحث کو سمیٹا بھی ہے اور کئی اہم نتائج بھی اخذ کیے ہیں۔ انھوں نے غالب پر بیدل کے اثرات پر تفصیل سے روشنی ڈالی ہے۔ بیدل کے ذہن و شعور میں دانش اسلامی و دانش ہندی کے سوتے کے انسلاک سے جو نئی تخلیقی فکر وجود میں آئی اور اس سے جو غالب کو فیض پہنچا اس پر بھی روشنی ڈالی ہے لیکن غالب کو غالب ہی رہنے دیا ہے اور بیدل کو بیدل۔ دونوں کی شناخت کو انھوں نے اپنی اپنی جگہ قائم رکھا ہے۔ان کا یہ اقتباس ملاحظہ کیجیے:

''غالب کی تخلیقیت اور متن کی قوت میں بیدل کا فیضان شامل ہے۔ کہا جاسکتا ہے کہ اگر بیدل نہ ہوتے تو کیا غالب ہوتے؟ غالب کا کمال یہ ہے کہ غالب نے فکرِ بیدل کے ڈسکورس یعنی کلامیہ کے محیطِ اعظم کو جذب کیا بلکہ اس پر اپنی شخصیت کی چھاپ لگاکر اور اسے اردو کی جادو بیانی عطا کرکے نہ صرف اپنی تخلیقی عظمت و معجز بیانی کا لوہا منوایا، بلکہ ساتھ ہی بیدل کی اہمیت و معنویت کو بھی جریدۂ عالم پر ہمیشہ کے لیے ثبت کر دیا۔'' (ص 249)

برصغیر میں سبک ہندی کی اصطلاح پانچ چھ سو برسوں کی شعری روایت کو محیط ہے۔ ہندوی رفتہ رفتہ ریختہ، گجری، دکنی اور ہندستانی ناموں سے منسوب ہوگئی پھر میر و غالب، سودا و مصحفی، مومن و انشا کے دور تک آتے آتے فارسی کی انگلی پکڑ کر چلنا سیکھا اور پھر ایک ایسی آندھی آئی کہ یہ زبان اردو کے سربرآوردہ شعرا کے لیے اظہار کی زبان بن گئی اور مسندِ شعر پر بیٹھ گئی۔ یہ مختلف تہذیبوں کی خاموش ارتباط کی دین ہے اور واقعتاً اردو غزل ہی اس روایت کی ملکہ ہے۔ سبک ہندی ہماری ثقافتی جڑوں اور مقامی افتاد و مزاج سے گہری وابستگی رکھتی ہے اور آج یہ اصطلاح امتیاز و انفراد کے طور پر استعمال کی جاتی ہے۔ گوپی چند نارنگ کا کمال یہ ہے کہ جہاں کسی کی نظر نہیں ٹھہرتی وہیں سے وہ اپنی تلاش شروع کرتے

ہیں۔ انھوں نے بیدل و غالب کی عظمت و برتری اور ان کے کلام کی معنویت کے مختلف دریچوں کو سبکِ ہندی کی کلید سے کھولا ہے۔ یہ نارنگ صاحب کا ہی علم ہے کہ انھوں نے سبک ہندی کے شعری امتیازات کو اجاگر کیا ہے اور لاشعوری جہان کی حقیقت کو کھولنے کی تمنا ظاہر کی ہے۔ سبک ہندی کے تاریک اور روشن دونوں مینارے عرفی و فیضی ونظیری و ظہوری کے یہاں کھلتے ہوئے پہلے سے ہی نظر آتے ہیں۔ یوں تو سبک ہندی کا بیج ایران میں بویا گیا تھا لیکن اس نے تناور درخت کی شکل ہندستان میں اختیار کی۔ سبک ہندی کے اولین نقوش جامی اور فغانی کے یہاں ملتے ہیں لیکن ہندوستان میں مغلوں کے دربار میں جب سبک ہندی کے شعرا کے جوہر کھلے تو ان پر نوازشات کی بارش کی گئی۔ غالب ایسے شاعر ہیں جو ان تمام روایت کے امین کہے جاتے ہیں۔ سبک ہندی کی نشاندہی اردو میں اولاً شبلی نے کی اور پھر نبی ہادی نے کی۔ دراصل سبک ہندی ہندستانی زندگی کی رنگارنگی، بو قلمونی اور تکثیریت کی مثال ہے۔ اس بات کا اشارہ الطاف حسین حالی، روسی اسکالر نتالیا پری گارنا، شبلی اور وارث کرمانی سب نے اپنی تحریروں میں کیا ہے۔ پروفیسر گوپی چند نارنگ کا کمال ہنر یہ ہے کہ انھوں نے سبک ہندی کے دور کے کلام میں مضمون آفرینی، خیال بندی، دلیل سازی، دقت پسندی، دقیقہ سنجی، پیچیدگی اور معمائی گہرائی کے پیچ در پیچ رشتوں کو سبک ہندی کے تناظر میں دیکھنے کی کوشش کی ہے اور انھوں نے اس حوالے سے کئی مثالیں بھی پیش کی ہیں۔ فقط ایک مثال دیکھیے :

شمع بجھتی ہے تو اس میں سے دھواں اٹھتا ہے
شعلۂ عشق سیہ پوش ہوا میرے بعد

گوپی چند نارنگ نے پری گارنا کے حوالے سے سبک ہندی کی خوب وضاحت و صراحت کی ہے۔ غالب کا کمال فن یہ ہے کہ وہ پہلے کسی مضمون کی توسیع کرتے ہیں پھر اسے پلٹ دیتے ہیں اور کوئی نہ کوئی ان دیکھا اور ان سنا پہلو نکال لیتے ہیں، کیونکہ ان کی طبیعت میں معلوم سے نامعلوم اور محسوس سے نامحسوس، تجربہ سے ناتجربہ، گفتنی سے ناگفتنی کی طرف گامزن ہونے کی جدلیاتی خواہش رچی بسی ہوئی ہے۔ غالب اپنی جدلیاتی

حرکیات کی وجہ سے معمولہ و موصولہ کو پلٹ دیتے ہیں اور خیال بندی سے نئے اور عجوبہ پہلو ڈھونڈنے میں کامیاب نظر آتے ہیں۔تبھی تو انھوں نے اس طرح کے شعر کہے ہیں:

غم نہیں ہوتا ہے آزادوں کو بیش از یک نفس
برق سے کرتے ہیں روشن شمعِ ماتم خانہ ہم

بہار حیرت نظارہ سخت جانی ہے
حنائے پائے اجل خونِ کشتگاں تجھ سے

شبلی نے شعر العجم میں جن فارسی گویان ہند کا ذکر کیا ہے اور ہندوستان میں فارسی شاعری کی جدت طرازی پر روشنی ڈالی ہے اور جس طرح مغلوں نے فارسی شاعری کی سرپرستی اور قدر کی، اس کو بیان کیا ہے۔ ان تمام نکات کے حوالے سے گوپی چند نارنگ نے سبک ہندی کی عظمت اور بلندی کی نشاندہی بڑی خوبصورتی سے کی ہے۔ انھوں نے فارسی شاعری سے متعلق شبلی کے بیان کردہ خصوصیات کو ہی سبک ہندی کے آئندہ مباحث کی بنیاد قرار دیا ہےلیکن جب وہ یہ کہتے ہیں کہ:

> ''یوں شبلی یہ نتیجہ اخذ کرتے ہیں کہ سبکِ ہندی کی شاعری ہر چندکہ انقلاب آفریں تھی، ''اس انقلاب نے غزل کو نقصان پہنچایا۔'' کوئی بھی رجحان جب پیدا ہوتا ہے تو وہ بے اعتدالیوں کا شکار بھی ہوتا ہے۔ضرورت معروضی تنقیح کی تھی جس کے اشارے شبلی کے یہاں ملتے ہیں،لیکن ایرانی روایت کی بالادستی کا بھی اپنا تفاعل تھا۔نتیجتاً شبلی متاخرین شعرائے ہند بالخصوص ناصر علی اور بیدل کی مذمت کا کوئی موقع ہاتھ سے جانے نہیں دیتے۔ غالب کو تو انھوں نے سرے سے قابلِ اعتنا ہی نہیں سمجھا۔'' (ص 132)

تو بات پوری طرح واضح ہو جاتی ہے۔

دراصل گوپی چند نارنگ نے بیدل، ناصر علی، شبلی، ڈاکٹر نبی ہادی، امیری فیروز کوہی اور حالی وغیرہ کے بیانات کی روشنی میں سبک ہندی کی اصل روایت کی طرف ہماری توجہ مبذول کرائی ہے۔ نیز ہندوستان کے بودھی فلسفہ اور ہندوستان کے معماروں کی خیال

بندی و ریزہ کاری، پیچیدہ کاری وغیرہ کی روشنی میں فارسی شاعری کے فروغ پر گفتگو کرتے ہوئے غالب کی اہمیت و انفرادیت کو واضح کیا ہے۔ غالب کا فارسی مطالعہ غضب کا تھا اور وہ سبک ہندی کے متاخرین شعرا خصوصاً بیدل سے زندگی بھر متاثر رہے۔ تبھی تو ابتدائی اردو شاعری میں بیدل ہی غالب کے ذہن و دل پر چھائے رہے۔ پروفیسر نارنگ نے پری گارنا کے حوالے سے بھی مغل بادشاہوں کے دربار میں سبک ہندی کو فروغ حاصل ہونے پر گہری نظر ڈالی ہے اور سبک ہندی سے غالب کے رشتے کو بڑی خوبصورتی سے بیان کیا ہے۔ نیز غالب کے کلام میں مضمون آفرینی اور خیال بندی کی پیچیدگی اور باہم رشتوں کے نقش کو ابھارا ہے۔ یہی نہیں بلکہ پری گارنا کے بیانات کو اس کے لیے بنیاد بھی بنایا ہے۔ انھوں نے یہ انکشاف کیا ہے کہ مناسبت لفظی، تشبیہ و استعارہ، کنایہ و تراکیب سے سبک ہندی کا متنی نظام وجود میں آتا ہے اور یہ نظام غالب کے یہاں فانوس کی شکل اختیار کر جاتا ہے۔ غالب کے یہاں یہ جہتیں نئی ہیں تو پروفیسر نارنگ کی تفہیم کا انداز بھی نیا ہے۔ مثلاً یہ اشعار دیکھیے :

اہل بینش نے بہ حیرت کدۂ شوخیِ ناز
جوہر آئینہ کو طوطیِ بسمل باندھا

آتشیں پا ہوں گدازِ وحشتِ زنداں نہ پوچھ
سوئے آتش دیدہ ہے ہر حلقہ پا زنجیر کا

مذکورہ اشعار پری گارنا نے نقل کیے ہیں اور پروفیسر گوپی چند نارنگ نے ان کی اساس پر غالب کی 'معنی آفرینی'، 'مضمون آفرینی و خیال بندی'، 'صنعت گری'، 'حسن آفرینی'، 'دقت پسندی'، 'پیچیدگی'، 'دقیقہ سنجی'، 'سریت'، 'مضمون سازی'، 'دلیل سازی'، 'تمثیل نگاری'، 'مناسبت لفظی'، 'معمائی گہرائی' وغیرہ کو نئے زاویے سے بیان کیا ہے۔

پروفیسر نارنگ نے اپنے تھیسس میں کلام غالب میں تمثیل نگاری کے مختلف تخلیقی ابعاد اور ابداع پر روشنی ڈالتے ہوئے نئی جہتوں کو آشکار کیا ہے اور اس کے جدلیاتی فلسفیانہ شعری

نظام سے وابستگی کو سامنے لایا ہے۔ نیز غالب کی شعریات کی الگ نوعیت اور اس کے بھید بھرے سنگیت کی وضاحت کی ہے اور ایسی ایسی کیفیات سے روشناس کرایا ہے جو غالب کی منفرد ذہنی و جدلیاتی افتاد کی وجہ سے ہی ممکن ہو سکا ہے۔ اس عنوان کے ساتھ پروفیسر نارنگ ہی انصاف کر سکتے تھے کیونکہ فارسی شاعری سے گہری واقفیت اور عرفی، نظیری، ظہوری، نصرتی، صائب، کلیم، طالب آملی، غنی، نعمت خاں عالی، چندر بھان برہمن، دارا شکوہ، ناصرعلی ہندی، عاقل خاں رازی، بیدل، قتیل جیسے فارسی شعرا کے اشعار کی سمجھ کے بغیر اسے نبھانا آسان کام نہیں تھا۔ انھوں نے آخر میں بہت ہی عمدہ نتیجہ اخذ کیا ہے، اسے آپ بھی ملاحظہ کیجیے:

> ''معنی کے اس نکتہ پر آ کر مابعد جدید ذہن اور بیدل و غالب کے ڈانڈے مل جاتے ہیں۔ تخلیق کی حرکیات میں ایک مقام ایسا آتا ہے کہ معنی کا جزر و مد لفظ کے ماورا ہوجاتا ہے اور معنی لامتناہی ہوکر پھیل جاتا ہے۔ دریدا اور اس کے معاصرین سے بہت پہلے، بیدل و غالب جیسے ہمارے شعرا کو اندازہ تھا ہرچند کہ بظاہر معنی لفظ سے قائم ہوتا ہے لیکن معنی لفظ میں سما نہیں سکتا کیونکہ لفظ جس معنی کو ظاہر کرسکتا ہے وہ خود بھی ایک لفظ ہے۔ یوں معنی ملتوی ہوتا رہتا ہے۔ معنی سیال ہے۔ مزید یہ کہ حاضر معنی ہی سب کچھ نہیں، معنی سیاق کے ساتھ ساتھ تخلیق ہوتا ہے۔ معنی غیاب میں بھی ہے اور زماں کے زیروبم کے ساتھ التوا میں بھی۔ بیدل کی دقیقہ سنجی، معنی بندی، خیال آفرینی اور سریّت کا غالب کی شعریات سے جو رشتہ ہے وہ جتنا نمایاں ہے اتنا پنہاں بھی ہے۔ سبکِ ہندی میں سب سے زیادہ اعتراض بیدل ہی پر کیے گئے اور 'خارج از آہنگ' بھی انھیں کو قرار دیا گیا۔ لیکن سبکِ ہندی کی روح تک پہنچنے کا سب سے اہم باب بھی بیدل ہی ہیں، اور غالب کے فلسفیانہ تجسس و معنیاتی ابداع وعظمت کی کوئی بحث اس وقت تک مکمل نہیں ہوسکتی جب تک بیدل نظر میں نہ ہوں۔ بیدل پر خاصا کام ہوا ہے لیکن بیدل ہنوز نقد فارسی کے لیے بھی ایک سربستہ راز، ایک معمہ ہیں۔'' (ص 170)

مختصر یہ کہ پروفیسر گوپی چند نارنگ کی تصنیف 'غالب: معنی آفرینی، جدلیاتی وضع، شونیتا اور شعریات' اکیسویں صدی کی ایک شہرۂ آفاق تصنیف ہے اور غالب شناسی میں ایک نیا سنگ میل بھی ہے، جس کے مطالعے سے حیرت زدہ ہونا فطری بات ہے۔ اس سے قبل غالب پر نئے انداز اور نئی تفہیم کے ساتھ کوئی دوسری کتاب نہیں لکھی گئی۔ کتاب کا ایک ایک باب ان کی علمیت اور وسعت فکر کی شہادت پیش کرتا ہے۔ انھوں نے جس طرح غالب کے جدلیاتی ڈسکورس اور ریڈیکل کشادگی پر خیال انگیز بحث کی ہے، جس طرح آزادی و اجتہاد کے ساتھ موجودہ عہد میں غالب کی قدر و قیمت اور معنویت پر روشنی ڈالی ہے، جس طرح انھوں نے غالب کی دقیقہ سنجی، پیچیدگی، معنی آفرینی، خیال بندی وغیرہ کو ہندوستان کے تہذیبی تناظر میں پرکھا ہے، اس سے غالب کی معنویت میں کئی گنا اضافہ ہو جاتا ہے۔ پروفیسر نارنگ نے غالب کے کلام کی جس طرح نئی قرأت کی ہے اور مابعد جدید صورت حال میں اپنی محاوراتی تنقیدی نظر سے اسے کھنگالا ہے، نسخۂ حمیدیہ، نسخۂ غالب بخطِ غالب اور متداول دیوان پر مدلل بحث کی ہے، سبک ہندی سے غالب کے گہرے رشتے کو اجاگر کیا ہے، نیز بیدل کی سریت سے غالب شعریات کی ہم رشتگی کا انکشاف کیا ہے، وہ فقط وہی کر سکتے تھے۔ اور یہ انھی کی فہم و فراست ہے کہ یادگار غالب سے لے کر بجنوری اور بجنوری سے لے کر بودھی فکر اور شونیتا، سبک ہندی، دانش ہند، جدلیاتی وضع و شعریات تک اور پھر غالب کی شوخی و بذلہ سنجی و آزادگی کے ذکر تک ہر راہ پر اپنی فکر کے نئے نئے دیے روشن کیے ہیں۔ اس کتاب سے یہ بات واضح ہو جاتی ہے کہ غالب کے متن کی تعبیرات میں ہمیشہ تبدیلی آتی رہی ہے، اور سب نے چاہے وہ حالی ہوں یا بجنوری، شیخ محمد اکرام ہوں یا سہا مجددی، اپنے اپنے غالب کو پیش کیا لیکن گوپی چند نارنگ نے جس غالب کی تلاش کی ہے وہ پوری انسانیت کے غالب ہیں ہمارے اور آپ کے غالب ہیں۔ مذکورہ کتاب کے مطالعے سے یہ نتیجہ بھی اخذ کیا جا سکتا ہے کہ غالب کی تخلیق الہامی ہے تو گوپی چند نارنگ کی تفہیم خیال افروز ہے کیونکہ افہام و تفہیم کی نئی کڑیوں سے نہ صرف ایک نئے غالب سے ہم ملتے ہیں بلکہ ایک نئے گوپی چند نارنگ سے بھی ہم کلام

ہوتے ہیں۔ غالب اردو شاعری میں جہاں ایک نئے تخت و تاج پر بیٹھے نظر آتے ہیں وہیں گوپی چند نارنگ اپنی نئی تفہیم اور اپنے قلم کے اعجاز مسیحائی سے تنقید و تحقیق کے عرش معلیٰ پر پیمانۂ صبا کی گردش کو انگیز کرتے دکھائی دیتے ہیں۔ دراصل اس کتاب کے تعلق سے گوپی چند نارنگ کو بھی غالب کی طرح عندلیبِ گلشن نا آفریدہ کہا جا سکتا ہے۔ غالب کا یہ شعر افہام و تفہیم کی نئی دنیا کے سلسلے میں ان پر خوب صادق آتا ہے:

حسد سے دل اگر افسردہ ہے گرمِ تماشا ہو
کہ چشمِ تنگ شاید کثرتِ نظارہ سے وا ہو

دراصل گوپی چند نارنگ نے غالب کے متن پر اپنی کثرتِ نظارہ سے ہی ہمیں چشم تنگ ہونے سے بچا لیا ہے۔

راشد انور راشد

’غالب‘— نارنگ کا شاہکار

کبھی کبھی کسی عظیم فنکار کو اتنی شہرت زندگی میں نصیب نہیں ہوتی، جتنی بعد کے زمانوں میں نصیب ہوتی ہے۔ غالب زندگی بھر ناقدریِ زمانہ کی شکایت کرتے رہے۔ زمانے نے انھیں مہمل گو اور کیا کیا کہا، مگر آج وہ سب پر حاوی ہیں اور حقیقی معنوں میں ’’غالب‘‘ ہیں۔ موت کے بعد شخصیت کا سحر تو باقی نہیں رہتا، لیکن متن کی طلسماتی نیرنگیاں مستقل طور پر جگمگاتی رہتی ہیں اور بعد کی نسلوں کو مسلسل غور وفکر کی تحریک دیتی ہیں۔ غالب میں کچھ تو ایسا ہے کہ متن کی مختلف جہات کو روشن کرنے کا سلسلہ بھی جاری ہے۔ غالب کے شعری متن کو اردو تنقید وتحقیق کے بہترین اذہان نے مستقل طور پر اپنی توجہ کا مرکز بنایا لیکن ایسا محسوس ہوتا ہے کہ معلوم سے نامعلوم کا سفر کرنے والا غالب کا کلام آج بھی بھید بھرا بستہ ہے جسے سمجھنے اور آگے لے جانے کا دعویٰ تو بیشتر لوگ کرتے ہیں، لیکن اس کا بھید پوری طرح کسی پر نہیں کھلتا۔ یہی وجہ ہے کہ تفہیم غالب کی بامعنی کاوشیں وقفے وقفے سے منظرعام پر آتی رہتی ہیں اور غالب ڈسکورس میں کچھ نہ کچھ اضافہ ہوتا رہتا ہے۔ کسی نہ کسی زاویے کو نمایاں کرتی ہوئی کتابیں تو شائع ہوتی رہتی ہیں، لیکن جب تک کوئی انوکھا پہلو شامل نہیں ہوتا، تو کتاب ادب کے سنجیدہ حلقوں کو متوجہ نہیں کرتی۔ حیرت کی بات ہے کہ پروفیسر گوپی چند نارنگ کی تازہ ترین تصنیف ’’غالب‘‘ غالبیات کے متعدد انوکھے پہلوؤں کو نہ صرف منکشف کرتی ہے بلکہ غالب فہمی کے نئے ڈسکورس کے لیے ہمیں ذہنی طور پر اندر تک ہلا کے رکھ دیتی ہے۔ ذیلی عنوان کے تحت ’معنی آفرینی‘، ’جدلیاتی وضع‘، ’شونیتا اور شعریات‘ کا بامعنی اضافہ بھی کیا گیا ہے جسے دیکھ کر قاری پہلی ہی نظر میں اس بات سے واقف ہوجاتا ہے کہ ان نئے زاویوں کے توسط سے غالب کو پرکھنے کی کوشش یقیناً مختلف

ہوگی۔ مطالعے کے بعد اسے مزید تقویت حاصل ہوتی ہے اور غالب فہمی کے نئے سے نئے دریچے وا ہوتے چلے جاتے ہیں۔ حیرت ہوتی ہے کہ عمر کی اس منزل میں جہاں بیشتر لوگوں کو ادبی سفر کی تھکن مٹانے میں بھی خاصی زحمت ہوتی ہے، گوپی چند نارنگ ہمیشہ کی طرح تازہ دم ہیں اور دس پندرہ برسوں کی مسلسل ذہنی مشقت کے بعد ایک ایسا کارنامہ ان کے قلم سے وجود میں آیا ہے جسے بلا مبالغہ شاہکار کا درجہ دیا جاسکتا ہے۔ ویسے تو ان کی تمام کتابیں ادب کے سنجیدہ قارئین سے مسلسل دادو تحسین وصول کرتی رہی ہیں، لیکن یہ کتاب غالباً ان کی تمام کتابوں میں سب سے افضل اور قابلِ رشک کتاب کا درجہ رکھتی ہے۔

فکشن، اسلوبیات اور لسانیات سے متعلق اپنی یادگار کاوشوں کے ذریعے گوپی چند نارنگ نے مخالفوں کو بھی اپنا ہم نوا بنانے میں کامیابی حاصل کی ہے۔ ساری اردو دنیا ان کا لوہا مانتی ہے۔ یہ تینوں میدان ان کی تخصیص میں شامل ہیں، اور ہر سطح پر انھوں نے ماہرانہ نقوش ثبت کیے ہیں، لیکن ایسا نھیں ہے کہ ان کی شہرت کا دار و مدار صرف انھیں بنیادوں پر قائم ہے۔ وہ شاعری کے بھی عاشق ہیں اور شاعری کی تنقید، ابتدا سے ہی ان کی ترجیحات کا حصہ رہی ہے۔ میر، انیس، نظیر اور اقبال کو مختلف زاویوں سے پرکھنے کی نہایت بامعنی کوشش وہ بہت پہلے ہی کر چکے ہیں۔ ایک طرف جہاں انھوں نے جنگ آزادی میں اردو شاعری کے لافانی کردار کو تفصیل سے نمایاں کیا ہے وہیں اردو غزل اور ہندستانی ذہن و تہذیب کے اچھوتے گوشوں کو بھی بڑی فن کاری کے ساتھ نمایاں کرنے کی کوشش کی ہے۔ یہ تمام کتابیں اس بات کا ثبوت فراہم کرتی ہیں کہ شعری محاسبہ بھی نارنگ کے مزاج سے پوری طرح میل کھاتا ہے اور شاعری کی نزاکتوں اور جملہ خصوصیات کو وہ جس اعتماد اور ہنرمندی کے ساتھ نمایاں کرتے ہیں، انھیں دیکھ کر ان کی سخن فہمی کا قائل ہوجانا پڑتا ہے۔ شاعری کی تنقید کے دوران وہ ان تمام پہلوؤں کو اپنے پیش نگاہ رکھتے ہیں جن کے توسط سے مخصوص شاعر، یا مخصوص عہد کی شعری فضا اور رجحان کو صحیح تناظر میں پرکھا جاسکے۔ میر، انیس، نظیر، اقبال اور فیض سے متعلق نارنگ کے تفصیلی مضامین متعلقہ موضوعات کا قابلِ قدر احاطہ تو کرتے ہیں، لیکن مضامین لکھنے کے بعد مصنف کو بہرحال اپنے ذہن میں ایک

حد متعین کرنی پڑتی ہے۔ کسی بھی موضوع کے تمام پہلوؤں کو کسی ایک مضمون میں نہیں سمیٹا جاسکتا۔ شاعری سے متعلق نارنگ کے تمام مضامین، موضوع سے متعلق تمام ممکنہ جہات کو خاطرخواہ سمیٹتے ہیں، لیکن چوں کہ تفصیل کے ساتھ منجملہ خصوصیات اور تفصیلی بحث کو صرف یک موضوعی کتاب میں ہی بہتر طریقے سے سمیٹا جاسکتا ہے، اس لیے قدرے مفصل مضامین میں کوئی ایک جہت ہی سامنے آتی ہے نئی جہت۔ جہاں تک یک موضوعی کتابوں کا تعلق ہے، جنگِ آزادی اور ہندستانی ذہن وتہذیب کے حوالے سے اردو شاعری اور اردو غزل کا بھرپور مطالعہ بھی نارنگ نے پوری محنت اور ایمان داری کے ساتھ کیا ہے، لیکن باریکی کے ساتھ کسی بڑی شخصیت کی باطنی تہوں تک رسائی حاصل کرنے کی کوشش جو غالباً ایک عرصے سے انھیں بے چین کررہی تھی، ''غالب'' کی شکل میں نمودار ہوئی ہے۔ غالب اور میر سے ان کی عقیدت اور بے پناہ عشق کا اندازہ ''اردو غزل اور ہندستانی ذہن و تہذیب'' کے ذریعے بھی واضح طور پر کیا جاسکتا ہے، لیکن وہاں بھی معاملہ چوں کہ مجموعی طور پر اردو غزل سے متعلق ہے، لہٰذا کسی مخصوص شاعر کے بجائے مختلف عہد کے بہترین شعرا کے کلام کو بنیاد بنانے کی کوشش کی گئی ہے۔ اس صورت میں گنجائش کے باوجود غالب کی شخصیت اورفن کا بھرپور محاکمہ وہاں ممکن نہ ہوسکا، البتہ مختلف کتابوں میں غالب سے متعلق، نارنگ کے جو خیالات بکھرے پڑے تھے، انھیں دیکھ کر یہ قیاس فطری طور پر لگایا جاسکتا تھا کہ اگر انھوں نے دل جمعی کے ساتھ غالب سے متعلق کوئی بھرپور کام کیا تو وہ چونکانے والا ضرور ہوگا۔ حسنِ اتفاق سے ان کی انتھک محنت نے غالبیات کے سرمائے میں بلاشبہ ایک حیرت انگیز اور انتہائی خوش گوار اضافہ کردیا۔

غالبیات کے وقیع سرمائے میں تنقیدی اور تحقیقی کاوشوں کی کمی نہیں۔ بہت سی کتابیں تنقیدی محاسبے کا حق ادا کرتی ہیں تو کئی کتابیں غالبیات سے متعلق کارآمد تحقیق کے اچھوتے گوشوں کو نمایاں کرتی ہیں۔ تنقید وتحقیق ایک دوسرے کے لیے لازم وملزوم کی حیثیت ضرور رکھتے ہیں، لیکن ان دونوں کے خوش گوار امتزاج کو نمایاں کرنا اور علمی سطح پر تحریروں میں برتنا آسان نہیں ہوتا۔ غالب تنقید کے نام پر جو کتابیں منظرعام پر آئی ہیں، ان میں غالب

کی شاعرانہ قدر و قیمت کا تعین سلیقے سے کیا گیا ہے، اور بہت سے تنقیدی نکات ایسے اجاگر کیے گئے ہیں جن کے توسط سے اردو غزل کے عظیم شاعر کے فن کو سمجھنے میں خاطر خواہ مدد ملتی ہے۔ اسی طرح تحقیق سے متعلق جو نگارشات زیور طبع سے آراستہ ہوئی ہیں، ان میں بہت سے اچھوتے گوشوں کو نمایاں کرنے کی کوشش کی گئی ہے۔ غالبیات کے سلسلے میں گنی چنی کتابیں ہی ایسی ہیں جن میں تنقید اور تحقیق دونوں سطحوں پر متوازن اور معیاری رویہ اختیار کیا گیا ہے۔ گوپی چند نارنگ نے اپنی تازہ ترین تصنیف کے ذریعے جہاں تنقیدی سطح پر اپنی انفرادیت قائم کرنے کی کوشش کی ہے، وہیں تخلیق کی رو سے بھی بعض ایسے گوشوں کو بے نقاب کیا ہے جو تحقیق کے روایتی طریقۂ کار سے خاصے مختلف معلوم ہوتے ہیں۔ اس بنا پر غالب کو نئے سیاق و سباق میں جانچنے اور پرکھنے کی کوشش ہرلحاظ سے لائقِ ستائش اور قابلِ تحسین ہے۔ تنقیدی سطح پر انھوں نے نہ صرف اشعار غالب کی عمومی تشریح سے گریز کیا ہے بلکہ ان تنقیدی نکات کی پیش کش سے بھی احتراز برتا ہے جن کے ذریعے غالب تنقید میں کسی نئی جہت کا اضافہ نہ ہو۔ اس طرح انھوں نے تحقیق کی فرسودہ باتوں کو دہرانے سے بھی اجتناب برتا ہے اور مقصد صرف یہ ہے کہ غالب کا نیا معنی خیز محاکمہ سامنے آسکے اور غزل کے اس عظیم شاعر کو نئے تناظر میں زیادہ بہتر طریقے سے سمجھا جاسکے۔ یہ نیا تناظر مابعد جدید نظریہ ہے لیکن خاص بات یہ ہے کہ اس کتاب میں نظریے کا غلبہ نہیں ہے اور تمام تر گفتگو شعری معنی آفرینی اور تخلیقیت کی بنیاد پر کی گئی ہے۔

''غالب'' کے ذریعے گوپی چند نارنگ نے اپنی فارسی دانی کا بھی مستحکم نقش دلوں پر قائم کیا ہے۔ پوری کتاب میں جگہ جگہ غالب کے فارسی اشعار کو فکر انگیز گفتگو کا موضوع بنایا گیا ہے۔ اصل فارسی متن کے ساتھ تمام اشعار کا اردو ترجمہ بھی پیش کیا گیا ہے۔ پروفیسر نارنگ نے اس ڈسکورس میں فارسی روایت سے گہری آگہی کا ثبوت دیا ہے۔ لیکن جہاں تک اشعار کی معنویت کو تنقیدی گفتگو میں شامل کرنے کی بات ہے تو وہاں انھوں نے اپنے ہی منطق اور فہم و فراست کا استعمال کیا ہے۔ انھوں نے ہر جگہ مستند حوالوں سے استفادہ کیا ہے لیکن جہاں بھی منطقی طور پر اختلاف کی گنجائش نکلی ہے، وہاں پوری ایمان

داری اور بھرپور اعتماد کے ساتھ انھوں نے اپنا اختلاف بھی ظاہر کیا ہے۔ ایسا نہیں ہے کہ ہرجگہ اپنی انفرادیت واضح کرنے کے لیے انھوں نے صرف اعتراض اور اختلاف کو ہی بنیاد بنایا ہے، بلکہ جہاں کہیں بھی انھیں کسی نقاد یا محقق کی کوئی بات معقول، مدلل اور متوازن محسوس ہوئی ہے، وہاں اس کا بھرپور اعتراف کرنے میں انھوں نے بخالت سے کام نہیں لیا ہے۔ اس ضمن میں انھوں نے اس بات کا خاص خیال رکھا ہے کہ مستند حوالوں میں پیش کیے گئے تنقیدی نکات یا تحقیقی ابعاد کو زیادہ اہمیت دی جائے، خواہ وہ نکات کسی نے بھی پیش کیے ہوں۔ بہت سے اہم لوگ مختلف وجوہات کی بنا پر زیادہ تذکروں میں نہیں آ پاتے، جب کہ اوسط درجے کے لوگ مختلف النوع تراکیب کی بدولت منظرعام پر ہمیشہ نمایاں رہتے ہیں۔ پروفیسر نارنگ نے ایسی کسی بھی شخصیت سے مرعوب ہونے کی کمزوری نہیں دکھائی اور جینوئین لوگوں کے کارناموں کو پیش نگاہ رکھا ہے تا کہ غالب سے متعلق سنجیدہ گفتگو کا وقار قائم رہے۔ اس کتاب کے ذریعے انھوں نے چند ایسے دانش وروں اور ان کے کارناموں سے بھی اردو والوں کو بہتر طریقے سے واقف کرایا ہے جو دوسری زبانوں یا دوسرے ممالک میں رہ کر غالب کو سمجھنے اور پرکھنے کی سنجیدہ کوششوں میں ہمہ وقت مصروف ہیں۔

''اردو غزل اور ہندستانی ذہن و تہذیب'' کے ذریعے گوپی چند نارنگ نے جس وقیع کام کی شروعات کی تھی، ''غالب'' کے ذریعے اسی کام کو مخصوص زاویے سے پایۂ تکمیل تک پہنچانے کی نہایت بسیط بامعنی کوشش کی ہے۔ انھوں نے غالب کے اردو اور فارسی کلام کو سامنے رکھ کر دوسروں کی طرح محض خامہ فرسائی سے قطعاً گریز کیا ہے، ساتھ ہی اشعار غالب کی عمومی تشریح سے بھی احتراز برتا ہے۔ انھوں نے مختلف مثالوں کے ذریعے اس بات کو ثابت کرنے کی کوشش کی ہے کہ غالب کی شاعری اگر دوسرے شاعروں سے منفرد معلوم ہوتی ہے تو وہ کون سے تخلیقی عوامل ہیں جن کی بدولت وہ انفرادیت قائم ہوئی ہے، یا کن بنیادوں پر غالب کے کلام کا اختصاص قائم ہوتا ہے۔ نارنگ نے معتبر نقادوں کو بھی آڑے ہاتھوں لیا ہے جو اپنی تنقیدی تحریروں میں کلامِ غالب کی انفرادیت کا ذکر کرتے ہیں لیکن کسی بھی طرح یہ نہیں بتاتے کہ کلامِ غالب میں وہ انفرادیت کس بنا پر قائم ہوئی ہے۔

نارنگ اگر خود بھی یہی رویہ اختیار کرتے تو ان کے اعتراضات بے معنی ہو جاتے، لیکن انھوں نے ایمان داری کے ساتھ تنقید اور تحقیق کا حق ادا کرتے ہوئے ان تمام نکات کو تفصیل کے ساتھ واضح کیا ہے، جو اُن کی تنقیدی گفتگو میں بطور تھیسس یا بطور مرکزی مبحث بیان ہوئے ہیں۔ زیادہ تر نقادوں اور محققین نے غالب کے سلسلے میں معنی آفرینی اور نیرنگیِ خیال کی بحث اُٹھائی لیکن اس کی بھرپور وضاحت کے سلسلے میں بامعنی پیش رفت نہ کر سکے۔ معنی آفرینی کا ذکر تو لوگ کثرت سے کرتے ہیں، لیکن کوئی یہ نہیں بتاتا کہ غالب کے یہاں معنی آفرینی کس طرح پیدا ہوئی ہے اور معنی آفرینی اور ندرت و جدت کی بنیاد کن پہلوؤں پر قائم ہے۔ اس ضمن میں جن اکابرین نے بھی تساہلی سے کام لیا ہے، پروفیسر نارنگ نے ان کی بھی شائستگی سے گرفت کرنے میں کوئی جھجھک نہیں دکھائی ہے۔ اس کے برعکس انھوں نے جہاں بھی اپنی منطقی توجیہ کے ذریعے کوئی نئی بات کہنے کی کوشش کی ہے تو ان باتوں کی تصدیق کے لیے متن غالب سے مختلف شواہد پیش کیے ہیں، اور تنقیدی تجزیے کا جو انداز اختیار کیا ہے وہ مخالف کو بھی اپنا ہم نوا بنانے کے لیے کامیاب ہے۔ نارنگ نے پوری کتاب میں اس مرکزی خیال کو مختلف تجزیوں کے ذریعے ثابت کیا ہے کہ غالب کی شاعری، ہندستانی ذہن اور جڑوں کے فکر و فلسفہ اور ثقافتی وجدان کی بدولت ہی ممکن ہو پائی ہے۔ کلامِ غالب کو صحیح تناظر میں اس وقت تک نہیں پرکھا جا سکتا جب تک غالب کو ہندستانی ذہن اور ثقافت کے پس منظر میں نہ سمجھا جائے۔ انھوں نے اس بات کو بہ طور خاص نمایاں کرنے کی کوشش کی ہے کہ ہند ایرانی فکری تصورات کے خوب صورت امتزاج کی بدولت ہی غالب کی شاعری کا اختصاص قائم ہوتا ہے۔ جو لوگ صرف ایرانی اثرات کو ہی اہمیت دیتے ہیں اور ہندستانی روایت میں صدیوں کے ثقافتی وجدان اور مختلف فکری نظریات کو نظر انداز کرتے ہیں، وہ کلامِ غالب کی اصلیت کو صحیح تناظر میں نہیں سمجھ سکتے۔ غالب کو اگر سمجھنا ہے تو ہندستانی ثقافتی وجدان کی جڑوں کی خاطر خواہ بحث کے بغیر ممکن نہیں۔ پورے غالب کو مرکز میں رکھتے ہوئے غالب کو سمجھنے کی کوشش کی جائے تبھی ہماری کوئی بھی کاوش زیادہ کارگر اور بامعنی ہو سکتی ہے۔

گوپی چند نارنگ نے غالب ڈسکورس کے تمام پہلوؤں کو پیش نگاہ رکھتے ہوئے اپنا مطمحِ نظر واضح کرنے کی کوشش کی ہے۔ انھوں نے اس بات کا خیال رکھا ہے کہ غالب ڈسکورس کا کوئی بھی اہم پہلو چھوٹنے نہ پائے۔ ان معنوں میں غالب فہمی کی یہ نادر کوشش مزید اعتبار کا درجہ حاصل کرلیتی ہے۔ نارنگ نے اس ضخیم کتاب کا باب اوّل ''حالی، یادگارِ غالب اور ہم'' کے عنوان سے قائم کیا ہے اور حالی کی اس بنیادی کتاب پر تفصیلی گفتگو کی ہے۔ ہرچندکہ انھوں نے مختلف مقامات پر اس بات کا خصوصی ذکر کیا ہے کہ غالب تنقید، حالی کے ذریعے پیش کیے گئے نظریات سے کافی آگے نکل چکی ہے، اس کے باوجود وہ اس حقیقت کو نظرانداز نہیں کرتے کہ غالب فہمی کے سلسلے میں حالی کے بنیادی کام کو کسی بھی طرح نظرانداز نہیں کیا جاسکتا۔ انھوں نے مختلف سطحوں پر حالی کی یادگار کو بہ نظرِ تحسین دیکھا ہے اور اس حقیقت کا صدقِ دل سے اعتراف کیا ہے کہ حالی نے غالب سے متعلق جو مباحث اٹھائے تھے، ان کی مرکزیت آج بھی قائم ہے۔ اس باب میں نارنگ نے مولانا محمد حسین آزاد کی کتاب ''آبِ حیات'' کا بھی ذکر کیا ہے جسے زمانی اعتبار سے ''یادگارِ غالب'' کے مقابلے میں تقدم حاصل ہے۔ حالی کے ساتھ اس گفتگو میں سہا مجددی اور طباطبائی وغیرہ کی تشریحات کا ذکر بھی ضمناً کیا گیا ہے، لیکن خاصی توجہ حالی کی یادگار پر صَرف کی گئی ہے۔ حالی نے سوانحی حالات قلم بند کرنے کے علاوہ مرزا کے منتخب اشعار جو دیوانِ ریختہ کی جان ہیں، ان کو بنیاد بنا کر کلامِ غالب کی انفرادیت قائم کرنے کی کوشش کی ہے۔ انھوں نے کلامِ غالب کی معنوی جہات کو مختلف سیاق وسباق میں اُجاگر کرتے ہوئے اس حقیقت سے واقف کرایا تھا کہ مرزا کا ابتدائی ریختہ فارسی زبان و بیان کی پیچیدگی اور خیالات کے نامانوس ہونے کے سبب قبولیت کی سند حاصل نہ کرسکا اور پھر جب انھوں نے اس رویے میں تبدیلی لائی تو ان کی مقبولیت میں روزافزوں اضافہ ہوتا چلا گیا۔ رویے کی تبدیلی کے سلسلے میں بھی نارنگ نے تحقیقی طور پر ایک دلچسپ حقیقت بیان کی ہے۔ غالب کے سلسلے میں عام طور پر مشہور یہ ہے کہ مرزا نے ابتدائی ایام میں مشکل زبان استعمال کی اور بعد کے زمانے میں نسبتاً آسان زبان اور سہل موضوعات کی پیش کش پر توجہ دی۔

نارنگ نے مختلف مثالوں کے ذریعے اس مفروضے کو رد کرکے ثابت کیا ہے اور دکھایا ہے کہ زبان و بیان کی تبدیلی کا سلسلہ مرزا کے یہاں نوجوانی کے زمانے سے ہی شروع ہوگیا تھا اور آج بہت سے اشعار جو نسبتاً سہل معلوم ہوتے ہیں اور ہم انھیں بعد کے زمانے کا شعر قرار دیتے ہیں، وہ تمام اشعار تقریباً 753 نوجوانی کے عہد میں کہے گئے جس کو غالب تنقید گمرہی کا زمانہ کہتی آئی ہے۔ چونکہ نارنگ نے اشعار کی تخلیق کا سنہ بھی ثبوت کے طور پر درج کردیا ہے، اور مستند متون کو مرکزی حوالہ بنایا ہے، اس لیے ان کی باتوں کا قائل ہونا ہی پڑتا ہے۔ یہ سارے مباحث چشم کشا ہیں۔

حالی نے غالب کے سلسلے میں جن مباحث کو اُٹھایا ہے، ان سے آج تک کوئی صَرفِ نظر نہیں کرسکا ہے۔ نارنگ نے بھی جگہ جگہ حالی کی مرکزیت اور ان کی ابتدائی کاوش کی اوّلیت کا کھلے دل سے اعتراف کیا ہے اور مختلف مثالوں کے ذریعے اس بات کو ثابت کرنے کی کوشش کی ہے کہ ہم حالی سے لاکھ اختلاف کریں، لیکن انھوں نے جن مسائل و مباحث کو اُٹھایا ہے، وہ آج بھی اہم ہیں اور غالبیات سے متعلق کوئی بھی گفتگو ان کے بغیر مکمل نہیں ہوسکتی۔ اسی بنا پر نارنگ نے بھی غالب کے انھیں اشعار کو سامنے رکھ کر گفتگو کی ہے جو دیوانِ ریختہ کی جان ہیں اور جنھیں حالی نے یادگار میں نہ صرف نمایاں طریقے سے پیش کیا ہے، بلکہ جملہ شعری نزاکتوں کی باریکیوں کو بھی نشان زد کیا ہے۔ نارنگ ان تمام نزاکتوں اور باریکیوں کا اعتراف کرتے ہیں، لیکن جہاں کہیں بھی انھیں محسوس ہوتا ہے کہ حالی نے بعض اہم پہلوؤں کو اپنی بحث میں شامل نہیں کیا، یا بعض پہلوؤں کی جیسی وضاحت کرنی چاہیے تھی، ویسی نہیں کرپائے، یا پرانے سے نیا اور عامیانہ سے انوکھا اور نرالا کیسے بنتا ہے، تو ایسی صورت میں نارنگ بڑے سلیقے سے اپنا مطمحِ نظر مع تجزیاتی ثبوت کے کرتے ہیں۔ نارنگ نے اشعارِ غالب کی سرسری اور عمومی تشریح کے بجائے ان اشعار کی قلبِ ماہیت اور جدلیاتی وضع پر خصوصی توجہ دی ہے۔ انھوں نے ہر شعر کی جدلیاتی وضع کو اپنے پیشِ نگاہ رکھا ہے اور اسی مناسبت سے تمام اشعار کے متن کو بالکل نئے زاویے سے پرکھ کر متن کی تخلیقی پرتیں کھول دی ہیں۔ نارنگ اس بات پر خصوصی توجہ دیتے ہیں کہ اگر

شعری محاسبے میں کوئی معنی خیز جملہ ادا کیا جائے تو یہ لازم ہے کہ اس جملے کی سلیقے سے وضاحت کی جائے اور تجزیے سے ثبوت دیا جائے۔ ساتھ ہی اسباب وعلل کی بھی نشان دہی کی جائے تاکہ تمام باتیں منطقی طور پر سمجھ میں آسکیں۔ غالب کے ایک شعر: ''توفیق باندازۂ ہمت ہے ازل سے + آنکھوں میں ہے وہ قطرہ کہ گوہر نہ ہوا تھا'' کی تشریح کے دوران نارنگ نے اپنے نقطۂ نظر کی وضاحت یوں کرتے ہیں۔ وہ لکھتے ہیں:

> ''حالی بجاطور پر کہتے ہیں کہ نیا اور اچھوتا خیال ہے۔ خیال کے نئے اور اچھوتا ہونے کے بارے میں کوئی دورائے نہیں، لیکن دیکھنا یہ ہے کہ غالب کے یہاں نیااور اچھوتا خیال بنتا کیسے ہے؟ یعنی غالب کے یہاں پہلے سے چلے آرہے مضمون سے یکسر نیا مضمون (مضمون آفرینی)، معمولہ خیال سے یکسر نیا خیال (خیال آفرینی) یا اس کا کوئی اچھوتا، اَن دیکھا، انوکھا، نرالا، طلسماتی پہلو کیسے پیدا ہوتا ہے، جو معنی کو برقیا دیتا ہے، یا نئے معنی کی چکاچوند پیدا کردیتا ہے جسے عرف عام میں طرفگیٔ خیال یا بدیع گوئی سے منسوب کیا جاسکتا ہے۔''

تنقیدی تحریروں میں عام طور پر جو اعتراضات کیے جاتے ہیں، یا جن خامیوں کی نشان دہی کی جاتی ہے، بنیادی طور پر وہی خامیاں اعتراض کرنے والے کی تحریروں میں بھی راہ پا جاتی ہیں۔ اعتراض کرنے والا سرسری طور پر بعض پہلوؤں کا ذکر تو کرتا ہے، لیکن اپنی تحریر میں بلند دعوے کرتے ہوئے وہ جن نکات کو بنیادی اہمیت دینے کی بات کرتا ہے، خود اس کی تحریر، ان نکات سے عاری ہوتی ہے۔ ادب کے سنجیدہ قارئین اس کمی کو پہلی ہی نظر میں محسوس کرلیتے ہیں اور اعتراض کرنے والا خود تشکیک اور تضحیک کے دائرے میں آجاتا ہے۔ گوپی چند نارنگ کے یہاں ایسا نہیں ہوتا۔ انھوں نے کتاب میں جگہ جگہ اپنے اعتراضات ظاہر کیے ہیں، لیکن اعتراضات کا سرسری ذکر کرنے پر اکتفا نہیں کیا ہے بلکہ پورے وثوق کے ساتھ اپنا موقف واضح کیا ہے۔ تنقید میں وہ جن پہلوؤں کو ناگزیر حیثیت سے دیکھنے کے خواہش مند ہوتے ہیں، انھیں خود اپنی تنقید میں پوری ذمہ داری اور وضاحت کے ساتھ قلم بند کرتے ہیں۔ اشعار کے متن کو سامنے رکھتے ہوئے جن پہلوؤں کی وہ نشان دہی کرتے ہیں، ان میں ان کے مخصوص نقطۂ نظر کا عکس واضح طور پر دیکھنے کو

مل جاتا ہے۔ درج بالا اقتباس میں پہلے تو وہ حالی کے خیالات کا اعتراف کرتے ہیں، لیکن فوراً ہی چند بنیادی سوالات بھی قائم کرتے ہیں۔ قاری کے ذہن میں یہ خیال گردش کرتا ہے کہ دوسرے نقادوں کی طرح نارنگ نے بھی خود ہی اُٹھائے گئے سوالات کا جواب دینا ضروری نہ سمجھا ہو، لیکن اگلے ہی مرحلے پر وہ خوش گوار حیرت سے دوچار ہوتا ہے جب قابلِ قدر اور تشفی بخش وضاحت اس کی نظروں سے گزرتی ہے۔ درج بالا اقتباس کے فوراً بعد، غالب کے مذکورہ شعر کی بھرپور وضاحت کرتے ہوئے نارنگ لکھتے ہیں:

''آنسو کے قطرہ کا خون سے فزوں تر ہونا اور آنسو کی نسبت گہر سے ہونا رسمیاتِ شعری میں ہے، لیکن ان کے قصر سے غالب یکسر نیا مضمون کیسے بناتے ہیں۔ قطرۂ آب، اصل الاصول ہے، لیکن کیا مضمون کا انوکھاپن اور اشک دونوں سے معمولہ تصورات کو گردش میں لانے اور ان کو منقلب کر دینے سے پیدا نہیں ہوا ہے۔ حالی کا خیال ہے کہ پہلے مصرع میں دعویٰ ہے، دوسری میں دلیل ہے کہ آنسو جس کو آنکھوں میں جگہ ملی ہے، وہ اگر موتی بننے پر قانع ہوجاتا تو اس کو یہ درجہ نہ ملتا۔ مگر بات اتنی نہیں۔ مضمون تو ہمت عالی کے باندازۂ توفیق ہونے کا ہے جو مصرع اوّل میں بہ طور مبتدا ہے۔ آنسو کا موتی بننے پر قانع نہ ہونا بہ طور خبر ہے۔ غالب کا کمال یہ ہے کہ وہ آنسو کے قانع نہ ہونے کو محض ''بتاتے ہی'' نہیں، اپنی شعری منطق سے اس کو ''محسوس'' کرا دیتے ہیں اور نادرہ کاری کا یہ کرشمہ حرکیاتِ نفی کے تفاعل سے ممکن ہوا ہے۔ غور سے دیکھیں تو یہاں دعویٰ و دلیل میں گردش ہے۔ یعنی آنسو گہر بننے پر قانع نہ ہوا، اس لیے کہ اس نے ہمت عالی سے کام لیا اور اسی کے موافق اسے تائید غیبی حاصل ہوئی۔ معنی کا ایک قرینہ اور بھی ہے کہ آنسو کا قابلِ قدر و منزلت اور قابلِ رشک ہونا (اہلِ ہمت کے لیے) اس وجہ سے ہے کہ آنسو کی غیرت نے موتی بننا گوارہ نہیں کیا بلکہ اس لیے یہ ہمت کی کہ اپنی اصل پر قائم رہتے ہوئے پانی کا قطرہ بنا رہے۔ اس کی اسی ہمت اور غیرت کی بدولت اسے تائید غیبی میسر آگئی۔ یوں معنی آفرینی اور تازہ کاری کی راہ، گہر اور اشک کی روایتی نسبت کو چیلنج کرنے

اور ہمت عالی و توفیق ایزدی میں نسبت پیدا کرنے سے کھل گئی۔ کیا اس میں مضمر شعری منطق کا تخلیقی تفاعل، اسی جدلیاتی نہاد یا نفی اساس حرکیات کے سرچشمۂ فیضان سے نہیں، جس کو جانچنے اور پرکھنے کی راہ پر ہم چل رہے ہیں۔''

یہ تو محض ایک نمونہ ہے۔ پوری کتاب میں اس جیسی لاتعداد مثالیں بکھری پڑی ہیں جن میں گوپی چند نارنگ نے کلامِ غالب کے متن اور اس کی مروّج تشریحات کو پیش نگاہ رکھ کر کچھ بنیادی سوالات قائم کیے ہیں اور ان سوالوں کا تازہ کارانہ جواز پیش کیا ہے۔ تشریحات کے سلسلے میں وارث علوی (خدا ان کی مغفرت کرے) نے بڑی عمدہ بات کہی تھی کہ فاروقی شعر کے حلق میں انگلی ڈال کر ویسے معنی بھی برآمد کرلیتے ہیں جو اس میں سرے سے ہی موجود نہ تھے۔ جو نقاد، تنقیدی نکات پیش کرنے کے نام پر محض تشریح سازی کے عمل سے گزرتے ہیں، وہاں اس نوع کی مثالیں اکثر و بیشتر سامنے آتی ہیں۔ پہلے باب میں نارنگ نے کلامِ غالب کے متن کو گفتگو کا حصہ صرف اس لیے بنایا ہے کہ ''یادگارِ غالب'' کے تناظر میں حالی کی تنقیدی جہات واضح ہو جائیں۔ ساتھ ہی اردو والوں کے عمومی رویوں کا بھی اندازہ ہوسکے، یا پھر بدلتے ہوئے وقت کے تناظر میں غالب تنقید، کن نئی تعبیرات کے عمل سے دوچار ہوسکتی ہے، یا اسے لازمی طور پر ہونا چاہیے، اس سلسلے میں بھی اردو والوں کے سامنے نیا موقف سامنے آسکے۔ نارنگ نے کلامِ غالب کی عمومی تشریح نہیں کی، یا اشعار کے حلق میں انگلی ڈال کر غیرضروری معنی برآمد نہیں کیے۔ انھوں نے ایک تو منطقی تشریح کو خاص اہمیت دی۔ دوسری اہم بات جو قابلِ توجہ ہے، وہ یہ کہ انھوں نے جدلیاتی وضع کو نمایاں کرنے کے لیے کلامِ غالب سے اپنی پسند کے اشعار منتخب کرنے کے بجائے، انھیں اشعار کو بنیاد بنایا جن اشعار کو حالی نے اپنی تنقید کے لیے منتخب کیا تھا۔ حالی نے کلام غالب کی تشریح اور توضیح اپنے لحاظ سے کی تھی اور ان کی انفرادی پیش کش میں وہ پوری طرح حق بہ جانب تھے۔ نارنگ نے حالی کے منتخب اشعار کو سامنے رکھ کر گفتگو صرف اس بنا پر کی ہے تاکہ انھیں اشعار کی قدرے مختلف جہات جو ''جدت و ندرت'' کی بنا ہیں سامنے آسکیں۔ یادگار کے ذریعے چونکہ ان اشعار کی تشریح بیشتر اذہان میں اچھی طرح

محفوظ ہے، لہٰذا انھوں نے دوسرے اشعار کو تاریخی نسخوں سے درجہ بدرجہ منتخب کرنے اور پھر ان کے حوالوں سے گفتگو کا سلسلہ جاری رکھا۔ لیکن گنجائش حالی کے ہی آزمودہ اور منتخب اشعار کی بنا پر ہی گفتگو کی نکالی۔ نارنگ نے حالی کے متن سے ہی سوالات برآمد کیے ہیں اور اس بات پر زور دیا ہے کہ اکیسویں صدی میں اردو تنقید غالب تنقید کے حوالے سے کچھ نئے سوالات قائم کرنے میں پوری طرح حق بہ جانب ہے۔ یہ اگر ردتشکیل ہے تو اس میں تکنیکی اصطلاح ایک بھی نہیں آئی۔

غالب فہمی کی یہ نادر کوشش ویسے تو سات سو صفحوں پر محیط بسیط بارہ ابواب کا احاطہ کرتی ہے اور ہر باب اس بات کا تقاضا کرتا ہے کہ اس کا جائزہ پوری سنجیدگی اور ایمان داری کے ساتھ کیا جائے۔ تفہیم غالب کے سلسلے میں نارنگ معنی آفرینی کی بحث کو مختلف ابواب میں جاری رکھتے ہیں اور ہر مقام پر ان کی یہی کوشش ہوتی ہے کہ غالب کی معنی آفرینی، خیال بندی اور دقیقہ سنجی کو انوکھی مثالوں کے ذریعے واضح کیا جائے۔ روایتی طور پر کسی لفظ یا مضمون کے جو معنی مراد لیے جاتے رہے تھے، یا شعری متن میں مختلف شعرا نے انھیں جن معنوں میں استعمال کیا تھا، غالب کے یہاں اسی لفظ یا مضمون کے معنی پوری طرح تبدیل ہوجاتے ہیں۔ غالب کا جدلیاتی ذہن اور مزاج اس بات کی اجازت ہی نہیں دیتا کہ معمولہ روایت کی تقلید کی جائے اور وہ بھی فرسودہ انداز سے وہ بالکل تازہ اسلوب وضع کرتے ہیں اور برتتے ہوئے مضامین کو منقلب کرکے نیا اور انوکھا مضمون پیدا کردیتے ہیں۔ نارنگ نے اسی خاصیت کو غالب کی جدلیاتی معنی آفرینی سے تعبیر کیا ہے۔ مختلف زاویوں سے معنی آفرینی کی بحث کتاب کے پانچ ابواب میں پھیلی ہوئی ہے۔ یہ بحث دیگر ابواب میں بھی کسی نہ کسی سطح پر موجود ہے، لیکن مذکورہ ابواب میں معنی آفرینی کے ساتھ جدلیاتی افتاد و نہاد کو بھی گفتگو کا موضوع بنایا گیا ہے۔ نارنگ نے جدلیات کو منطقی بحث و استدلال کے ایسے علم سے تعبیر کیا ہے جسے کسی قضیے کی صداقت کو پرکھنے یا رد کردینے کے لیے بروئے کار لایا جاسکے۔ اس ضمن میں علیٰحدہ طور پر یونانی جدلیات، مارکسی جدلیات، بودھی جدلیات اور متصوفانہ جدلیات کا بھی ذکر کیا گیا ہے اور یہ تمام پہلو غالب شعریات کی

انوکھی جدلیاتی ساخت کو مزید روشن کرنے کے لیے زیر بحث آئے ہیں۔

گوپی چند نارنگ نے بڑی تفصیل کے ساتھ عبدالرحمٰن بجنوری کے اس مقدمے کا تجزیہ کیا ہے جس نے ایک زمانے میں ادبی سطح پر کافی ہلچل مچائی تھی، اور آج بھی غالب ڈسکورس کے سلسلے میں بجنوری کا قول، ضرب المثل کی طرح حوالوں میں استعمال ہوتا رہا ہے۔ جس زمانے میں بجنوری نے مولوی عبدالحق کی فرمائش پر دیوانِ غالب کے اعلیٰ ایڈیشن کی اشاعت کے لیے مقدمہ تحریر کیا تھا، وہ بعض مخالفتوں کی بنا پر فوراً شائع نہ ہوسکا، لیکن کچھ عرصہ گزرنے کے بعد مولوی عبدالحق نے اس کی اشاعت کی گنجائش نکالی اور اس طرح اپنا اخلاقی فریضہ انجام دیا۔ اشاعت کے فوراً بعد ہی بجنوری کے جملے نے غضب کی مقبولیت حاصل کرلی اور جہاں موافقت میں شیدائیوں کا وسیع حلقہ سامنے آیا وہیں مخالف گروہ نے بھی اپنا احتجاج ظاہر کرنا شروع کردیا۔ نارنگ نے اس پوری بحث کو معروضی انداز میں سمیٹا ہے۔ بجنوری اور کلامِ غالب سے متعلق جو غلط فہمیاں رائج ہوگئی تھیں، انھیں تحقیق کی رو سے نہ صرف دور کرنے کی کوشش کی بلکہ بعض اہم شواہد کی روشنی میں بجنوری کے مقدمے کو غالب ڈسکورس کا ایک نیا موڑ قرار دیا ہے۔ نارنگ نے تخلیقی طور پر بجنوری کا دفاع کیا ہے۔ بجنوری نے جن بنیادوں پر اپنا قول محال قائم کیا تھا، ان بنیادوں کو نہ صرف نارنگ نے سراہا ہے، بلکہ خاطر خواہ وضاحت کی ہے جو ہر لحاظ سے قائل کردینے والی ہے۔ نارنگ نے بجنوری کی موافقت یا مخالفت میں بلند کی گئی آوازوں کا سنجیدگی کے ساتھ تجزیہ کیا ہے اور نہایت متوازن معروضی انداز اختیار کرتے ہوئے تمام پہلوؤں کو سمیٹا ہے۔ نارنگ نے بجنوری کی مبالغہ آمیز تعریف کو قولِ محال کے ضمن میں رکھا ہے اور اس بات کی بھرپور وضاحت کی ہے کہ بجنوری نے مقدمے کے ابتدائی قول کو پُرلطف قول محال بنا کر دراصل تنقید کا فرض بہتر طریقے سے ادا کیا ہے، کیوں کہ خود غالب بھی اپنے کلام کو نوائے سروش یا اپنی کتاب کو دین کی ایزدی کتاب سے تعبیر کرتے تھے۔ اس تناظر میں بجنوری کے قول کا سنجیدگی سے جائزہ لیا جائے تو کسی طرح کی کوئی حیرت نہیں ہوتی۔ نارنگ لکھتے ہیں:

''غالب تو اکثر اپنے کلام کو الہامی کتاب یا نوائے سروش کہتے رہے ہیں اور انھوں نے اپنے دیوان کو ایزدی کتاب بھی کہا ہے۔ بجنوری کا کمال یہ ہے کہ اس نے اسے وید مقدس کے ساتھ ملا کر ایک پُر لطف قولِ محال بنادیا۔ قولِ محال کی تعریف ہی یہ ہے کہ وہ حل نہ ہو سکے، یا جو عقل سے بعید ہو۔ بے شک یہ مبالغہ ہے، لیکن مبالغہ اگر شاعری میں نہیں ہوگا تو کہاں ہوگا۔ مبالغہ سے معنی میں عجیب و غریب وسعت آتی ہے اور یہاں تو اسے کہاں سے کہاں پہنچا دیا ہے۔ مبالغہ کا حسن اسی میں ہے کہ اس کو محدود لفظی معنی میں نہ لیا جائے۔ وید مقدس دراصل یہاں استعارہ ہوا ہے اور استعارہ بھی دیوانِ غالب کے تناظر میں۔ اگر یہ تناظر اور ہم رشتگی نہ ہو تو جملہ بن ہی نہیں سکتا۔ گویا ساری معنویت جو قولِ محال کی جادوئی فضا اور انوکھے پن کو قائم کر رہی ہے، دیوانِ غالب کو وید مقدس کے سیاق و سباق میں رکھنے سے بنی ہے۔''

نارنگ نے اس اقتباس کے ذریعے نہ صرف بجنوری کے تخلیقی جملے کی داد دی ہے بلکہ کئی لحاظ سے ان کے جملے کا تخلیقی دفاع کیا ہے۔ اس کتاب میں خود نارنگ نے تخلیقی جملے کثرت سے لکھے ہیں جن میں غضب کے تنقیدی نکات پوشیدہ ہیں۔ غالب فہمی کی موثر گفتگو کو آگے بڑھاتے ہوئے نارنگ نے دانشِ ہند اور جدلیاتی نفی کا تفصیلی تجزیہ پیش کیا ہے۔ انھوں نے مختلف مثالوں کے ذریعے اس حقیقت کو واضح کرنے کی کوشش کی ہے کہ قدیم ہندستانی فلسفے کی بنیادی جدلیات نفی پر قائم ہے اور نفی کے ذریعے بنیادی طور پر اثبات کا تصور زیادہ مضبوط طور پر سامنے آتا ہے۔ نارنگ ویدانتی فلسفے کا حوالہ دیتے ہوئے اس بات کو نمایاں کرتے ہیں کہ ہندستانی فکر میں خاموشی یا مون کو بھی بنیادی اہمیت حاصل ہے۔ وہ اس بات کا بھی ذکر کرتے ہیں کہ بودھی فکر میں نفی کا تصور زیادہ وسیع معنوں میں استعمال ہوا ہے، یعنی نفی میں اثبات اور اثبات میں نفی کا تصور قائم ہے جس کے ذریعے دانشِ ہند کی جدلیاتی نہج حقیقت جاریہ کے سرالاسرار کے ساتھ واضح طور پر سامنے آتی ہے۔ بودھی فکر میں شونیتا کے تصور سے بھی نارنگ نے عمیق بحث کی ہے۔ وہ تفصیل کے ساتھ اس تصور کی وضاحت کرتے ہیں کہ بودھی فکر میں ہی ''شونیتا'' ہی دانش کی انتہا ہے۔

شونیتا کے بغیر کائنات کے راز و اسرار کی تفہیم ممکن نہیں۔ انھوں نے مختلف مثالوں کے ذریعے اس بات کو واضح کیا ہے کہ بودھی فکر برہمن واد کے یکسر خلاف ہے۔ بودھی فکر کا ذکر کرتے ہوئے انھوں نے ناگارجن کی شونیتا سے متعلق نظریے کو شعریات کے نقطۂ نظر سے معروضی انداز میں پیش کیا ہے۔ اس ضمن میں ویدانت اور شونیتا کا فرق بھی زیر بحث آیا ہے۔ نارنگ نے مختلف مثالوں کے ذریعے بتایا ہے کہ ''شونیتا فقط غور وفکر کا ایک طریقۂ کار ہے۔'' ''اسے کسی نظریے کے طور پر نہیں سمجھنا چاہیے۔'' اس ضمن میں بودھی فکر کی مختلف جہات بھی زیر بحث آتی ہیں اور یہ بتایا گیا ہے کہ شونیتا کس طرح آزادی میں ڈھل جاتی ہے اور آگہی کے مختلف دریچوں کو وا کرنے میں کس طرح معاون ہوتی ہے۔ یہاں نارنگ نے دریدا کے نظریے کا بھی حوالہ دیا ہے اور بتایا ہے کہ دریدائی فکر کے ڈانڈے کس طرح شونیتا کے تصور سے مل جاتے ہیں۔ انھوں نے مختلف حوالوں سے یہ بھی ثابت کیا ہے کہ کن مغربی نقادوں نے دریدا کے پیش کردہ نظریات میں شونیتا سے استفادے کی بات کہی ہے۔ شونیتا کے تصور کی مزید وضاحت کرتے ہوئے نارنگ نے اس بات پر بھی زور دیا ہے کہ شونیتا حقیقت کے تصور اور نظریوں کی فقط تنقید ہے۔ بودھی فکر نے کبھی اس بات کا دعویٰ نہیں کیا ہے کہ شونیتا، حقیقت کا متبادل نظریہ ہے۔ لہٰذا شونیتا جو حرکیات نفی کا تصور ہے، بنیادی طور پر خود کو کالعدم کردیتی ہے۔ شونیتا دراصل خاموشی کی طاقت ور زبان ہے۔ جب خاموشی اپنے ابلاغ کا سلسلہ شروع کرتی ہے تو زبان کی تمام تر میکانکی اور محدود جہتیں بے معنی ہوجاتی ہیں۔ نارنگ نے کبیر اور تصوف کا بھی حوالہ دیا ہے کہ انھوں نے خاموشی کی زبان اور شونیتا کے تصور سے شعوری یا لاشعوری طور پر استفادہ کرتے ہوئے کس طرح اپنے کلام میں غیر معمولی بصیرت پیدا کردی ہے۔ ان تمام باتوں کی پیش کش تفصیل کے ساتھ صرف اس لیے کی گئی ہے تاکہ غالب کے ذہن کے اجتماعی لاشعوری اور آرکی نقوش کی وضاحت ہوسکے۔ نارنگ نے اس بات پر زور دیا ہے کہ غالب کے یہاں اگر حیات و کائنات سے متعلق قول محال کا پہلو یا معنی کا پہلو قدم قدم پر اُجاگر ہوتا ہے تو پس منظر میں دانش ہند اور جدلیاتی حرکیات کی سوچ ہی کارفرما ہے اور غالب کی بہتر تفہیم اس وقت تک

نہیں ہوسکتی جب تک صدیوں کے تناظر میں دانش ہند اور جدلیاتی حرکیات کی مختلف جہات پیش نگاہ نہ ہوں۔ نارنگ نے اس بات کی تفصیلی وضاحت کی ہے کہ غالب شونیتا سے ملتی جلتی حرکیات کے تفاعل سے کام تو لیتے ہیں، لیکن اس تصور کی غالب کے یہاں قلبِ ماہیت ہوجاتی ہے۔ شونیتا کا تصور ماورائی ہے جب کہ غالب کی فکر غیر ماورائی اور ارضیت اساس ہے جس میں انسان اور نشاط زیست کا مطالعہ اس کے بنیادی سروکار میں شامل ہے۔ نارنگ لکھتے ہیں:

> ''روایتاً یہ طور (شونیتا) ماورائی ہے جب کہ غالب کی فکر غیر ماورائی اور ارضیت کی اساس ہے۔ غالب کا منتہا عرفان نہیں، انسان ہے....شونیتا تعینات کے رد در رد یا یہ دکھانے کے بعد کہ ہر شے متناقضانہ ہے، خود بھی کالعدم ہوجاتی ہے۔ جیسا کہ کہا گیا غالب کے سروکار ماورائی نہیں ارضی و شعریاتی ہیں، غالب کا مقصد انسان، انسان کی آرزوئیں اور تمنائیں، زندگی کے معاملات اور معنیات کا نیرنگ نظر ہے۔ چنانچہ غالب کی شعریات تک آتے آتے اس غیرماورائی حرکیاتِ نفی کی خاصی قلبِ ماہیت ہوجاتی ہے اور یہ گوناگوں شعریاتی اطوار سے طلسماتی معنیاتی پیرایوں میں ڈھل جاتی ہے۔''

نارنگ نے ''سبک ہندی'' کی روایت کا بھی تفصیلی تجزیہ کیا ہے۔ انھوں نے تاریخی تناظر میں فارسی زبان کے ارتقائی تسلسل اور ہندوستان میں مسلم حکمرانوں کے ساتھ اس زبان کے ورود کو لسانیاتی تغیر کے ایک بڑے واقعے کے طور پر بیان کیا ہے۔ جب فارسی زبان ہندوستان میں داخل ہوئی تو رفتہ رفتہ بودھی فکر اور ویدانتی فلسفے کے امتزاج کا اثر قبول کرتی چلی گئی۔ فکری سطح پر اس امتزاج نے غیر معمولی تبدیلیوں کو راہ دی۔ فارسی کی شعری روایت، ایرانی تہذیب و ثقافت کی پروردہ تھی لیکن جب دانش ہند کی مختلف جہات سے اس کی ہم آہنگی ہوئی تو افکار کی سطح پر نت نئی تبدیلیاں دیکھنے کو ملنے لگیں۔ زبان و ادب کا ایک نیا اسلوب وضع ہوا اور ہندوستان کے فارسی شاعروں نے اپنے کلام کو قدرے مختلف فلسفیانہ اور پیچیدہ رنگ میں پیش کرنا شروع کیا۔ یہ رنگ ان فارسی شعرا کے رنگ سے بالکل مختلف تھا جو ایران میں رہ کر فارسی شاعری کا علم بلند کررہے تھے۔ ہندوستان

کے فارسی شعرا کا کلام معنی آفرینی اور خیال بندی کی بدولت اپنا اختصاص قائم کرنے لگا۔ معنی آفرینی کے ذریعے معنی کی نئ جہتوں کو نمایاں کرنے کی کوشش کی گئی، جبکہ خیال بندی کا معاملہ، موضوع کی رنگارنگی سے متعلق تھا۔ یعنی موضوع کی سطح پر کسی خیال کو اس طرح پیش کیا جائے کہ اس میں ندرت و جدت کا احساس ہو۔ ہندوستان کے فارسی شعرا نے اپنے کلام میں تمثیل نگاری اور معنی آفرینی کو ناگزیر حیثیت سے پیش کرنے کی کوشش کی۔ ساتھ ہی خیال بندی کے ذریعے تہذیب و ثقافت کے خوب صورت امتزاج کو بھی فن کاری کے ساتھ نمایاں کیا۔ ان اوصاف کے ذریعے ہندوستان کے فارسی شاعروں کا اسلوب روزافزوں نکھرتا اور الگ ہوتا چلاگیا اور ایران کے فارسی شاعروں کے مقابلے میں ان کی انفرادیت اعتبار کا درجہ حاصل کرنے لگی۔ گوپی چند نارنگ نے واضح طور پر اس بات کی نشان دہی کی ہے کہ سبک ہندی کی اصطلاح زیادہ قدیم نہیں ہے۔ انھوں نے فارسی تذکروں، آبِ حیات، یادگار غالب اور شبلی کی تصانیف کا حوالہ دیتے ہوئے اس بات پر زور دیاہے کہ ان کتابوں میں سبک ہندی کی اصطلاح کا کوئی ذکر نہیں ملتا۔ مختلف تذکرہ نگاروں کا ذکر کرتے ہوئے نارنگ اس بات کو خصوصی طور پر بیان کرتے ہیں کہ سبک ہندی کے بنیاد گزاروں میں فغانی، صائب، غنی اور کلیم کو بنیادی اہمیت حاصل ہے۔ فغانی نے سبک ہندی کی بنیاد ڈالی اور صائب، کلیم اور غنی نے اس کو رواج دینے میں اہم کردار ادا کیا۔ ہندوستان میں بودھی فلسفے کی باریک بینی موجود تھی اور یہاں کے شعرا اپنے کلام میں شعری نزاکتوں کو خاص اہمیت دیتے تھے۔ اس پس منظر میں جب فارسی شاعری ہندوستان میں وارد ہوئی تو فارسی شاعری نے بھی ان نزاکتوں اور باریکیوں کا خاص اثر قبول کیا اور فارسی شاعری میں بھی ان تمام پہلوؤں کی پیش کش شروع ہوگئی۔ اس بناپر ہندوستان میں کی جانے والی فارسی شاعری، ایران کی فارسی شاعری سے خاصی مختلف معلوم ہوتی ہے۔ نارنگ نے مستند محققوں اور نقادوں کا حوالہ دیتے ہوئے اس بات پر زور دیاہے کہ سبک ہندی کی اصطلاح بعد میں ان شاعروں کے لیے استعمال کی گئی جو ہندوستان میں رہ کر فارسی زبان میں شاعری کررہے تھے۔ نارنگ اس پورے پس منظر کو بیان کرتے ہوئے لکھتے ہیں :

''یہ حقیقت ہے کہ جتنی ترقی، سربلندی فارسی شاعری نے ہندوستان میں حاصل کی، اس زمانے کے ایران میں بھی اسے نصیب نہیں ہوئی، تاہم اہلِ زبان ہونے کے ناتے ایرانی شعرا ہندی فارسی گویوں کو زیادہ اہمیت نہیں دیتے تھے۔ یہ سلسلہ کئی صدیوں تک جاری رہا۔ چنانچہ ایران میں دبستانوں کے طور پر جب ''سبک'' وضع کیے جانے لگے، جیسے سبکِ خراسانی، سبکِ عراقی تو سبکِ ہندی کی اصطلاح فارسی گویانِ ہند کے لیے برتی جانے لگی۔ ظاہر ہے ایسا کسی امتیاز و احترام کی بنا پر نہیں تھا۔ اس میں اہلِ زبان ایرانیوں کا برتری وتفوق کا جذبہ تو شامل تھا ہی، فارسی گویانِ ہند کے تئیں علاحدگی و بےتعلقی، نیز ان کی فلسفیانہ پیچیدہ بیانی، نزاکتِ خیالی اور وقتِ پسندی کے تئیں مغائرت اور کسی حدتک تحقیر وتخفیف کا جذبہ بھی شامل تھا۔''

بعض ادبی مورخین کا خیال ہے کہ سبک ہندی کی صنعت کاری کا آغاز خراسان میں ہوا، لیکن نارنگ نے اس بات کو واضح کیا ہے کہ فلسفیانہ پیچیدگی اور دقیقہ سنجی کی خصوصیات ہندستانی ذہن سے زیادہ علاقہ رکھتی ہے اور سبکِ ہندی میں انھیں خصوصیات کو بنیادی اہمیت دی گئی ہے، لہٰذا یہ بات پایۂ ثبوت کو پہنچتی ہے کہ سبکِ ہندی کی صنعت کاری کا فروغ ہندوستان میں ہی مغل دور میں ہوا اور ہند کے فارسی شعرا نے اس صنعت کو فروغ دینے میں نمایاں کردار ادا کیا۔ سبک ہندی کی جامع بحث کرتے ہوئے نارنگ نے شبلی نعمانی کے تنقیدی رویوں کو کئی جگہوں پر نشان زد کیا ہے۔ شبلی، سبک ہندی کی روایت کو اہمیت تو دیتے ہیں، لیکن اس کی تخصیص اور عظمت کا بیان نہیں کرتے۔ گویا کہ اہلِ فارس کا جو تحقیری رویہ سبک ہندی کے تئیں تھا، اس کا خاموشی کے ساتھ اعتراف بھی کرتے ہیں۔ شبلی، سبک ہندی کے شعرا کو مثبت معنوں میں کہیں استعمال بھی کرتے ہیں تو کوئی تفصیل پیش نہیں کرتے اور ہمیشہ آئندہ کے لیے اس موضوع کو بیان کرنے کا وعدہ کرکے آگے بڑھ جاتے ہیں، لیکن وہ آئندہ کا وعدہ کبھی وفا نہیں کرپاتے۔ نارنگ شبلی کے اس رویے کو نشان زد کرتے ہیں اور ہرلحاظ سے حق بجانب معلوم ہوتے ہیں۔ مختلف موقعوں پر شبلی سے متعلق اپنے اعتراضات ظاہر کرتے ہوئے نارنگ لکھتے ہیں:

(1) ''اس جدت کا ذکر شبلی نے شعرالعجم کی جلد سوم، چہارم اور پنجم میں کئی جگہ چھیڑا ہے لیکن اس کی تفصیل وہ آئندہ پر ٹال جاتے ہیں۔ ان کی وجہ غالباً یہ نفسیاتی گرہ تھی کہ ان کا ذوق و مزاج ایرانی فارسی شاعری میں اس درجہ رچا بسا تھا کہ فارسی گویانِ ہند کے مداح ہوتے ہوئے بھی ان کے خصائص کو ضابطہ بند کرنے میں کترا کے نکل جاتے۔ وہ مغل شاعری کی رفعتوں اور سربلندیوں کے تو قائل ہیں لیکن بشمول بیدل و ناصرعلی ہندی فارسی شاعری کی صنعت گری او خیال بندی کی تحقیر کا کوئی موقع ہاتھ سے جانے نہیں دیتے۔''

(2) ''شبلی یہ نتیجہ اخذ کرتے ہیں کہ سبک ہندی کی شاعری ہرچندکہ انقلاب آفرینی تھی، اس انقلاب نے غزل کو نقصان پہنچایا۔کوئی بھی رجحان جب پیدا ہوتا ہے تو وہ بے اعتدالیوں کا شکار بھی ہوتا ہے۔ ضرورت معروضی تنقیح کی تھی جس کے اشارے شبلی کے یہاں ملتے ہیں، لیکن ایرانی روایت کی بالادستی کا بھی اپنا تفاعل تھا۔ نتیجتاً شبلی متاخرین شعرائے ہند بالخصوص ناصرعلی اور بیدل کی مذمت کا کوئی موقع ہاتھ سے جانے نہیں دیتے۔ غالب کو تو انھوں نے سرے سے قابلِ اعتنا ہی نہیں سمجھا۔''

نارنگ نے سبک ہندی کی اتنی جامع بحث صرف یہ ثابت کرنے کے لیے پیش کی ہے کہ غالب کی شاعری اس صنعت کاری سے بہ طور خاص وابستہ تھی اور زیرزمین اس روایت کی تخلیقی جڑوں کی تصدیق ان کے ابتدائی کلام سے بھرپور طور پر ہوتی ہے۔ چونکہ شروع سے ہی غالب کا ذہن عام راستوں سے ہٹ کر ایک مختلف ڈگر پر چلنے کا عادی تھا اور زبان و بیان کا عامیانہ تصور کسی بھی طرح انھیں قابلِ قبول نہیں تھا، لہٰذا انھوں نے سبک ہندی کی روایت کو نہ صرف دل سے قبول کیا بلکہ پوری طرح غیرشعوری طور پر اس انداز اور اسلوب میں رچ بس گئے۔ ویسے بھی دقیقہ سنجی اور فلسفیانہ پیچیدگی غالب کے انفرادی مزاج اور تخلیقیت کا لازمی جزو تھی۔ لہٰذا انھوں نے سبک ہندی کے زیراثر ہی معنی آفرینی، خیال بندی اور فلسفیانہ پیچیدگی کے تصور کو زیادہ سے زیادہ فروغ دینے کی کوشش کی۔ نارنگ اس بات پر زور دیتے ہیں کہ تخلیق کار اپنے اندر کی آگ میں تپ کر زندگی کے مختلف النوع

تجربات کو متعدد جہتوں سے آشنا کراتا ہے، تبھی معنی آفرینی کی مختلف شکلیں سامنے آتی ہیں۔ غالب نے زندگی کے ہر قدم پر اپنے اندر کی آگ میں تپ کر تخلیقی تجزیوں کو معنویت کی متعدد جہتوں سے آشنا کیا اور اس طرح معنی آفرینی کے حیرت انگیز نمونے سامنے آئے، لیکن غالب کی مجموعی انفرادیت اس وقت تک نمایاں نہیں ہوسکتی جب تک دانش ہند کی روایت اور جدلیاتی نفی کے تصور سے بہتر طور پر آگاہی نہیں ہوگی۔ گویا کہ صدیوں پر پھیلا ہوا ایک طویل سلسلہ ہے اور تمام سلسلے ایک دوسرے کے ساتھ اس طرح مربوط ہیں کہ انھیں کسی بھی طرح علیٰحدہ نہیں کیا جاسکتا۔ غالب کی تخلیقی انفرادیت کو اچھی طرح سمجھنے کے لیے اس پورے وجدانی تسلسل کو ذہن میں رکھنا ضروری ہے۔ گوپی چند نارنگ نے اس پورے پس منظر کو بڑے معروضی منطقی دلائل اور تسلسل کے ساتھ نشان زد کیا ہے۔ غالب کی تخلیقیت نے اس پوری روایت کو اپنے شعور اور اجتماعی حافظے میں اچھی طرح انگیز کیا تھا، اور اسی بنا پر ان کی حیرت انگیز صلاحیتوں کو نمایاں ہونے کا موقع ملا۔ نارنگ نے غالب کی مضمون آفرینی اور ان کی منفرد تخلیقیت کو اُجاگر کرتے ہوئے لکھا ہے:

> ''مضمون آفرینی و خیال بندی جس کی داد ماہرین نے دی ہے، خیال رہے کہ بات فقط ہیئتی یا رسومیاتی رشتوں کی نہیں۔ لفظی مناسبتیں، تلازم حسی و وہمی پیکروں کے رشتے، ایہام و اصطلاحات، یہ سب تو ہیں ہی، لیکن اصل چیز تو ذہن وفکر ہے جو اُن سب کو انگیز کرتا، رشتے بناتا یا وہمی و خیالی شکلوں کو خاص تخلیقی زاویے سے وضع کرتا اور ان کو شعر کا قالب عطا کرتا ہے، ورنہ یہ صرف مشاقی اور لفظی بازی گری بن کر رہ جاتی ہیں، جیسا کہ اس عہد کے بہت سے شاعروں کے یہاں ہوا بھی ہے۔''

مضمون آفرینی اور خیال بندی سے شاعری کی تاثیر میں یقیناً اضافہ ہوتا ہے، لیکن اگر انھیں شاعری میں صرف رسومیاتی رشتوں کی طرح بطور مشاقی یا لفظی بازی گری برتا جائے تو کوئی بات نہیں بن سکتی۔ بات تو اس وقت بنتی ہے جب خاص تخلیقی زاویہ مختلف شعری مناسبتوں کو انگیز کرتا ہے اور انھیں بھرپور تخلیقی حسیت کے ساتھ الفاظ کے قالب میں ڈھالتا چلا جاتا ہے۔ دوسرے شعرا اس گہرائی کو سمجھنے میں ناکام رہے جس کی بنا پر ان کی شاعری

گزرتے ہوئے وقت کے ساتھ ازکار رفتہ ہوتی چلی گئی اور آج وہ شعرا اور ان کی شاعری حاشیے پر آگئی ہے۔ غالب معنی آفرینی اور خیال بندی کے سلسلے میں بنیادی طور پر چونکہ سبک ہندی کی روایت میں رچے بسے تھے اور سبک ہندی کی روایت بنیادی طور پر مٹی کی جڑوں اور بودھی فلسفوں سے گہرا رشتہ رکھتی تھی۔ لہٰذا غالب کی افتادِ طبع ان تمام سلسلوں میں جذب ہوتی چلی گئی اور اسی بنا پر غالب کے یہاں جادوئی معنی آفرینی اور خیال بندی کے حیرت انگیز نمونے معرضِ وجود میں آتے ہیں۔ گوپی چند نارنگ نے غالب کی اس غیر معمولی تخلیقیت کو اُجاگر کرتے ہوئے لکھا ہے :

> ''آخر وہ کیا چیز ہے جو دوسروں کے یہاں فقط ہیئتی مشاقی ہے، غالب کے یہاں دہکتی ہوئی آگ ہے جو ہیئتی نظام کے نیچے سے لو دیتی ہوئی نظر آتی ہے۔ ہیئتی کاری گری، سطحِ شعر پر نظر آنے والا آئس برگ کا ذرا سا سرا ہے۔ آتش فشاں لاوا تو کہیں نیچے ہے جسے ٹھہر کر بہ نظرِ امعان دیکھنے کی ضرورت ہے۔ غالب کے یہاں یہ جدلیاتی اساس شعری فشار اس نوع کا تھا کہ آگے چل کر غزل کی پوری شعریات اس سے زیروزبر ہوگئی۔ اس میں شاید ہی کسی کو شبہ ہو کہ غالب کی خیال بندی و معنی آفرینی کے بعد اردو شاعری وہ نہیں رہی جو اس سے پہلے تھی۔ گویا آج کے تنقیدی محاورے میں غالب کی اس خاص شعریات نے پورے Canon کو پلٹ دیا اور بہت سے شعرا جو اعلیٰ مسندوں پر بیٹھے ہوئے تھے وہ حاشیے پر جا پڑے اور جو حاشیے پر تھے، وہ مرکز میں آگئے۔''

غالب نے معنی آفرینی اور خیال بندی کو انفرادی سطح پر انقلابی ندرت بخشی، جس کی بنا پر شعریات کا منظرنامہ ہی تبدیل ہوگیا۔ سبک ہندی کی فلسفیانہ خصوصیات کا خمیر چونکہ مقامی مٹی سے اُٹھا تھا، لہٰذا غالب نے جدتِ طبع کی بنا پر روشِ عام کو مسترد کر کے ایسی رہ گزر منتخب کی جو نہایت مشکل تھی، لیکن غالب کی افتاد و مزاج سے ہم آہنگ تھی۔ وہ انفرادی روش، بیدل کے طرز کو اختیار کرنے کی بنا پر وجود میں آئی۔ بیدل کو ایک زمانے تک مشکل کو شاعر کہہ کر نظرانداز کیا جاتا رہا لیکن جب غالب شناسی اور نسخۂ حمیدیہ کی مثبت کوششیں سامنے آئیں تو ایک بڑا فن کار اپنی بھرپور صلاحیتوں کے ساتھ نمایاں ہوتا چلا گیا۔

گوپی چند نارنگ نے بیدل کی شاعرانہ عظمت کو بھی تفصیل سے اُجاگر کیا ہے اور ان کی انفرادی شعری عظمت کی نشان دہی کی ہے۔ بیدل نے خود بھی ایک مختلف ذہن پایا تھا اور اظہار کا عام پیرایہ ان کے مزاج سے مطابقت نہیں رکھتا تھا۔ لہٰذا غالب نے بھی بیدل کی تقلید میں وہی روش اختیار کی۔ غالب، نوعمری کے زمانے میں بیدل کے فن اور اسلوب کے عاشق ہوئے تو ساری عمر باوجود ادعا کے اس سے پیچھا نہ چھڑا سکے۔ لیکن ابتدا میں جو نقش ان کے ذہن پر قائم ہوگیا تھا وہ تمام عمر ان کے شعور و لاشعور میں قائم رہا۔ غالب نے آگے چل کر اپنی الگ راہ بھی بنائی تو بھی لاشعوری طور پر بیدل کے اثرات سے نجات حاصل نہ کر پائے۔ سبک ہندی کی خصوصیات کے ساتھ بیدل کا شاعرانہ اسلوب، فلسفیانہ سرمستی، پیچیدگی، دقیقہ سنجی اور نکتہ رسی سے غالب کی ذہنی مناسبت اور قربت کا اندازہ بخوبی لگایا جاسکتا ہے۔ بعض لوگوں نے بیدل کے ساتھ غالب کی ذہنی مناسبت کو منفی انداز سے دیکھنے کی کوشش کی ہے اور غالب کے بہت سے اشعار کو بیدل کے اشعار کا چربہ کہا ہے۔ نارنگ نے اس بحث کو بڑے منطقی انداز اور سلیقے سے سمیٹنے کی کوشش کی ہے۔ انھوں نے متن کی پُراسراریت کو واضح کرتے ہوئے مختلف مثالیں پیش کیں ہیں۔ انھوں نے بتایا ہے کہ کسی ایک مضمون، یا خیال کو اگر تخلیقی طور پر استعمال کرتے ہوئے دوسرا متن بنانے کی کوشش کی جاتی ہے تو اسے بھی قدرے مختلف زاویے سے دیکھنے کی ضرورت ہے، کیوں کہ یہ تخلیق کا پیچیدہ اور پُراسرار عمل ہے اور یہ روایت بھی ہر عہد میں جاری و ساری رہی ہے۔ لہٰذا ایک متن کو سامنے رکھ کر دوسرے متن کی تخلیق کے عمل کو حددرجہ پیچیدہ اور ناقابلِ فہم قرار دیتے ہوئے نارنگ اسے معلوم سے نامعلوم کا سفر قرار دیتے ہیں اور بیدل و غالب کے رشتے کو اسی مسلسل سفر کا ایک حصہ قرار دیتے ہیں:

"تخلیق کا یہ سفر خاصا پیچیدہ اور پُراسرار ہے۔ کچھ عناصر، کچھ مصطلحات، کچھ خیالی پیکر کسی ایک شاعر سے خاص سہی، اکثر مضامین سبک ہندی کی شاعری میں سینکڑوں نہیں، ہزاروں بار دہرائے گئے ہیں۔ ویسے بھی متن سے متن اور مضمون سے مضمون بنتا ہے۔ اس نوع کی مشابہتیں دوسرے شعرا کے یہاں

بالکل نہ ہوں، اس کی کوئی ضمانت نہیں۔ یہی معاملہ زمینوں، ترکیبوں، بندشوں اور لفظوں کی میناکاری کا ہے جن کے معلوم رشتے جتنے برحق ہیں، نامعلوم رشتے اتنے ہی پُراسرار اور پیچیدہ ہیں۔ کہنے کا مطلب یہ ہے کہ بیدل سے غالب کا تخلیقی معاملہ اتنا برسرزمین نہیں، جتنا زیرزمین ہے۔ یعنی اتنا سطح پر نہیں، جتنا تہ در تہ اور پیچ در پیچ ہے۔ اتنا آنکھوں کے سامنے نہیں، جتنا نظروں سے اوجھل ہے۔ دوسرے لفظوں میں بات فقط Surface Structure کی نہیں، کچھ deep sturcture اور دھندلے منطقوں کی بھی ہے جو تنقید کی منطقی یا تحلیلی یا تقابلی زبان کو جُل دیے جاتے ہیں۔ ہم صرف سطح سمندر پر ہاتھ پیر مار رہے ہیں۔ اَن گنت لعل و گہر سمندر کی تہہ میں پڑے ہیں جن کی رسائی ممکن نہیں۔ پھر یہ بھی کہ غالب کے بہت سے مضامین اور خیالات دوسروں کے ہوتے ہوئے بھی دوسروں کے نہیں۔ ایک مقام پر جاکر غالب کا مسئلہ فقط غالب کا مسئلہ بن جاتا ہے۔''

ان خیالات کے ذریعے گوپی چند نارنگ غالب کی طرف داری کے بجائے سخن فہمی اور سخن شناسی کا ثبوت پیش کرتے ہیں۔ انھوں نے بیدل کی عظمتوں کا بھی واضح طور پر اعتراف کیا ہے لیکن ساتھ ہی غالب کی انفرادی جہتوں کو منطقی دلائل کے ساتھ اجاگر کیا ہے۔ نارنگ کا کمال یہ ہے کہ وہ دوسری زبانوں میں لکھے گئے غالب سے متعلق تنقیدی محاسبوں کو بھی تجزیے کے دوران پیش نگاہ رکھتے ہیں اور ان نقادوں کی بیش قیمتی آرا کو بھی اپنے تجزیے کا لازمی حصہ بناکر پیش کرتے ہیں۔ یہ رویہ انھیں غالب کے دوسرے رمزشناسوں سے علیحدہ کرتا ہے۔ نارنگ نے غالب کی تقلید میں شناسا راستوں سے کٹ کر انفرادی ڈگر اختیار کرنے کی لاجواب کوشش کی ہے۔ ان کے تنقیدی محاسبوں کے ذریعے یہ پہلو بھی سامنے آیا ہے کہ دوسری زبانوں کے ماہرین نے غالب کو اپنی اپنی سطح پر پرکھنے کی جو کوششیں کی ہیں، وہ کتنی کارگر ثابت ہوتی ہیں۔ ساتھ ہی یہ پہلو بھی سامنے آتا ہے کہ دوسری زبانوں کے دانش ور، اردو کے مستند نقادوں کے مقابلے میں کس طرح مختلف سوچ رکھتے ہیں۔

گوپی چند نارنگ نے روایت اوّل، نسخہ حمیدیہ، گل رعنا، نسخۂ شیرانی اور متداول دیوان کے انفرادی اور بھرپور مطالعے کے دوران تاریخی ترتیب سے پہلی بار غالب کے سینکڑوں اشعار کے متون کو پیش نگاہ رکھا ہے اور معنویت کی حیرت زا مختلف جہتوں کو نمایاں کیا ہے۔ متداول دیوان کے اشعار سے تو اردو قاری آشنا ہے، لیکن روایت اوّل اور نسخۂ حمیدیہ کے سینکڑوں اشعار ہماری حیرتوں میں مسلسل اضافہ کرتے رہتے ہیں۔ ایسے ساڑھے سات سو اشعار متداول دیوان میں نشان زد کیے ہیں جو انیس سے پچیس برس کی عمر کے ہیں۔ نارنگ نے حددرجہ پیچیدہ اشعار کی بھی حیرت انگیز وضاحت کی ہے۔ انھوں نے اپنی مخصوص فکر کی ترجمانی اور تصدیق کے لیے بنیادی طور پر ان اشعار کے متون کو پیش نگاہ رکھا ہے اور ان اشعار میں پوشیدہ معنویت کی دبیر پرتوں کو نمایاں کرنے کی کوشش کی ہے۔ ان کی یہ انفرادی کاوش، عمومی تشریحات سے بے حد مختلف ہے۔ تشریح کے عمل کو وہ اہمیت دیتے ہیں اور غالب سے متعلق مختلف شارحین کے کاموں کا صدقِ دل سے اعتراف کرتے ہیں، کیوں کہ غالب تنقید آج جس صورت میں ہم تک پہنچی ہے، اس میں شارحین کے کام کو کسی بھی طرح نظرانداز نہیں کیا جاسکتا، لیکن بہرحال وہ اس بات پر زور دیتے ہیں کہ غالب فہمی کی یہ کوشش، تشریح سازی سے تعبیر نہ کی جائے۔ اس ضمن میں وہ بہت واضح طور پر اپنے موقف کی وضاحت کرتے ہوئے لکھتے ہیں:

> ''خاطر نشان رہے کہ ہمارا مقصد اردو کلام غالب کی شرح فراہم کرنا نہیں ہے، یہ شارحین کا کام ہے۔ ہم جملہ شارحین و ماہرین کے کام کی قدر کرتے ہیں، لیکن ہمارا سفر الگ نوعیت کا ہے اور ہماری سعی و جستجو کی جہت دوسری ہے۔ یہ کسی کے رد یا تخالف میں بھی نہیں ہے بلکہ اس اعتبار سے ہم جملہ ماہرین اور شارحین کے ممنون ہیں کہ اگر ان کے کارناموں اور دقیقہ سنجیوں کی بدولت غالب ڈسکورس یہاں تک نہ پہنچا ہوتا جہاں وہ اس وقت ہے تو ہمارے لیے اس دقت طلب راہ میں قدم اُٹھانا آسان نہ تھا۔ تاہم ماہرین نے غالب کے بارے میں سب گتھیوں کو حل کرلیا ہو، ایسا بھی نہیں ہے۔ غالب کے تخلیقی سفر، ذہنی و زندگی اور فکروفن کے بہت سے گوشے ایسے ہیں، اور بہت سے پیچیدہ

سوال اس نوعیت کے ہیں کہ ان کے جواب ہنوز فراہم نہیں کیے جاسکے۔ غالب کے گنجینۂ معنی کے طلسم کے ابھی کئی در ایسے ہیں جو ہنوز وا نہیں ہوئے۔ متن کی قوت زماں کے محور پر قاری کے تفاعل کے ساتھ مل کر معنی پروری کر رہی ہے اور کرتی رہے گی۔ یوں بھی کوئی تعبیر آخری تعبیر نہیں ہوسکتی، نہ ہی کوئی تعبیر آئندہ تعبیروں کے امکانات ختم کرسکتی ہے۔ یوں دیکھیں تو ہنوز ہزار بادۂ ناخوردہ رگِ تاک میں ہے۔''

اور حقیقت بھی یہی ہے کہ متن اگر پُر پیچ ہے تو اس کی تفہیم آسان نہیں ہوتی۔ مفہوم تک رسائی حاصل کرنے کے لیے مختلف طریقے استعمال میں لائے جاتے ہیں اور ہر طریقہ متن کی ایک نئی تعبیر پیش کرتا ہے۔ غالب کا کلام جو گنجینۂ معنی کا طلسم ہے، اس کی متعدد تعبیریں پیش کی جاچکی ہیں، لیکن اتنی تعبیروں کے بعد بھی ایسا محسوس ہوتا ہے کہ بہت کچھ ہماری گرفت میں نہیں آسکا ہے اور یہی تشنگی اردو تنقید و تحقیق کو معلوم سے نامعلوم کے سفر کی جانب راغب کرتی رہی ہے۔ گوپی چند نارنگ نے ایک نئے غالب کو پیش کردیا ہے۔ انھوں نے مختلف مثالوں کے ذریعے اس بات کو ثابت کرنے کی کوشش کی ہے کہ اشیا کا آزادانہ وجود کوئی معنی نہیں رکھتا۔ ہر شئے قائم بالغیر ہے۔ یہاں تک کہ معنی بھی التوا میں ہے اور ثنویت سے آزاد بھی ہے۔ یوں مفہوم کی موجودگی اور عدم موجودگی کا سلسلہ جاری رہتا ہے۔ غالب شعریات میں جامد کچھ بھی نہیں ہے۔ معنی کی سطح پر مسلسل تغیر پذیری اور حرکیات اس کا جوہر خاص ہے اور یہی خصوصیت غالب کے نئے فکر انگیز مطالعے کا قابلِ قدر جواز ہے۔ گوپی چند نارنگ نے اس کتاب میں غالب سے متعلق تمام پہلوؤں کو سمیٹتے ہوئے حیرت انگیز سیر حاصل گفتگو کی ہے۔ غالب کی زندگی کے تمام نشیب و فراز کو سلیقے سے سمیٹتے ہوئے اس بات پر بھی زور دیا گیا ہے کہ شخصیت و شوخی و ظرافت، آزاد خیالی، روشن خیالی اور کم و بیش زندگی کے ہر اہم واقعے میں غالب کی جدلیاتی فکر اس طرح نمایاں ہے جس طرح وہ ان کے شعری متن میں جلوہ گر نظر آتی ہے۔ غالب کی تخلیقی معنویت اور جہات، ماورائیت میں نہیں، بلکہ ارضیت میں رچی بسی ہیں اور دراصل اسی پہلو کے ذریعے

غالب کی عظمت کے پوشیدہ گوشوں تک رسائی حاصل کی جاسکتی ہے۔ پروفیسر گوپی چند نارنگ نے غالب ڈسکورس کو ایک نئی قرأت اور سمت و رفتار عطا کی ہے اور بتایا ہے کہ آنے والے عہد میں غالب کا کلام اسی طرح نئے نظریہ سازوں کو کلامِ غالب کی نئی تعبیریں پیش کرنے کے لیے مہمیز کرتا رہے گا۔ بلاشبہ نارنگ کی یہ کتاب کلامِ غالب کے سلسلے میں ایک نئے ڈسکورس کا آغاز کرتی ہے جس پر آنے والے زمانوں میں خردافروز گفتگو کا سلسلہ مستقل طور پر جاری رہے گا۔